Psychosoziales Geschlecht und Ehekonflikte

STUDIEN ZUR SEXUALWISSENSCHAFT UND SEXUALPÄDAGOGIK

Herausgegeben von Norbert Kluge

Band 17

PETER LANG
Frankfurt am Main · Berlin · Bern · Bruxelles · New York · Oxford · Wien

Marcus Damm

Psychosoziales Geschlecht und Ehekonflikte

Eine empirische Untersuchung an Ehe- und Familienberatungsstellen

PETER LANG
Europäischer Verlag der Wissenschaften

Bibliografische Information Der Deutschen Bibliothek
Die Deutsche Bibliothek verzeichnet diese Publikation in der Deutschen Nationalbibliografie; detaillierte bibliografische Daten sind im Internet über <http://dnb.ddb.de> abrufbar.

Zugl.: Univ. Koblenz-Landau, Abt. Landau, Diss., 23.11.2003

ISSN 1619-084X
ISBN 3-631-52403-X

www.peterlang.de

„Was als eine tiefwurzelnde Empfindung den Volksgeist durchzieht, was seit jeher das Interesse von Dichtern und Denkern geweckt, die gewaltsame, aber mit unserem sozialen Leben noch übereinstimmende Wertung und Symbolisierungen von Erscheinungsformen durch »Männlich« und »Weiblich«, drängt sich auch frühzeitig dem kindlichen Geiste auf. So stellt sich dem Kind, im einzelnen zuweilen verschieden, als männlich dar: Kraft, Größe, Reichtum, Wissen, Sieg, Roheit, Grausamkeit, Gewalttätigkeit, Aktivität, das Gegenteil aber als weiblich."

– *ALFRED ADLER* (Praxis und Theorie der Individualpsychologie, 1920/2001, 38)

Danksage

Ich danke

– meinen Referenten Herrn Prof. Dr. Norbert Kluge für permanente Ansprechbarkeit und die beratende Unterstützung bei den relevanten Aspekten des Forschungsvorhabens, insbesondere was Einzelheiten des verwendeten Fragebogens anbetraf;

– meinem Korreferenten Herrn Prof. Dr. Franz Fippinger für zahlreiche Hinweise und Ratschläge;

– Frau Dr. Altstötter-Gleich, die mir u.a. wichtige Hinweise zur Verwendung des in der Untersuchung berücksichtigten Messinstrumentes gegeben hat;

– Herrn Prof. Dr. Bernhard Wolf. Er beriet mich in Fragen zur Statistik.

Im Frühjahr 2004
Marcus Damm

Vorwort des Herausgebers

Während in den letzten Jahrzehnten bei uns und in anderen Ländern die Ehebereitschaft junger Erwachsener ständig abgenommen hat, sind die Scheidungsraten in der deutschen Bevölkerung fast kontinuierlich gestiegen. So erhöhte sich die vom Statistischen Bundesamt jährlich registrierte Zahl der Ehescheidungen von 136 317 (1991) auf 197 498 (2001). Innerhalb der Europäischen Union nimmt die Bundesrepublik Deutschland hinsichtlich der Scheidungsstatistik einen mittleren Platz ein. Weist das Eurostat Jahrbuch (2002) im Jahre 1999 für Deutschland 2,3 Ehescheidungen je 1 000 Personen aus, so wird beispielsweise für Finnland und Großbritannien die Scheidungsziffer von jeweils 2,7 angegeben. Im selben Jahr wurden dagegen in Griechenland (0,9) bedeutend weniger und in Italien (0,6) die wenigsten Ehen geschieden. Angesichts dieser Zahlen fragt es sich, was Ehepartner überhaupt veranlasst, den Bund fürs Leben kurz oder lang aufzukündigen.

Der vorliegende Band versucht nur einen Teilaspekt dieses an sich umfassenden Fragenkomplexes aufzugreifen, indem der Verfasser vor allem den Zusammenhang von Geschlechtstypizität und zwischenmenschlichen Einstellungen bzw. Auseinandersetzungen in ehelichen Partnerschaften herauszufinden beabsichtigt. In einem so genannten praktischen Teil sollen einzelne Komponenten wie Instrumentalität, Expressivität, Androgynie, Undifferenziertheit bei Ratsuchenden in Beratungsstellen des Landes Rheinland-Pfalz untersucht werden, die die Aufgaben der Ehe-, Familien- und Lebensberatung wahrnehmen.

Die Arbeit ist in fünf Teile gegliedert. Im ersten Teil werden Grundbegriffe näher beschrieben oder geklärt, die für das Verständnis der weiteren Ausführungen notwendig sind. Der zweite Hauptteil behandelt Sozialisationstheorien, bei denen die Geschlechterrollen eine besondere Berücksichtigung finden. Außer biologischen Fragestellungen wird vornehmlich auf die Sichtweisen der Psychoanalyse, Lerntheorien, Kognitionspsychologie und das neuere Konzept der Androgynie eingegangen. Die vorgestellten Theorien werden anhand einiger namhafter Autorinnen und Autoren vorgestellt und auch im kritischen Kontext betrachtet.

Im dritten Hauptkapitel werden folgerichtig weitere theoretische Grundlagen für die eigene Untersuchung dargelegt. So erfährt man aktuelle Daten zu Ehe und Scheidung in Deutschland. Es wird näher eingegangen auf Themenbereiche, die für den Untersuchungsgegenstand der Studie von zentraler Bedeutung sind wie „Ehe-, Familien- und Lebensberatung in der BRD“, „Konfliktbereiche in Ehen“, „Determinanten der Ehequalität“.

Auch wird der Frage nachgegangen, warum bei uns Ehen in steigendem Maße scheitern. Diese Informationen sind aufschlussreich und ergiebig. Sie werden zudem leserfreundlich präsentiert.

Speziell stehen hier psychoanalytische, lerntheoretische und system- bzw. kommunikationstheoretische Erklärungen im Vordergrund. Außerdem werden unterschiedliche methodische Konzepte der institutionellen Eheberatung untersucht, allerdings eher deskriptiv dargestellt. Dass die im Einzelnen aufgezeigten Ansätze freilich das Merkmal der Geschlechtstypizität und das Androgyniekonzept noch nicht berücksichtigen, ist für den Verfasser der willkommene Anlass, mit seiner empirischen Untersuchung erste Erkenntnisse und Bausteine für ein neuartig angestrebtes Beratungskonzept zu liefern.

Über Einzelheiten der in Beratungsstellen durchgeführten Befragung mittels Befragungsbogen gibt das nächste Kapitel (Kapitel 4) Auskunft. Als allgemeine Zielsetzung des Forschungsgegenstandes wird angegeben herauszufinden, „ob sich bestimmte alltägliche Beziehungsphänomene in Ehen auf unterschiedliche Orientierungen der Verheirateten an den Geschlechterstereotypen – repräsentiert durch das Konstrukt Geschlechtstypizität (GTS) zurückführen lassen". Anschließend werden Hypothesen formuliert, an die sich einige konkrete Fragen anknüpfen, die auch im Zusammenhang mit ähnlichen Fragestellungen anderer Forschungsarbeiten gesehen werden. Die einzelnen eruierten Anhaltspunkte führen zu Items des vom Verfasser entwickelten Fragebogens, die in einer Reliabilitätsanalyse am Merkmal „Partnerschaftszufriedenheit" überprüft werden. Die endgültige Skala setzt sich nach der Durchführung eines Pretests aus 13 Items zusammen.

An der Hauptuntersuchung nahmen insgesamt 47 von 97 Beratungsstellen mit den spezifischen schon genannten Aufgabenbereichen in Rheinland-Pfalz teil. Die Fragebögen von 188 Ehepaaren oder 376 Personen, die eine solche Beratungsstelle aufgesucht hatten, konnten ausgewertet werden. Zu den Hauptgründen der Beratungsstellen, die eine Teilnahme an der Befragung ablehnten, zählen: „organisatorische" Belastung im eigenen Haus (38%), „Überlastung" (24%) und der Bezug zu „sexuell abweichendem Verhalten" (20%) in einem Item. Die soziodemografischen Angaben werden mit den neuesten Daten des Statistischen Landesamtes Rheinland-Pfalz verglichen und ebenso vergleichbaren Befunden anderer Untersuchungen gegenübergestellt.

Wie der Verfasser selbst betont, dürfen die Einzelbefunde seiner Untersuchung nicht vorschnell verallgemeinert werden. Nachfolgenden Forschungsarbeiten werden indes einige Perspektiven aufgezeigt. Auch werden Konsequenzen, die sich aus dem einen oder anderen Untersuchungsergebnis anbieten, dargestellt. Die Beratungswissenschaft ist aufgefordert, weiterführende und umfassende Untersuchungen auf dem Gebiet der in diesem Buch behandelten Thematik zu initiieren.

Prof. Dr. Norbert Kluge

Nachdem Anfang der 1990er-Jahre der Wissenschaftliche Beirat für Familienfragen beim Bundesministerium für Familie, Senioren, Frauen und Jugend in seinem Gutachten (1993) auf die große Bedeutung hingewiesen hat, die dem Beratungswesen in der Bundesrepublik Deutschland zukommt, ergaben sich in eigenem Auftrag Studien, welche den Beratungsbereich fokussierten; eine „Beratungsbegleitende Forschung" ist u.a. auf diesem Weg angeregt worden (KLANN & HAHLWEG 1994b).

Drei weitere Aspekte können für die Notwendigkeit dieses wissenschaftlichen Vorgehens außerdem geltend gemacht werden:

1. Unzureichendes Wissen über die faktischen Auswirkungen der institutionellen Ehe-, Familien- und Lebensberatung (vorher versuchten lediglich wenige Analysen, die Effekte dieser Form der Beratung zu erfassen, z.B. VENNEN 1992);
2. Die Kenntnisse um die gravierenden Folgen von Trennung und Scheidung für Paare, Eltern und Kinder;
3. Das Wissen um die psychischen und somatischen Beschwerden, die durch Eheprobleme mit verursacht sein können, vor allem sexuelle Dysfunktionen, Sucht, Depressionen, Psychosen, schwerste Beziehungsstörungen und psychosomatische Erkrankungen (Übersicht z.B. in WIRSCHING & SCHEIB 2002, NAVE-HERZ 1994). Somit hat die Frage nach den Bedingungen einer stabilen zwischenmenschlichen Beziehung einerseits eine wissenschaftliche, andererseits auch eine sozial- und gesellschaftspolitische Bedeutung.

Die in Auftrag gegebenen Untersuchungen galten gezielt einer strengen analytischen Bestandsaufnahme der institutionellen Ehe-, Familien- und Lebensberatung. Die Resultate zeigten u.a. auf, dass der Teilbereich der institutionellen Beratung, die Partnerschafts- und Eheberatung, zu einem wichtigen Element der psychosozialen Versorgung in der Bundesrepublik Deutschland geworden ist (KLANN & HAHLWEG 1994a). Ferner wurden die Vorgehensweisen und Wirkungen der Ehe-, Familien- und Lebensberatung über längere Zeiträume hinweg beratungsbegleitend überprüft (KLANN & HAHLWEG 1994b) und wiederum mit einer neueren Erhebung verglichen (KLANN 2002). Das vorläufige Ergebnis: Institutionelle Beratung erzielt mittlere Effekte.

Der längerfristige Erfolg der wirksamsten Ehetherapien liegt zwei Jahre nach Therapieende bei maximal 50%. Die effektivste Ehetherapie, die auch am häufigsten empirisch untersucht wurde, ist die Verhaltenstherapie (HAHLWEG 2002).

So besteht nach wie vor der Anspruch nach Erforschung der Variablen, die eine erfolgreiche oder scheiternde Ehe beeinflussen. Die Scheidungsraten steigen noch immer kontinuierlich an und die allgemeine Heiratsneigung sinkt (STATISTISCHES BUNDESAMT 2002a). Ferner gilt der Aufruf nach einer effektiveren Prävention von Trennung und Scheidung, denn „in der Bundesrepublik ist die empirische Forschung in den Bereichen ‚Stabilität von Beziehungen' und ‚Prävention von Beziehungsstörungen' noch randständig. Diese Situation ist unbefriedigend [...][1]" (BUNDESMINISTERIUM FÜR FAMILIE, SENIOREN, FRAUEN UND JUGEND 1998, 9).

KLANN (2002, 172f.) betont in seiner Arbeit, dass viele Fragen zu einzelnen Problemfeldern in Ehen noch immer offen blieben. Entsprechende Spezialkenntnisse der Berater[2] bezüglich dieser ausgewählten Konfliktbereiche seien eine zukunftsorientierte Antwort. Nur auf diese Weise könne ein bedarfsgerechtes und flächendeckendes Angebot zu Stande kommen.

Mit dem vorliegenden Projekt, welches diese Forschungsperspektive einnimmt, soll geprüft werden, ob es einen Zusammenhang zwischen zwei *bestimmten* Variablen gibt, nämlich zwischen der *Geschlechtstypizität (GTS)* (ALTSTÖTTER-GLEICH et al. 2000) *der Ehepartner* und *allgemeinen zwischenmenschlichen Verhältnissen sowie Auseinandersetzungen in Partnerschaften*. Die Geschlechtstypizität ist ein Konstrukt aus der Sozialpsychologie, das die subjektive Orientierung einer Person an den gängigen Geschlechterstereotypen widerspiegelt. Zu unterscheiden ist demnach von der Geschlechtsrolleneinstellung, die bei ähnlich strukturierten Projekten (KLANN 2002) festgestellt wird (siehe Abschnitt 3.7). Das dem Konstrukt Geschlechtstypizität zu Grunde liegende Androgyniekonzept (BEM 1974, SPENCE, HELMREICH & STAPP 1975, vgl. auch BIERHOFF-ALFERMANN 1989) und dessen vermeintliche Wechselbeziehung mit alltagsnahen Phänomenen in Ehen, z.B. Rollenverteilung im Haushalt, Partnerschaftszufriedenheit oder Konfliktverhalten, ist bislang nicht untersucht worden.

Nach dem Androgyniekonzept können psychosoziale Aspekte, d.h. die Persönlichkeitsmerkmale eines Menschen, etwa Geschlechtsrollenorientierung (im sozialpsychologischen Verständnis) und Geschlechtsstereotypie, vom biologischen Geschlecht unabhängig auftreten. Man geht daher in der Tradition des Androgyniekonzepts auch von instrumentellen Individuen (deren Verhaltensweisen entsprechen dem männlichen Stereotyp), expressiven Personen (deren Persönlichkeitsmerkmale entsprechen dem weiblichen Stereotyp), Androgynen (deren Persönlichkeitsmerkmale stimmen sowohl mit maskulinen *als auch* mit femininen Stereotypen überein) und Undifferenzierten (keine signifikanten geschlechtstypischen Charakteristiken) aus. Die genannten psychosozialen Komponenten werden im Laufe der Geschlechterso-

1 Einfügung des Verfassers.
2 In dieser Arbeit werden die Geschlechter vorwiegend in einer neutralen Diktion angesprochen. An diversen Stellen taucht dennoch explizit die männliche oder weibliche Form auf (Partner, Beraterin o.Ä.); dies ist lediglich auf Grund der besseren Lesbarkeit geschehen. Es sind stets beide Geschlechter in den Ausführungen gemeint.

zialisation erworben und stellen im Rahmen der Forschung nicht nur unabhängige, sondern auch abhängige Variablen dar (ALTSTÖTTER-GLEICH et al. 2000).

Mit diesem Forschungsvorhaben soll vor allem der Forderung vieler Wissenschaftler entsprochen werden, neue Zugänge zu speziellen Partnerschaftsthemen – in diesem Rahmen: Geschlechtstypizität (GTS) und zwischenmenschlicher Bereich – zu eröffnen; erkundende Studien sind nach Einschätzung von Experten bei der Erforschung von ausgewählten Eheproblemen unumgänglich (vgl. KLANN 2002, 169, KLANN & HAHLWEG 1987, 195).

Daher werden im praktischen Teil der Studie u.a. die relevanten psychosozialen Komponenten – Instrumentalität, Expressivität, Androgynie und Undifferenziertheit – der Ehepartner statistisch erfasst. Danach folgt eine Überprüfung, ob es einen Zusammenhang zur Struktur der Ehe und deren zwischenmenschlichen Konfliktbereichen gibt.

Die statistischen Ergebnisse der vorliegenden Untersuchung bezüglich der Datenerhebung in den Beratungsstellen können nicht für das Bundesgebiet repräsentativ sein, weil ausschließlich das Bundesland Rheinland-Pfalz berücksichtigt wurde.

In dieser Arbeit soll folgenden charakteristischen Fragestellungen nachgegangen werden:

- Wie wirken sich verschiedene Kombinationen der Geschlechtstypizität von Ehepartnern auf die Aufgabenverteilung in der Familie im häuslichen und ökonomischen Bereich aus?
- Bestehen Zusammenhänge zwischen der Geschlechtstypizität (GTS) und der Art und Weise der Interaktion?
- Lässt sich eine Verwendungsmöglichkeit des Androgyniekonzepts für die institutionelle Ehe-, Familien- und Lebensberatung eruieren, um eine Professionalisierung und Steigerung der Wirksamkeit und Effektivität zu bewirken? Wenn ja, für welche therapeutischen Interventionen könnte dies relevant sein?

Aufbau der Studie

Zu Beginn der Arbeit wird der Gegenstand umrissen. Danach werden bedeutsame Grundbegriffe erörtert, welche auf Grund der Zusammenführung von zwei bisher unabhängig betrachteten Themenbereichen – Ehe/Beratung und Orientierung an Geschlechterstereotypen – umfangreicher ausfallen (Abschnitt 1). Sinnvoll bei der Erschließung des Leitgedankens Ehe und institutionelle Beratung ist demnach eine Bezugnahme auf verschiedene Begriffsdefinitionen, die neben den Grundbegriffen angesiedelt werden können, z.B. Ehetherapie, intime Beziehung, Partnerschaft usw.

Geschlechtstypisierung ist ein Sammelbegriff für mehrere Konstrukte, die diverse psychosoziale Persönlichkeitsmerkmale beschreiben. Um diesen ausgewählten zweiten Themenbereich theoretisch einzugrenzen, werden die relevanten Konstrukte vorgestellt. Es handelt sich dabei um scheinbar nicht eindeutig abgegrenzte Charakteristiken des psychosozialen Geschlechts, z.B. Geschlechtsrollenidentität, Geschlechtsstereotype, Geschlechtsidentität usw.

Zur Erklärung der Entstehung des geschlechtstypischen Verhaltens von Männern und Frauen in unserer Gesellschaft werden zunächst die relevanten geschlechtsrollenbezogenen Sozialisationstheorien herangezogen und beschrieben: Psychoanalyse, lerntheoretische Erklärungsansätze und Kognitionspsychologie (Abschnitt 2). Ihre Thematisierung erscheint im gegenwärtigen Arbeitsvorhaben sinnvoll. Diese klassischen Ansätze fallen durch ihren bipolaren Charakter auf, sie explizieren, dass das psychosoziale Geschlecht stereotype Männlichkeit Weiblichkeit ausschließen würde, und umgekehrt. Gegenwärtig gibt es alternative Sichtweisen.

Das Androgyniekonzept erweitert die Theorie einer bipolaren Geschlechtsrollenidentität (entweder maskulin oder feminin) um weitere Dimensionen: mehrere Möglichkeiten werden zugelassen. Das Androgyniemodell wird im Anschluss an die Darstellung der geschlechtsrollenbezogenen Sozialisationstheorien erläutert. Diese Überzeugung definiert sich als Kritik an den bipolaren Sozialisationstheorien und stellt außerdem eine Grundlage des vorliegenden Forschungsprojekts dar. Um diesen Ansatz historisch herzuleiten, wird auf die Entwicklung der geschlechtsrollenbezogenen Sozialisationstheorien eingegangen.

In Abschnitt 3 „Ehe und institutionelle Beratung“ werden aktuelle soziodemographische Daten zur Lebensform Ehe sowie zur institutionellen Beratung in der Bundesrepublik Deutschland angegeben, außerdem die adäquaten psychoanalytischen, lern- und system- bzw. kommunikationstheoretischen Hypothesen, die Konflikte und Störungen in Ehen erklären. Die praktischen Ansätze der institutionellen Ehe-, Familien- und Lebensberatung komplettieren diesen Abschnitt. Es handelt sich um die psychodynamischen, verhaltenstherapeutischen, system- bzw. kommunikationstheoretischen Theorien, des Weiteren um die (auf ROGERS basierende) Gesprächspsychotherapie mit Paaren. Zusammengestellt werden diese Ansätze, um zu zeigen, dass das Androgyniekonzept in keiner Intervention berücksichtigt wird.

Im Praxisteil (Abschnitt 4) werden die Untersuchung, ihre Methoden, verwendete Messinstrumente sowie die Durchführung und relevante Ergebnisse vorgestellt.

Konsequenzen für die institutionelle Ehe-, Familien- und Lebensberatung und Ausblicke, die die Pädagogik im Erziehungsalltag im Allgemeinen fokussieren, finden sich am Schluss der Arbeit (Abschnitt 5).

1 Einleitung und Definitionen

„Die mann-weibliche Zweierbeziehung in Gestalt der Ehe [ist][3] eine der ältesten Institutionen der Menschheit. Sie hat die Zeiten überdauert und sich trotz gewaltiger ökonomischer und politischer Wandlungen am Leben erhalten. Allerdings ist sie in der jüngsten Vergangenheit einigermaßen unter Beschuss geraten. Man hat Zweifel daran geäußert, ob sie noch *up to date* ist" (RATTNER & DANZER 2001, 71).

Die institutionelle Beratung erfüllt einen stetig ansteigenden Bedarf, auch auf Grund der aus den modernen Lebensbedingungen resultierenden Verunsicherungen. Zum alltäglichen Leben in unserer Zeit gehören rasche soziokulturelle Veränderungsprozesse auf verschiedenen gesellschaftlichen Ebenen. Es besteht kein Zweifel daran, dass die traditionellen Werte stark an Bedeutung verloren haben. Die Auflösungstendenzen der Ehe und steigende Scheidungsraten sind ebenso Begleiterscheinung der Gegenwart. Diese Entwicklung bezeichnet PEUCKERT (1996) als Pluralisierung bzw. Individualisierung der Lebensformen. Ein Grund liegt sicherlich darin, dass Ehen heutzutage nicht mehr ausschließlich unter dem Gesichtspunkt einer erwünschten Produktionsgemeinschaft, sondern vielmehr aus dem Motiv der emotionalen Unterstützung geschlossen werden. KÖNIG (1978) sieht deshalb vor allem die daraus erwachsenden hohen Erwartungen der Partner – bzw. deren Nichterfüllung – als Ursache dafür, warum zahlreiche Ehen scheitern.

Bedenklich ist, dass Trennung und Scheidung wegen der Häufigkeit mehr und mehr einen normalen Stellenwert annehmen, d.h. sie werden nach und nach auch gesellschaftlich akzeptiert. Eine Scheidung wird nicht mehr traditionellerweise moralisch abgewertet, sondern man schätzt mittlerweile auch den positiven Aspekt, die Beziehung auf Grund von Konflikten beendet zu haben.

In Umfragen nennen Personen vorwiegend Liebe, Partnerschaft und Familie als Voraussetzungen für Lebenszufriedenheit (SCHNEIDER 2003), darüber hinaus stellen diese Werte die grundlegenden Voraussetzungen für Lebensgenuss und psychische Stabilität dar (SCHNEEWIND 1999, KÖCHER 1993). Heiraten ist immer noch sehr populär, auch das Bedürfnis nach Zweisamkeit scheint in der BRD ungebrochen zu sein: 90% aller 50-jährigen Deutschen sind verheiratet oder waren es in ihrem Leben mindestens einmal (MARTENSTEIN 2002).

[3] Einfügung des Verfassers.

Zugleich muss festgestellt werden, dass die Anzahl der Ehescheidungen jährlich weiter zunimmt. Nach dem Statistischen Bundesamt wurden im Jahr 2001 in der BRD 197 498 Ehen geschieden, was ein Anstieg von 1,6% (3 090) gegenüber dem Vorjahr bedeutet (STATISTISCHES BUNDESAMT 2002a). Des Weiteren ist festzuhalten, dass die erneute Heirat nach einer Scheidung nicht für eine höhere Ehestabilität garantiert: das Risiko eines Scheiterns bei Zweitehen ist nicht geringer (CHERLIN 1992). Dies ist insofern bemerkenswert, als innerhalb von drei Jahren 75% der Geschiedenen erneut heiraten (MARTENSTEIN 2002).

Einerseits Scheidungssituationen, andererseits aber auch unzufriedene oder konfliktreiche Zweierbeziehungen ziehen in den meisten Fällen vielerlei seelische Beschwerden und Erkrankungen nach sich, wie zahlreiche Untersuchungen belegen (z.B. HALFORD, KELLY & MARKMAN 1997, HAHLWEG 1991; 2002, vgl. auch SCHNEEWIND 1999).

Andere nachteilige Folgen können auch soziale Störungen sein. Nach dem Gutachten der Soziologen ANDRESS & LOHMANN (1999) sind verhältnismäßig viele Menschen nach einer gerichtlichen Scheidung hinsichtlich ihrer Erwerbs-, Einkommens- und Vermögenssituation stark eingeschränkt.

Von den 197 498 Scheidungen im Jahr 2001 waren insgesamt 153 520 minderjährige Kinder betroffen (STATISTISCHES BUNDESAMT 2002a). Viele Forschungsprojekte weisen auf die bedenklichen akuten und zeitlich verzögerten psychischen Folgen für Kinder hin. WALLERSTEIN, LEWIS & BLAKESLEE (2002) haben in einer umfassenden Längsschnitt-Studie Scheidungsfolgen bei 60 Familien mit 131 Kindern über einen mehrjährigen Zeitraum hinweg untersucht. Der Befund: Die Scheidung bedeutete für alle Beteiligten einen schwerwiegenden psychisch belastenden Eingriff in die eigene Persönlichkeit. Ferner beendete die eheliche Auflösung nicht die Streitigkeiten der ehemaligen Partner. Zu der Erkenntnis, dass Scheidung nicht nur ein einmaliges Erlebnis ist und besonders für pathogene Spätfolgen verantwortlich sein kann, kamen auch Autoren anderer Untersuchungen (BOJANOVSKY 1983, FTHENAKIS et al. 1982, vgl. auch HINZPETER 2003). Selbst die Scheidung im mittleren Erwachsenenalter hat Auswirkungen auf die Persönlichkeit: sie kann Depressivität oder auch eine Abnahme der Gewissenhaftigkeit (Selbstdisziplin) auslösen (COSTA et al. 2000).

Wegen der bedeutenden psychischen Folgen trägt die Paartherapie/-beratung als Methode der Prävention und Hilfe mehr Verantwortung denn je. Sie muss überdies auch offen sein für Erkenntnisse der Erforschung der Determinanten des Eheerfolgs bzw. des Scheiterns der Ehen. „Heute bedürfen wir dringend der wissenschaftlichen Erforschung der Bedingungen, unter welchen Beziehungen scheitern, oder andersherum: Der Bedingungen, unter denen Beziehungen sich positiv zu entwickeln vermögen" (WILLI 2000, 21f.).

Dies wird mit dem vorliegenden Projekt angestrebt. Sollten sich statistisch berechnete signifikante Zusammenhänge zwischen der Geschlechtstypizität von Eheleuten und Alltagsverhältnissen ergeben, erscheint eine weitere Erforschung dieser Variable sinnvoll.

Es folgen nun zunächst die relevanten Begriffsdefinitionen des Themas „Ehe und institutionelle Beratung“, danach wird das Konstrukt Geschlechtstypisierung fokussiert.

1.1 Ehe und institutionelle Beratung

Die Begriffe Ehe, Partnerschaft oder intime Beziehung werden in der wissenschaftlichen Literatur häufig gleichbedeutend gebraucht, einerseits weil eine begriffliche Abgrenzung sehr komplex erscheint, andererseits wegen der vereinfachenden Handhabung (siehe z.B. KLANN & HAHLWEG 1994a, GRAU & BIERHOFF 2003). In der vorliegenden Arbeit werden die verwendeten Begriffe vorgestellt und spezifische eindeutige Definitionen beachtet.

Ehequalität. Weil die Bestimmung eines reliablen und validen Kriteriums der Ehequalität ein Problem darstellt (objektive Kriterien gibt es nicht), wurden in der Literatur eine Vielzahl von unterschiedlichen Ausfertigungen verwendet, z.B. Eheglück, Eheanpassung, Ehezufriedenheit oder Eheerfolg. Die Tests zur Erfassung dieser subjektiven Konzepte korrelieren hoch miteinander (vgl. HANK, HAHLWEG & KLANN 1990). Die Folge hiervon ist, dass in der jüngeren Vergangenheit die Begriffe Ehequalität und Eheerfolg auch synonym verwendet wurden. Dies wird in diesem Rahmen genauso gehandhabt.

Ehestabilität. Bei der Bestimmung der Ehestabilität gilt es, lediglich die formalen Aspekte, nämlich Scheidung und Trennung zu berücksichtigen (vgl. KLANN & HAHLWEG 1994b). Ehequalität und -stabilität korrelieren zwar miteinander, bedeuten aber nicht dasselbe. Denn Ehequalität würde demnach (objektiv) auch dann vorliegen, wenn ein Paar unglücklich zusammenlebt (eine Trennung ist schließlich nicht erfolgt). Bei einer Trennung sind zwar die meisten Paare unglücklich, aber nicht alle unglücklichen Paare leben in Trennung.

Beratung. Als Begriff an sich wird Beratung im kontextfreien Zusammenhang in der Pädagogik und Psychologie verschieden bestimmt, und zwar mit der Intention, von Therapie oder Erziehung zu unterscheiden (vgl. BACHMAIR et al. 1994, HAHN & MÜLLER 1993, BREM-GRÄSER 1993). Ein allgemeines Verständnis von Beratung in der Pädagogik ist Folgendes: „‚Beratung‘ kann als Beziehung zwischen einer Person bezeichnet werden, die berät, mit anderen Personen, die beraten werden“ (HOFER, WILD & PIKOWSKY 1996, 10). Spezifischer fällt die Definition der Wissenschaftler weiter unten in ihrer Publikation aus, welche auch in der Veröffentlichung *Pädagogische Psychologie* von KRAPP & WEIDENMANN (2001, 568) als allgemeine Begriffbestimmung bevorzugt wird: „Beratung kann als eine Sonderform der sozialen Interaktion aufgefasst werden, an der mindestens zwei Personen (oder Institutionen) beteiligt sind und deren Ziel in der Hilfe für eine der beiden Personen (oder Institutionen) besteht." Diese Definition erscheint valide und wird daher im vorliegenden Forschungsprojekt zu Grunde gelegt.

Ferner konzentriert sich die gegenwärtige Studie auf die institutionelle Ehe-, Familien- und Lebensberatung, was die Notwendigkeit der Bestimmung dieses Begriffs sowie ähnlichen Konstrukten mit sich bringt.

Eheberatung/-therapie. Der Begriff Eheberatung ist sehr schwierig zu definieren, weil er heutzutage nicht mehr eindeutig von anderen therapeutischen Angeboten abgegrenzt werden kann. Diese Tatsache wird auch durch den Befund einer Untersuchung von GÖSSWEINER et al. (1997) akzentuiert, die im Auftrag des BUNDESMINISTERIUMS FÜR UMWELT, JUGEND UND FAMILIE in Wien (hrsg. 1997) untersuchten, in welchem Umfang die Tätigkeiten der institutionellen Beratungsstellen als therapeutisch bezeichnet werden können. Demnach hat sich eine Überlappung von Beratung und Therapie bezüglich der Vorgehensweisen der institutionellen Beratung herauskristallisiert. In diesen Überlappungsbereich fallen psychologische Beratung, Kriseninterventionen und Psychotherapie. Somit sind die Begriffe Beratung und Therapie miteinander verwandt. Der Begriff Ehetherapie war bereits seit längerem eng an den der Eheberatung angelehnt. Dies zeigt sich besonders in der Begriffdefinition von HAHLWEG (1977, 4): „Ehetherapie kann [definiert][4] werden als geplante therapeutische Aktivität, die eine Modifikation der ‚gestörten' partnerschaftlichen Beziehung zum Ziel hat, wobei die Bewertung einer Partnerschaft, ‚unbefriedigend', ‚unglücklich' oder ‚schlecht angepasst' subjektiv von den beiden Partnern vorgenommen wird."

Weil also, wie geschildert wurde, die Begriffe Ehetherapie und -beratung miteinander verwoben sind – in der Literatur werden sie synonym verwendet (KLANN & HAHLWEG 1994b, 3, vgl. auch SANDERS 2000) –, erfolgt ein analoger Gebrauch in der vorliegenden Arbeit. Grundlage bildet die oben genannte Definition. Damit wird auch zahlreichen AutorInnen und BeraterInnen entsprochen (BUNDESMINISTERIUM FÜR UMWELT, JUGEND UND FAMILIE 1997), beide Bereiche nicht zu trennen.

Institutionelles Beratungsverständnis. Vergleichbar mutet auch das allgemeine Verständnis von institutioneller Beratung im Sinne von KLANN & HAHLWEG (1994a, 2) an: „Allgemein kann festgestellt werden, daß sich die institutionelle Beratung an Menschen richtet, die in Fragen der allgemeinen Lebensplanung, der Gestaltung von zwischenmenschlichen Beziehungen und im Umgang mit Konflikten und Entwicklungsproblemen nach Veränderungen und neuen Lösungen suchen. Diese können sich auf Ehe, Partnerschaft und familiäre Beziehungen genauso beziehen wie auf berufliche Kontakte und Probleme im Freundeskreis."

Der DAK (Deutscher Arbeitskreis für Jugend-, Ehe- und Familienberatung) einigte sich auf folgendes institutionelles Beratungsverständnis, welches bewusst *nicht* von anderen ähnlichen Angeboten, z.B. Therapie, abgegrenzt wird. Beratungsarbeit ist

---

4 Einfügung des Verfassers.

demnach gerichtet „auf zwischenmenschliche Beziehungen und deren Möglichkeiten und Konflikte, auf Lebensgeschichte und -entwürfe, auf Lebens- und Entwicklungsbedingungen und deren Zusammenhänge mit psychischen und/oder psychosomatischen Leiden und Symptomen. Beratungsarbeit geht [...][5] davon aus, dass das Leben von Individuen, Paaren, Familien und Lebensgemeinschaften einem Entwicklungsprozess unterworfen ist, bei dem die Grenzen zwischen gleichsam notwendigen Krisen und seelischen Fehlentwicklungen fließend sind. Krisenhafte Erscheinungen sind Belastungen, bieten aber auch die Chance zur Neuorientierung. Das Erleben solcher Krisen und Beeinträchtigungen und die Art und Weise ihrer Verarbeitung sind der primäre Ansatzpunkt für Beratung" (DEUTSCHE ARBEITSGEMEINSCHAFT FÜR JUGEND- UND EHEBERATUNG E.V. 2002, 8). Diese Definition von Beratung suggeriert das Interesse an Prävention, Entwicklung von neuen Kompetenzen und unmittelbarer Hilfe. Weiter unten heißt es dann: „Beratung hilft Ratsuchenden, für sie geeignete Lösungen zu finden und unzureichende und unangemessene Problemlösungsversuche zu korrigieren. Dadurch wird die Chronifizierung von Störungen vermieden. Die Entwicklung und Differenzierung eigener Möglichkeiten und Ressourcen schafft zugleich bessere Voraussetzungen für den Umgang mit möglichen zukünftigen Problemen. Weil Beratung auf diese Weise Selbsthilfekräfte und Verantwortung für sich und andere stärkt, ist institutionelle Beratung ein volkswirtschaftlich günstiges, kräftesparendes und freisetzendes Problemlösungskonzept" (ebd., 9).

Der zweite große Gegenstand, welcher in diesem Forschungsvorhaben berücksichtigt wird, ist mit „Geschlechtstypisierung" überschrieben. Die relevanten Begriffsbestimmungen fallen umfangreicher aus als beim ersten Gegenstand; sie sind aber notwendig zur Vervollständigung der Beschreibung der Grundlagen. Ferner dienen die Begriffsbestimmungen der Konstruktion einer ersten theoretischen Herleitung des Androgyniekonzepts, welches ein wesentliches Element der Arbeit darstellt (in der Pädagogik-Literatur ist das Androgyniemodell noch weit gehend unterrepräsentiert).

1.2 Geschlechtstypisierung

Wie bereits oben angedeutet, gibt es verschiedene Konstrukte des psychosozialen Geschlechts. Die relevanten Kategorien gehören dem größeren Gegenstandsbereich Geschlechtstypisierung an; dieser Sammelbegriff wurde von MISCHEL (1971) eingeführt. Die für diese Untersuchung notwendigen Begriffe sollen im Folgenden erwähnt und definiert werden.

Gender und Sex. Unter dem Begriff Geschlecht versteht man im Allgemeinen das biologische Geschlecht des Menschen. „Es entspricht der physiologischen Ebene des Geschlechts, d.h. dem chromosomalen, gonadalen, hormonalen und Hypothalamus-Geschlecht" (ALTSTÖTTER-GLEICH et al. 2000, 2). Meistens sind diese Variablen bei der Geburt etwa im Verhältnis 100 zu 106 auf weiblich oder männlich festge-

[5] Einfügung des Verfassers.

legt (vgl. MERZ 1979, 39–70). Der Konsens vieler Wissenschaftler, besonders derjenigen, die sich in der sozialpsychologischen Geschlechterforschung engagieren, besteht darin, dass der biologischen Geschlechtskategorie – Mann oder Frau – eine weit reichende Auswirkung in wesentlichen Bereichen des gesamten Lebens zugestanden wird (vgl. MERKENS 2000, BILDEN 1991, HURRELMANN 2001, FAULSTICH-WIELAND 1995, MACCOBY 2000, TILLMANN 2001, KÖHLE-HEZINGER et al. 1999).

„Das Geschlecht eines Menschen ist ein Merkmal, das nicht nur die biologische und sexuelle Entwicklung entscheidend beeinflußt, sondern auch für die psychosoziale Entwicklung eines Menschen große Bedeutung hat", hält beispielsweise ALFERMANN (1996, 7) fest.

FAULSTICH-WIELAND (1995, 71) schreibt zum Einfluss des Geschlechts im Hinblick auf die kulturelle Betrachtung der individuellen Persönlichkeit: „Zweifellos gehört es zu unseren Grunderfahrungen, daß wir Unterschiede zwischen Mädchen und Jungen, zwischen Frauen und Männern erkennen – noch wichtiger, daß wir überhaupt zwei Geschlechter wahrnehmen."

Dabei werden üblicherweise weitere begriffliche Differenzierungen vorgenommen, die im anglo-amerikanischen Sprachraum gebräuchlich sind. Die Termini sex und gender werden unterschieden – mit diesen beiden Begriffen kann man „Geschlecht" (in der englischen Sprache) übersetzen. Gender steht, so der Tenor der Wissenschaftler der geschlechtsspezifischen Sozialisation (siehe Abschnitt 2.1.2), nicht selten in einem antagonistischen Verhältnis zum biologischen Geschlecht. Gender bezeichnet nämlich das *psychosoziale*, nicht das biologische Geschlecht des Menschen (vgl. WESELY 2000, 14). Weil innerhalb dieses Wissenschaftsprogramms davon ausgegangen wird, dass die Geschlechtstypisierung (das Mann- bzw. Frau-Werden) unabhängig vom biologischen Geschlecht verlaufen kann, wird die begriffliche Trennung vorgenommen. „Der Vorteil der Kategorie *gender* gegenüber dem Begriff ›Geschlecht‹ liegt auf der Hand. Durch die Differenzierung zwischen *sex* und *gender* kann eine Unterscheidung zwischen biologischem und sozialem Geschlecht getroffen werden, die im deutschen Sprachgebrauch in dieser Weise nicht möglich ist. Die Festschreibung von Männlichkeit und Weiblichkeit auf angeblich unhintergehbare biologische und/oder epistemologische Gegebenheiten kann aufgesprengt werden" (VON BRAUN & STEPHAN 2000, 9f.).

Somit will man auch auf die psychischen und sozialen Charakteristiken hinweisen, die heutzutage mit Männern und Frauen in Zusammenhang gebracht werden – die Zuschreibungen werden im Laufe der Sozialisation erworben. Diesen Prozess nennt man im wissenschaftlichen Rahmen demzufolge Geschlechtstypisierung, geschlechtsspezifische Sozialisation oder Geschlechtsrollenentwicklung (GLOGER-TIPPELT 1996). In den 1970er-Jahren hat sich die Differenzierung der Konstrukte Geschlecht und gender wissenschaftlich etabliert. „‚Geschlecht' verstehe ich durchgehend im Sinne von *gender* als eine Kategorie *sozialer Struktur* bzw. als *ein duales System von Symbolisierungen*" (BILDEN 1991, 280).

Geschlechtsidentität. „Als *Geschlechtsidentität* bezeichne ich das Gewahrsein, daß man entweder ein männliches oder ein weibliches Individuum ist, und die Integration dieser Erkenntnis ist das Selbstkonzept" (MACCOBY 2000, 199). Diese Definition beschreibt die eigene Wahrnehmung als Mann oder Frau. Analog argumentiert auch ALFERMANN (1996, 57): „[Geschlechtsidentität][6] meint die Entwicklung einer stabilen Geschlechtsidentität als männlich bzw. weiblich, die einen notwendigen Bestandteil der Entwicklung darstellt. Im allgemeinen fällt diese Identität mit dem bei der Geburt identifizierten und zugeschriebenen biologischen Geschlecht zusammen."

KELLER (1979, 13) schreibt zur Übernahme der Geschlechtsidentität: „Im Laufe der individuellen Entwicklung bildet sich – auf angeborener Grundlage oder durch Sozialisationsdruck – die Geschlechtsidentität heraus."

Es gibt unterschiedliche Auffassungen, ab welchem Lebensjahr die Geschlechtsidentität entsteht (siehe unten).

Die Geschlechtsidentität betrifft also – kurzum – die Selbstwahrnehmung einer Person als männlich oder weiblich. Diese grundlegende persönliche Einschätzung hat Auswirkungen auf die Beschaffenheit der anverwandten Konstrukte der Geschlechtstypisierung: Geschlechtsrolle, Geschlechtsstereotype und Geschlechtsrollenidentität. Die beiden ersten Kategorien beschreiben die Vorstellungen bzw. die Erwartungen der Gesellschaft, *welche* Verhaltensweisen, Weltanschauungen, Interessen, Vorzüge, Charakterzüge Männer und Frauen bzw. Jungen und Mädchen haben (sollen). Diese kulturellen Erwartungen an die Geschlechter sind folgenreich für die Ausbildung der Geschlechtsrollenidentität (siehe unten).

Geschlechterrolle. Das in der Literatur nicht einheitlich verwendete Konstrukt Geschlechterrolle bezieht sich – und dabei geht der Begriff einen Schritt über den der Geschlechterstereotype (siehe weiter unten) hinaus – nach ALTSTÖTTER-GLEICH (1996, 93) auf *geschlechtsspezifische Aktivitäten.* In diesem Sinn sind Geschlechterrollen normative Erwartungen bestimmter – geschlechtstypischer – Verhaltensweisen an Männer und Frauen.

Durch die Geschlechterrollen soll das Verhalten von Männern und Frauen „berechenbar" sein. Die vorrangige Position ist traditionellerweise den Männern zugeordnet (SCHWEDT 1999), die Frauen sehen sich mit der passiven Rolle konfrontiert, was sich auch anhand der gängigen Geschlechterstereotype (siehe weiter unten) nachweisen lässt.

In nahezu allen Nationen sind Männer die dominante Gruppe (WILLIAMS & BEST 1990). Bereits PARSONS & BALES (1955) hatten diese „Unterscheidung" getroffen und auf die klassische Kleinfamilie bezogen; demnach dem Mann die Ernährerrolle, der Frau die Rolle der Erzieherin und Haushälterin zugeordnet.

---

6 Einfügung des Verfassers.

Geschlechterstereotype. Urteile, die einen zuschreibenden Charakter haben, nennt man Stereotype: „Stereotype stellen verbreitete und allgemeine Annahmen über die relativen Eigenschaften einer Personengruppe dar. Sie werden als kognitive Wissensbestände im Zuge der Sozialisation erworben (z.B. durch Beobachtungen, Aussagen anderer Personen oder über Medien wie etwa Fernsehsendungen oder Lesebücher) [...][7]. Geschlechterstereotype sind demnach 'die strukturierten Sätze von Annahmen über die personalen Eigenschaften von Frauen und Männern'" (ALFERMANN 1996, 9; vgl. auch ASHMORE & DELBOCA 1979, 222).

MERKENS (2000, 11) formuliert ihre Definition entsprechend: „Unter Geschlechterstereotypen können die generalisierenden Annahmen über die Eigenschaften von Männern und Frauen verstanden werden."

Diese Annahmen haben also einen kategorisierenden Charakter und sind einflussreich; dieser Aspekt wird auch von HURRELMANN (2001, 279) unterstrichen. Er verweist u.a. auch auf die bereits angedeutete bevorzugte Position des männlichen Geschlechts: „Bis in die Gegenwart hinein sind in breiten Schichten der Bevölkerung feste Vorstellungen darüber vorhanden, welche Verhaltensweisen und Persönlichkeitsmerkmale als typisch „männlich" und typisch „weiblich" gelten können. So wird männlichen Kindern, Jugendlichen und Erwachsenen ein großes Ausmaß von aktivem und durchsetzungsbezogenem Verhalten zugestanden [...][8], weiblichen Kindern, Jugendlichen und Erwachsenen [werden][9] stärker gefühlsbetonte und auf Unterstützung anderer ausgerichtete Verhaltensmerkmale zugeschrieben."

Geschlechterstereotype bewirken also ein Machtgefälle zu Gunsten der Männer. Dies soll durch einige wissenschaftliche Befunde verdeutlicht werden:

- „Dass in unserer Kultur ‚weiblich' und ‚männlich' ganz unterschiedlich gedacht wird und das männliche Modell dabei einen überlegenen, vorherrschenden Platz innehat, gehört mittlerweile zum selbstverständlichen Wissen" (RENDTORFF 1997, 17);
- Männlichkeit wird von beiden Geschlechtern höher eingestuft und mit Macht und Kompetenz verbunden (BROVERMAN et al. 1972);
- RENDTORFF (1997, 18) sieht die männlichen Werte von der Allgemeinheit wichtiger geachtet als weibliche. EAGLY & STEFFEN (1984) begründen dies mit der vorherrschenden geschlechtsspezifischen Arbeitsteilung in der Gesellschaft;
- auch SCHWEDT (1999) propagiert, dass die Ungleichheit der Geschlechter gesellschaftlich tradiert ist und somit eine Vorlage für die vorherrschenden Geschlechterstereotype besteht.

7 Einfügung des Verfassers.
8 Einfügung des Verfassers.
9 Einfügung des Verfassers.

Mit den Inhalten von Geschlechterstereotypen haben sich einige Untersuchungen etwa ab den 1970er-Jahren beschäftigt (siehe Überblick bei ECKES 1997, ALFERMANN 1996).

Männliche und weibliche Geschlechtsstereotype. Nach TRAUTNER (1979, 31) gelten folgende männliche Stereotype: aggressiv, aktiv, dominant, ehrgeizig, erfolgreich, grob, kompetent, rational, selbstständig, selbstsicher, sorglos, stark, unternehmungslustig. Weibliche Stereotype sind: ängstlich, beeinflussbar, emotional, empfindsam, freundlich, passiv, redefreudig, sozial orientiert, schüchtern, schwach, submissiv, unselbstständig, verträumt, warmherzig, zärtlich.

In einer Studie zur Stereotyp-Forschung von WILLIAMS & BEST (1990) wurden Personen in 25 Staaten nach typischen Eigenschaften von Männern und Frauen befragt; die Ergebnisse sind in Tabelle 1 wiedergegeben. Sie untermauern die Hypothese, dass Frauen in den meisten Kulturkreisen nicht so charakteristisch wie Männer eingeschätzt werden.

Geschlechtsrolleneinstellung, -identität, -orientierung, Geschlechtstypizität (GTS). Die Übernahme der geschlechtstypischen Rolleneinstellung verläuft im Allgemeinen analog dem Prozess der Ausprägung bzw. Entwicklung der Geschlechtsidentität. Eine verinnerlichte Geschlechtsrolleneinstellung – im sozialpsychologischen Verständnis –, auch als Geschlechtsrollenidentität oder Geschlechtsrollenorientierung bezeichnet, beinhaltet alle geschlechtstypischen Personenmerkmale (ALTSTÖTTER-GLEICH et al. 2000, 6). Spezifischer ausgedrückt: es ist die Wahrnehmung der eigenen Person gemeint, die „Selbstzuschreibung geschlechtstypischer Merkmale wie Persönlichkeitsmerkmale oder Interessen in einem graduellen Sinn" (GLOGER-TIPPELT 1996, 228). Zu den geschlechtstypischen Merkmalen gehört auch die Präferenz von Geschlechterrollen, d.h. auch: die Bevorzugung geschlechtsstereotyper Urteilen und ebensolche Verhaltensweisen. Das Konstrukt Geschlechtstypizität (GTS) kann als Fassette der Geschlechtsrolleneinstellung betrachtet werden (ALTSTÖTTER-GLEICH et al. 2000). Es spiegelt die subjektive Orientierung eines Individuums an den maskulinen/femininen Geschlechtsstereotypen wider (siehe auch Abschnitt 4.2.2). Inwieweit sich die Geschlechtstypizität als abhängige Variable bei der Erforschung von Ehekonflikten zeigt, ist u.a. Thema der vorliegenden Studie. Grundlage des Konstrukts Geschlechtstypizität ist u.a. das Androgyniemodell.

Androgyniekonzept. SPENCE & HELMREICH (1978) zielen mit der Einführung des Konzepts der Geschlechtsrollenorientierung darauf ab, die traditionellen Vorstellungen über die Verteilung der Geschlechterrollen hinter sich zu lassen. Dies wird durch die Berücksichtigung des Androgyniekonzepts möglich. Nach dem Androgyniekonzept (BEM 1974, SPENCE et al. 1975, BIERHOFF-ALFERMANN 1989) werden, wie oben bereits erwähnt, kognitive Maskulinität und Feminität nicht länger als zwei sich gegenseitig ausschließende Merkmale betrachtet. Bis in die jüngere Vergangenheit hinein war dies der Fall (vgl. Abschnitt 2). Vielmehr definieren heute viele Sozialwissenschaftler diese beiden psychosozialen Persönlichkeitsmerkmale als unabhängig voneinander.

Tabelle 1: Stereotype Eigenschaften von Männern und Frauen (WILLIAMS & BEST 1990, zit. nach ALFERMANN 1996, 16f.)

Stereotype maskuline Eigenschaften	
anmaßend	logisch denkend
abenteuerlustig	maskulin
aggressiv	mutig
aktiv	opportunistisch
dominant	rational
egoistisch	realistisch
ehrgeizig	robust
einfallsreich	selbstbewusst
emotionslos	selbstherrlich
entschlossen	stark
erfinderisch	streng
ergreift die Initiative	stur
ernsthaft	tatkräftig
faul	unabhängig
fortschrittlich	überheblich
grausam	unbekümmert
grob	unerschütterlich
hartherzig	unnachgiebig
klar denkend	unordentlich
kräftig	unternehmenslustig
kühn	weise
laut	
Stereotype feminine Eigenschaften	
abergläubisch	geschwätzig
abhängig	liebevoll
affektiert	milde
attraktiv	neugierig
charmant	schwach
einfühlsam	sanft
emotional	sexy
feminin	träumerisch
furchtsam	unterwürfig
gefühlvoll	weichherzig

Jede Person verfügt nach BEM (1981) über ein Selbstbild hinsichtlich eigener geschlechtsspezifischer Eigenschaften und Verhaltensweisen, welches, wie erwähnt, mit den Begriffen Geschlechtsrolleneinstellungen, Geschlechtsrollenidentität, Geschlechtstypizität (GTS) oder Geschlechtsrollenorientierung beschrieben werden kann. In diesem Selbstbild können weibliche Rollenmerkmale (Expressivität) mit männlichen (Instrumentalität[10]) einhergehen, d.h. sie schließen sich nicht mehr aus. – Wenn z.B. Androgynie vorliegt, sind beide psychosozialen Persönlichkeitsmerkmale ausgeprägt. Der entgegengesetzte Fall von Androgynie wäre eine weder maskuline noch feminine Person, ergo eine indifferente.

Folgt man der Argumentation von BEM, so kann man Individuen, die überwiegend stereotyp feminine Merkmale aufweisen und zugleich wenige männliche als feminine/expressive Personen klassifizieren, im umgekehrten Fall spricht man von männlichen/instrumentellen (siehe Tabelle 2).

Tabelle 2: Einteilung der verschiedenen Gruppen der Geschlechtstypizität (GTS) nach dem Androgyniekonzept

	Hohe Maskulinitätswerte	Niedrige Maskulinitätswerte
Hohe Feminitätswerte	**Androgynität**	**Feminität**
Niedrige Feminitätswerte	**Maskulinität**	**Undifferenziertheit**

Die wichtigen Begriffe für den gegenwärtigen Rahmen sind dargelegt worden. Es folgen die geschlechtsrollenbezogenen Sozialisationstheorien, die bis in die Gegenwart hinein kritisiert und diskutiert werden.

[10] Die Begriffe Instrumentalität und Expressivität werden von vielen Forschern, die sich der Geschlechterforschung verbunden fühlen, bevorzugt verwendet, um Maskulinität bzw. Feminität zu beschreiben. In der vorliegenden Arbeit geschieht dies genauso.

2 Geschlechtsrollenbezogene Sozialisationstheorien und das Androgyniemodell

In diesem Abschnitt wird zunächst die gegenwärtige Diskussion um den Geschlechtsunterschied dargelegt (2.1), ferner die jeweiligen Standpunkte dazu aufgezeigt. Nach einigen Bemerkungen zum Sozialisationsbegriff (2.2) werden die geschlechtsrollenbezogenen Sozialisationstheorien aufgeführt; es handelt sich namentlich um die Psychoanalyse (2.3), lerntheoretische Ansätze (2.4) und Kognitionspsychologie (2.5). Diese Theorien sind jeweils mit einer kurzgefassten Kritik versehen. Abschnitt 2.5.2 thematisiert die Geschlechtsschema-Theorie, die sich durch ein sehr enges Verhältnis zum Androgyniekonzept charakterisiert, außerdem eine Kritik an den Klassikern darstellt.

2.1 Geschlechtsunterschied – Natur versus Sozialisation

Eine Kontroverse in den Humanwissenschaften kreist um das Thema des Geschlechtsunterschieds in unserer und anderen Gesellschaften sowie den Bedingungen seiner Entstehung. Wissenschaftler, die den Geschlechtsunterschied zunächst als überhaupt existent proklamieren – andere Positionen werden unten genannt –, teilen sich überwiegend in zwei gegeneinander argumentierende Gruppen: 1. Vertreter der These von vererbten geschlechtsspezifischen Anlagemustern und deren geschlechterdifferenzierende Auswirkungen auf die Entwicklung der individuellen Persönlichkeit; 2. Wissenschaftlerinnen, die in der Tradition der Geschlechtersozialisation stehen, d.h. den Geschlechtsunterschied wesentlich auf gesellschaftliche Einflüsse zurückführen.

2.1.1 Der biologische Imperativ

Diejenigen Forscher, die die Determinante des Geschlechtsunterschieds hauptsächlich in der geschlechtsspezifischen Vererbung sehen (z.B. BISCHOF-KÖHLER 2002, LENZ 1999, HRDY 2002), zeigen vornehmlich Defizite der Sozialisationstheorien auf und greifen dann vor allem auf die Evolutionstheorie, Vergleichsuntersuchungen zwischen Mensch und Tier, die Erkenntnisse der Humanbiologie sowie auf themenzentrierte Experimente zurück, um die biologische Position zu stärken.

Humanethologische Vorstellungen (z.B. EIBL-EIBESFELD 1997, GRAMMER 2002) gehen davon aus, dass sich menschliche Entwicklung überwiegend nach einem inneren, einem endogenen Plan vollzieht, der von der Natur quasi vorgegeben wird, also von Vererbungsmustern oder genetischen Programmierungen determiniert sei. Dementsprechend wird organisches Leben als gesetzmäßiges Wachstum verstanden, als Reifung und Entfaltung natürlicher Anlagen. Stereotyp männliches bzw. weibliches Verhalten wird somit durch das Vorhandensein von angeborenen unterschiedlichen Verhaltensmustern erklärt, die, inneren Impulsen folgend, durch äußere Reize oder Reizsituationen aktiviert werden.

Zusammenfassend beschrieben: In den Publikationen der Autoren der endogenen Auffassung liegt der Hauptaspekt darin, geschlechtsspezifische Unterschiede, beispielsweise in der räumlichen Wahrnehmung, bei Präferenzen von Unterrichtsfächern in der Schule, aggressivem Verhalten sowie kognitiven, emotionalen und motivationalen Aspekten, auf unterschiedliche Anlagemuster zurückzuführen (vgl. BISCHOF-KÖHLER 2002).[11]

Feministische Wissenschaftlerinnen wie beispielsweise HAGEMANN-WHITE (1984), BILDEN (1991) und CHODOROW (1990) lehnen Evolutionskonzepte entschieden ab. Schließlich klammern biologische Ansätze eine mögliche Diskriminierung des weiblichen Geschlechts auf Grund einer Benachteiligung wegen ungleicher Vererbungsmuster nicht zwingend aus, sondern kommen ihr eher entgegen.

Wie bereits angedeutet, gibt es noch andere Positionen bezüglich des Geschlechtsunterschieds. WILLI (2002) diskutiert zunächst, ob eventuelle Geschlechtsunterschiede gegenwärtig noch ein Reiz- oder Tabuthema darstellen. Seiner Meinung nach hat die Emanzipation die Rolle der Frau in unserer Gesellschaft ausreichend gestärkt, Berufe wie Pilot, Zugführer, Chirurg, Offizier oder Spitzenpolitiker, welche vor 30 Jahren noch Monopole der Männer waren, seien u.a. auch durch den Ausgleich von Bildung und Ausbildung für Frauen geöffnet worden. Er fragt schlussfolgernd, ob es heute überhaupt noch erwähnenswerte Geschlechtsunterschiede gibt (ebd., 65f.).

Diese Auffassung vertritt auch ALFERMANN (1996), wenn sie ausführt, dass sich die Geschlechterrollen in den letzten beiden Jahrzehnten angenähert haben.

Die Vertreterinnen der deutschsprachigen Geschlechterforschung (Überblick z.B. in VON BRAUN & STEPHAN 2000) kommt zu dem Schluss, dass selbst die auffallenden Verhaltensunterschiede (siehe oben) von Männern und Frauen nicht mehr beachtenswert seien. SCHWARZER (2000) plädiert daher dafür, den Geschlechtsunterschieden, selbst den biologischen, keine Aufmerksamkeit zu schenken und den Männern nicht die starke, sondern die Rolle des „geschwisterlichen Geschlechts" zuzusprechen. Sie schlägt vor, nicht mehr die Geschlechter zu teilen, sondern einfach von Menschen zu reden.

---

11 Bemerkenswert ist das gegenwärtige breite öffentliche Interesse an vermeintlichen Unterschieden zwischen Männern und Frauen. Verschiedene Publikationen der Populärliteratur erreichen mehrere Auflagen; beispielhaft genannt seien GRAY (1998) und PEASE (A. & B.) (2000).

Die Autoren der geschlechtsspezifischen Sozialisation argumentieren ähnlich, ihre Grundthesen und Auffassungen werden kurzgefasst erläutert.

2.1.2 Geschlechtsspezifische Sozialisation

Die gegen den biologischen Standpunkt lehrenden Wissenschaftler präferieren in den meisten Fällen die Ansicht, dass die in einem hohen Maß die Sozialisationskomponente für die Geschlechterrollenverteilung verantwortlich ist (z.B. MACCOBY 2000, HABERMAS 1973, HAGEMANN-WHITE 1984, ALFERMANN 1996). Sie verweisen insbesondere auf die geschlechtsspezifische Sozialisation sowie auf kulturvergleichende, ethnologische, empirische und theoretische Forschungen, um die These vom angeborenen Geschlechtscharakter zu widerlegen – welche ja von Vertretern des Naturdeterminismus zur Entstehung des Geschlechtsunterschieds herangezogen wird.

Die geschlechtsspezifische Sozialisation und ihre Nachwirkungen auf die Geschlechter beginnt demzufolge bereits mit der Geburt des männlichen (bzw. weiblichen) Säuglings.

Im Folgenden werden charakteristische Aussagen von verschiedenen Wissenschaftlern zusammengestellt, die essenzielle Bausteine der Geschlechtersozialisation repräsentieren:

- HOFFMANN (1997, 11) führt aus: „Die geschlechtliche Differenzierung ist offenkundig. Männer und Frauen werden auseinandergehalten, der Unterschied wird kulturell ins Bewußtsein gesetzt und ist Geltung."
- MERZ (1979, 9): „Die Natur bestimmt, ob wir männlich oder weiblich sind, die Kultur legt fest, was es bedeutet, männlich oder weiblich zu sein."
- HAGEMANN-WHITE (1984, 78ff.) argumentiert, dass die Existenz von zwei und nur zwei Geschlechtern aus einer alltagstheoretischen Grundannahme entspränge. Es existiere ein Kontinuum zwischen weiblicher und männlicher Gestalt, welches auch die Genitalien einbezieht. Die Anwendung der Kategorie Mann bzw. Frau sei, wie auch HOFFMANN (1997) der Meinung ist, eine gesellschaftliche Vorgabe.
- ALFERMANN (1996) führt signifikante Unterschiede der Geschlechter, z.B. bei den Persönlichkeitsmerkmalen Aggression, Durchsetzungsfähigkeit und Fürsorglichkeit, auf geschlechtstypische Rollenerwartungen zurück, welche ein Produkt der gängigen Geschlechterstereotype wären. Deshalb, wegen der kulturellen Setzung, wäre die männliche Rolle stärker mit der Instrumentalität, die weibliche eher mit Expressivität verbunden.

Die Geschlechterforschung untersucht alle Bereiche der menschlichen Interaktion. JOHNSON et al. (2000) fokussieren geschlechtstypische Kommunikation. Diese Forschergruppe begründet geschlechtstypische Zuhör- und Sprechstile mit dem geschlechtsspezifischen Selbstbild von Männern und Frauen. Demnach kommunizieren

Frauen im Allgemeinen dem weiblichen Stereotyp gemäß (empathisch, auf der Gefühlsebene usw.), Männer analog dem männlichen. Von der eigenen Geschlechtsrollenidentität (also auch: Geschlechtstypizität (GTS)) hängt es grundlegend ab, ob geschlechtsstereotyp kommuniziert wird.

Diese Beispiele sollen genügen, um *den* wesentlichen Standpunkt der Wissenschaftler darzulegen: Der Geschlechtsunterschied ist ein Resultat der gesellschaftlichen Einflüsse.

Bevor im Folgenden die klassischen Sozialisationstheorien dargestellt und im Anschluss daran vom Androgyniekonzept infrage gestellt werden, wird noch eine kurzgefasste Historie zum Sozialisationsbegriff vorangehen.

2.2 Sozialisationsbegriff

Der Begriff Sozialisation wurde Anfang des 20. Jahrhunderts von DURKHEIM (1893/1999) in den wissenschaftlichen Kontext eingeführt. Seine systematische Ausgangsposition ist die Frage nach einer Integration des Individuums in eine arbeitsteilige Gesellschaft. Dabei favorisiert DURKHEIM die Ansicht, dass die Gesellschaft die Aufgabe habe, das „Soziale" in heranwachsenden Individuen zu erschaffen (vgl. GEULEN 1991, 20ff.). Anfangs war der Begriff Sozialisation mit der Bedeutung Prägung gleichgesetzt. Die Mitglieder der Gesellschaft würden nach DURKHEIM die kulturellen Normen verinnerlichen und somit gesellschaftsfähig werden. Diese Argumentation erscheint analog den hauptsächlichen Thesen der in den 1960er-Jahren entwickelten wissenschaftlichen Theorie des Behaviorismus (vgl. TILLMANN 2001, 35ff.).

Aus soziologischer Sicht meint Sozialisation die Integration des Individuums in die kulturell vorgegebenen Systeme, demnach sind auch die gebräuchlichen Geschlechterrollen ein Maßstab der Orientierung.

In den 1970er-Jahren hat sich der Sozialisationsbegriff in den Sozialwissenschaften etabliert. Die neueren Sozialisationskonzepte haben sich mittlerweile vom Postulat des passiven Sozialisanden abgewendet. Viele Forscher sind sich mittlerweile weit gehend darüber einig, dass Sozialisation ein *wechselseitiger* Prozess – also nicht mehr im Verständnis DURKHEIMS – ist, nämlich zwischen einem aktiven Subjekt auf der einen und der Gesellschaft auf der anderen Seite; diese Überzeugung wird auch als integrativer Ansatz bezeichnet (s.a. HURRELMANN 2001, 62–80).

„Sozialisation wird heute überwiegend als ein *bidirektionaler* Prozeß der wechselseitigen Beeinflussung von Umwelt und Individuum angesehen [...][12]. Die Bedeutung des Sozialisationsaspekts für die Entwicklungspsychologie ist dadurch gegeben, daß jegliche Entwicklung in einem sozialen Kontext geschieht und ohne diesen Kontext nicht denkbar ist" (TRAUTNER 1992, 154).

Es existiert eine Vielzahl von Definitionen des Sozialisationsbegriffs aus der jüngeren Vergangenheit, die sich in diesem Aspekt (aktives Individuum) gleichen. Folgende Bestimmungen seien als Beispiele genannt:

- BILDEN (1991, 279) schreibt: „Sozialisation [...][13] verstehe ich als einen Prozeß, in dem aus einem Neugeborenen ein in seiner Gesellschaft handlungsfähiges Subjekt wird (und bleibt). Sie findet statt, indem das bildende Individuum zunehmend aktiv teilhat an den sozialen Praktiken, in denen die Gesellschaft sich selbst produziert und verändert."
- SEILER (1991, 99) ist der Ansicht, dass der Begriff Sozialisation zu beschreiben und erklären versucht, „wie aus befruchteten Eizellen erwachsene Persönlichkeiten mit bestimmten Fähigkeiten, Einstellungen, Verhaltensweisen usw. entstehen und in welcher Weise und nach welchen Gesetzen die heranwachsenden und die schon erwachsenen Personen sich in der Auseinandersetzung mit ihrer Umwelt ständig weiter verändern".

Nach TILLMANN (2001) hat sich die Definition von HURRELMANN durchgesetzt bzw. sie kann seiner Meinung nach weit gehend akzeptiert werden: „Im heute allgemein vorherrschenden Verständnis wird mit Sozialisation der Prozeß der Entstehung und Entwicklung der menschlichen Persönlichkeit in Abhängigkeit von und in Auseinandersetzung mit den sozialen und den dinglich-materiellen Lebensbedingungen verstanden, die zu einem bestimmten Zeitpunkt der historischen Entwicklung einer Gesellschaft existieren. Sozialisation bezeichnet den Prozeß, in dessen Verlauf sich der mit einer biologischen Ausstattung versehene menschliche Organismus zu einer handlungsfähigen Persönlichkeit bildet, die sich über den Lebenslauf hinweg in Auseinandersetzung mit den Lebensbedingungen weiterentwickelt" (HURRELMANN 2001, 14).

Sozialisation gilt des Weiteren als lebenslanger Prozess. Von den frühen Phasen der Entwicklung in der Kindheit bis hin zum Eintritt in den Erwachsenenstatus werden die Prozesse des Aufbaus und der Bildung der sozial handlungsfähigen Persönlichkeit in den Vordergrund gestellt, während in der darauf folgenden Phase des Lebens (bis zum Tod) der Prozess der Modifikation bereits bestehender Identitätsstrukturen und ihrer Weiterbildung im Mittelpunkt steht (vgl. WINTER & BÖHNISCH 1993, 13ff.).

Die geschlechtsspezifische Sozialisation, quasi eine spezielle Betrachtung von Sozialisationseinflüssen auf die Geschlechter, fokussiert, wie oben erwähnt, die Ge-

[12] Einfügung des Verfassers.
[13] Einfügung des Verfassers.

schlechtsunterschiede: „Das Paradigma der geschlechtsspezifischen Sozialisation lebt davon, Geschlechtsunterschiede als individuelle Persönlichkeitsunterschiede zu hypostasieren und nach deren Entstehungsbedingungen in geschlechtstypischer (und -typisierender) Sozialisation zu forschen" (BILDEN 1991, 281).

Einige klassische Sozialisationstheorien eignen sich besonders gut, um Geschlechtsunterschiede zu erklären, einerseits weil sie explizit das Thema aufgreifen, andererseits weil sie als Vorlage für neuere Ansätze dienten. Um die relevanten Ansichten geht es an dieser Stelle.

BISCHOF-KÖHLER (2002, 33) fasst die infrage kommenden Ansätze zusammen: „Die geschlechtsrollenbezogenen Sozialisationstheorien, die in der Fachwelt diskutiert werden und mehr oder weniger auch Akzeptanz gefunden haben, lassen sich an einer Hand abzählen. Es handelt sich um die Theorie Freuds, die abgesehen von einigen kritischen Modifikationen auch von seinen Anhängern vertreten wird, ferner um lerntheoretische Erklärungsansätze, die zum einen im Rahmen der Bekräftigungstheorie formuliert wurden, zum anderen in der Theorie des sozialen Lernens die Rolle der Imitation betonen, und schließlich um den kognitivistischen Ansatz von Lawrence Kohlberg."

Zu berücksichtigen ist ferner aus sozialpsychologischer Sichtweise noch die Geschlechtsschema-Theorie von BEM (1981), eine Ausarbeitung bzw. Zusammenführung von spezifischen Thesen des Konstruktivismus, sozialer Lerntheorie und der Kognitionspsychologie.

Die klassischen Theorien werden im Folgenden erläutert, im Anschluss daran auf die Position von BEM aufmerksam gemacht. Ihr Ansatz impliziert einerseits verschiedene Elemente von bereits vorliegenden Ansätzen, andererseits setzt sich die Geschlechtsschema-Theorie durch die umfassendere Sichtweise der Geschlechtstypisierung von den gängigen Sozialisationstheorien ab.

2.3 Psychoanalyse

HURRELMANN (2001) und BUSCH (1985) heben den sozialisationstheoretischen Gehalt von FREUDS psychosexueller Entwicklungspsychologie hervor.

FREUD postuliert die Entwicklung des Menschen als eine Interaktion zwischen biologischen und gesellschaftlichen Faktoren. Zentrales Thema des Begründers der Psychoanalyse ist das triebhafte Individuum und die überlebensnotwendige, aber triebunterdrückende Gesellschaft. FREUD hat seine Triebtheorie und die Konzeption des Begriffs des Unbewussten zeitlebens neu definiert, bis diese die Strukturen annahmen, die heute am populärsten sind (vgl. z.B. GÖDDE 1999). Er hat sich in seinem Werk stets darum bemüht, Neurosen im Erwachsenenalter auf unbewältigte Kindheitskonflikte und Fixierungen auf infantilen Entwicklungsstufen zurückzuführen.

FREUD geht dabei – und das war das Revolutionäre – von einer verankerten Triebstruktur in der individuellen Persönlichkeit aus; von verschiedenen, meist unbewussten Instanzen, die mit sich selbst im Widerstreit liegen. Bis FREUD hatte die Psychologie das Psychische mit bewussten Prozessen, d.h. mit dem Bewusstsein an sich, gleich gesetzt (Bewusstseinspsychologie: siehe WUNDT 1905). „Das bewusste Ich ist nicht Herr im eigenen Haus" heißt es demgegenüber bekanntermaßen in der Psychoanalyse.

FREUD (1930/2000) definiert den psychischen Apparat als bestehend aus drei grundlegenden Kräften:

- *Es* (Sexual-, Überlebens-, Aggressionstrieb, Vererbung);
- *Ich* (Selbstbewusstsein, Sinneswahrnehmung, Selbstbehauptung, Vernunft, das organisierende Vermögen) und
- *Über-Ich* (Moral, Gewissen, Einfluss der Eltern).

Diese drei Wirkungskreise sind dem Menschen an und für sich nicht bewusst, das trifft nach FREUD auf das Psychische insgesamt zu. Er nennt unbewusstes Geschehen „einen psychischen Vorgang, dessen Existenz wir annehmen müssen, etwa weil wir ihn aus seinen Wirkungen erschließen, von dem wir aber nichts wissen" (FREUD 1933/2000, 508). Die bewussten Vorgänge stellen demzufolge nur einen kleinen Anteil des Psychischen dar, aber auch hinter ihnen, den vermeintlich rationalen Gedankenreihen, stehen oft uns verborgene unbewusste Zusammenhänge. Dazu bemerkt GUDJONS (1997, 157): „Wer dieses Kernstück der Psychoanalyse nicht akzeptiert/begreift, findet keinen Zugang zu psychoanalytischem Denken."

FREUD stellt den Sexualtrieb ins Zentrum des Entwicklungsprozesses des Individuums; ausführlicher behandelt er diesen Gegenstand in seinen Schriften *Drei Abhandlungen zur Sexualtheorie* (1905/2000) und *Abriß der Psychoanalyse* (1938/1994). Demnach produziert der menschliche Organismus seit der Geburt konstant psychische Triebenergie, er nennt sie Libido. Während des Wachstums durchlebt der Organismus mehrere Libido-Phasen, in denen jeweils bestimmte erogene Zonen des Körpers zentrale Libido-Objekte darstellen. An diesen kann aufgestaute sexuelle Triebenergie abgebaut werden. Der Mensch ist somit nach FREUD ein auf Lustgewinn ausgerichtetes Wesen, er ist durch das Lustprinzip sogar determiniert.

FREUD (1905/2000, 37–145) unterscheidet folgende psychosexuelle Entwicklungsphasen des Menschen, die sich auch überschneiden können:

1. *Orale Phase* (1.–3. Lebensjahr) – der Mundbereich ist fokussierte erogene Zone (Lustgewinn durch Saugen, Lutschen, Nahrungsaufnahme); das Individuum definiert sich ausschließlich durch das Es.
2. *Anale Phase* (2.–4. Lebensjahr) – erogene Zone ist der Afterbereich, Lusterleben durch Ausscheidung bzw. Zurückhalten des Kots; Zeit der Sauberkeitserziehung; das Ich entsteht.

3. *Phallische Phase* (4.–5. Lebensjahr) – Genitalien als Lustquellen; Übernahme der Geschlechtsrolle; Ödipus- bzw. Elektra-Konstellation (siehe unten); das Über-Ich entsteht.
4. *Genitale Phase* (bis Ende Pubertät) – die Libido richtet sich nach außen, in die Umwelt: Familie, Freundeskreis usw.

Die phallische Phase ist nach FREUD entscheidend für die Übernahme der Geschlechtsrolle. In diesem Entwicklungszeitraum geraten, wie oben bereits beschrieben, die Genitalien in den Mittelpunkt der Libido. Dann offenbart sich beim jungen Menschen zum ersten Mal deutlich der Geschlechtsunterschied. Auch durch die Erkenntnis des Mädchens, dass es keinen Penis hat, ergeben sich nach FREUD ausschlaggebende Folgen. In dieser Zeit erscheint außerdem der jeweils andersgeschlechtliche Elternteil anziehend. Der Junge fühlt sich zur Mutter hingezogen, umgekehrt orientiert sich das Mädchen hin zum Vater. Für den Jungen ergibt sich die Ödipus-Konstellation: er hat Phantasien und will die Mutter in sein Spiel mit den Genitalien mit einzubeziehen. Er hat aber gleichzeitig einen übermächtigen Rivalen: seinen Vater. Dieser, so die Angst des Jungen, könnte ihn wegen seines Begehrens kastrieren (Kastrationsangst). Die Kastrationsangst hilft dem Jungen – im optimalen Fall –, die Ödipus-Situation schadlos zu überstehen, weil die sexuellen Regungen und Wünsche gegenüber der Mutter nachlassen. Während sich der Junge nach und nach mit dem Vater identifiziert, gibt er die Mutter wegen des Inzest-Tabus auf. Er will so männlich sein wie der Vater. Weil er außerdem die Ansprüche des Vaters verinnerlicht, wird das Über-Ich gebildet, das Gewissen, welches wiederum die gesellschaftlichen Normen und Moralvorstellungen repräsentiert, d.h. ferner: die Definition der männlichen Geschlechtsrolle mit einschließt.

Das Mädchen erlebt die phallische Phase anders. Es sieht sich in dieser Zeit, wie bereits erwähnt, einer unliebsamen Tatsache gegenübergestellt: die Erfahrung der Mangelhaftigkeit (es fehlt der Penis). Bevor es diese Einsicht erlangte, wurde die Mutter als Bezugsperson fixiert. Jetzt wird dem Vater das Interesse entgegengebracht, denn das Mädchen entfernt sich, enttäuscht von der Mutter – sie macht sie für die eigene nachteilige Beschaffenheit verantwortlich. Die Mutter erscheint jetzt als Nebenbuhlerin und Rivalin. Diese Konstellation wird als Elektra-Situation bezeichnet. Das Mädchen beginnt zu phantasieren, der Vater werde es schwängern. Nun übernimmt nach FREUD das Mädchen die Rolle der Mutter, weil diese zwar einerseits als Konkurrentin erscheint, aber andererseits doch ein (stereotyp weibliches) Modell dafür ist, wie man dem Vater gefällt.

Im Fall des Mädchens bildet sich das Über-Ich also nicht aus Angst (wie beim Jungen), sondern auf Grund einer selbst gewollten Identifikation mit der Mutter. Die Geschlechtsrolle wird also freiwillig zum Persönlichkeitsinventar.

Zusammenfassend kann man also festhalten, dass nach der Psychoanalyse der Erwerb der Geschlechtsidentität mit der Übernahme der Geschlechtsrolle in der phallischen Phase der psychosexuellen Entwicklung einhergeht.

2.3.1 Kritik

„Psychoanalytische Vorstellungen über Kastrationsangst, Penisneid und kindliche Sexualität erscheinen nur zu leicht als befremdlich, im höchsten Maß spekulativ und damit unwissenschaftlich" (TILLMANN 2001, 74).

Die FREUD'SCHE Theorie wurde bereits in ihrer Entstehungszeit und darüber hinaus bis heute massiv kritisiert. Sicherlich liegt zunächst eine (unüberwindbare?) Schwierigkeit darin, innere psychologische Prozesse zu operationalisieren. Auch die von FREUD anfangs eingesetzte Methode der Hypnose und später das Verfahren der freien Assoziation sind wissenschaftlich betrachtet mehr als umstritten. FREUD wird, wenn er behauptet, *alle* kleinen Jungen würden unter der Angst vor der Kastration des Vater leiden, in Kreisen von Psychoanalytikern und Vertretern der Neo-Psychoanalyse bei weitem nicht mehr wörtlich genommen. STORR (1999, 33) führt aus: „[...][14] formuliert man das Ganze anders und sagt, daß es für Jungen äußerst wichtig ist, ihre männliche Identität unter Beweis zu stellen, daß sie in Konkurrenz mit ihrem Vater treten und sich leicht verletzt oder bedroht fühlen, wenn man herabsetzende Bemerkungen über ihre Größe, Schwäche, ihren Mangel an Fähigkeiten und Erfahrungen macht, dann würden unter diesem Gesichtspunkt die meisten [...][15] zustimmen."

Die gegenwärtige Tiefenpsychologie räumt den Mädchen – FREUD hat die Entwicklung vorwiegend aus der Sicht des Knaben verstanden – mittlerweile ein vergleichbares Interesse ein (FLAMMER 1999).

BISCHOF-KÖHLER (2002) und andere Autorinnen (z.B. CHODOROW 1990) werfen FREUD seinen „unverblümt frauendiskriminierenden Unterton" vor. ROHDE-DACHSER (1991) geht davon aus, dass FREUD von zeitgenössischen Geschlechterstereotypen und eigenen Beziehungsmustern befangen war. Heute herrscht auch eine gewisse Unsicherheit darüber, inwiefern die Andersartigkeit von Männern und Frauen nur das Ergebnis von gesellschaftlicher Unterprivilegierung ist oder inwiefern sie biologisch begründet werden kann (vgl. Abschnitt 2.1.1). WILLI (1975/2001, 135) schlägt deshalb vor – bezüglich der phallisch-ödipalen Situation bei Jungen –, „von einer kollusiven Rivalität um die «männliche» Rolle" zu sprechen.

2.4 Lerntheoretische Erklärungsansätze

Die lerntheoretischen – so auch die behavioristischen – Annahmen, welche die Existenz und Entstehung des geschlechtstypischen Verhaltens erklären, charakterisieren sich durch eine gemeinsame Basis: Männer und Frauen weisen keine unterschiedli-

[14] Einfügung des Verfassers.
[15] Einfügung des Verfassers.

chen genetischen Programmierungen auf, sondern sind gleich veranlagt. Folglich würden heranwachsende Individuen auf Grund von Umwelteinflüssen (z.B. Erziehung, Kindergarten) zu Mann bzw. Frau. Die entstehende Geschlechtsidentifikation wird demnach exogen, d.h. von außen, dirigiert.

„Die Grundannahmen des Behaviorismus ließen und lassen sich auf eine sehr einfache Formel bringen: Das Verhalten eines jeden Organismus, als auch das des Menschen, ist nichts anderes als seine Reaktion auf bestimmte Umweltreize, mit der sich der Organismus der Umwelt anpaßt. Verhalten ist das sichtbare Ergebnis von Reiz-Reaktions-Verbindungen, die der Organismus – ausgehend von einigen elementaren angeborenen Reflexen – im Laufe der Zeit »erlernt« hat. Lernen ist unter dieser Perspektive also der Aufbau neuer Reiz-Reaktions-Verbindungen, die zu dauerhaften Verhaltensänderungen [...][16]" führen (BAUMGART 1998, 109).

Somit stellt der Behaviorismus einen beträchtlichen Unterschied zu der weiter oben erläuterten Psychoanalyse dar, genauer gesagt, es handelt sich um einen entgegengesetzten Standpunkt. Behavioristen verbannen unbewusste Prozesse aus dem Forschungsprogramm: Wissenschaft soll exakt sein.

Es gibt zwei an den Behaviorismus angelehnte Stoßrichtungen innerhalb des Ansatzes der sozialen Lerntheorie, nämlich einerseits diejenige in der Tradition der Bekräftigungstheorie, andererseits das Theorem „Lernen am Modell" (vgl. BISCHOF-KÖHLER 2002).

Die Bekräftigungstheorie bezieht sich vor allem auf das klassische (PAWLOW) bzw. operante Konditionieren (SKINNER). Übertragen auf Prozesse des Lernens beim Menschen wäre ein typisches Beispiel dieses: Ein Mädchen erhält für geschlechtsrollenkonforme, also typisch feminine Verhaltensweisen und Reaktionen – z.B. mit Puppen spielen usw. –, von den Eltern Bekräftigungen (oder Verstärkungen, wie das Phänomen beim operanten Konditionieren genannt wird) und Bestrafungen oder Sanktionen, wenn es sich nicht geschlechtstypisch verhält. Die Verstärker wirken sich demnach charakteristischerweise auf das Individuum aus, indem sie die Wiederholungswahrscheinlichkeit eines bestimmten Verhaltens erhöhen (BAUMGART 1998, 113).

Die so genannten negativen Verstärker (TILLMANN 2001, 78ff.) müssen nicht unbedingt einen strafenden Charakter haben, sondern können sich auch als Form von Ignoranz manifestieren. Da nun geschlechtstypisches Verhalten üblicherweise belohnt wird, wird es demnach, so erklärt die Bekräftigungstheorie, von Heranwachsenden beibehalten und dasjenige, das keine Bekräftigung erfährt und/oder vom sozialen Umfeld sanktioniert wird, aus dem Verhaltensrepertoire gestrichen.

[16] Einfügung des Verfassers.

Das bedeutet: Positive Verstärkung – beispielsweise durch die Eltern – von erwünschten geschlechtstypischen Verhaltensweisen erhöht nach dieser Theorie die Wiederholungswahrscheinlichkeit.

Weil nun nach MISCHEL (1966) die beiden Geschlechter verschieden konditioniert werden, müssten, je ausgebildeter und eindeutiger die geschlechtsspezifischen Einflüsse sind, die von den Kindern ausgebildeten geschlechtstypischen Verhaltensweisen eindeutiger sein, d.h. augenscheinlich ausfallen.

Die andere Sichtweise der Geschlechtsrollenübernahme innerhalb der sozialen Lerntheorie offenbart sich, wie bereits erwähnt, als Modell-Lernen, auch bekannt als Imitations- oder Identifikationstheorem. Demnach würden Menschen ihre kulturelle Geschlechtsrolle nicht *ausschließlich* durch willkürliche Konditionierung von außen erwerben. Nach BANDURA (1976) lernen Menschen nicht nur wegen einzelner Verstärker aus der Umwelt (siehe Bekräftigungstheorie), sondern auch und gerade durch reflektierende Beobachtungen, welche bewirken, dass sich nach und nach eine praktische Nachahmung von Verhaltensweisen anderer Menschen entwickelt. Heranwachsende würden dazu tendieren, Handlungen, Einstellungen und emotionale Reaktionen von beobachteten Modellen (u.a. Menschen) zu wiederholen (vgl. BANDURA & WALTERS 1963).

Die Identifikation eines Individuums mit dem ihm nahestehenden gleichgeschlechtlichen Vorbild dient nach BANDURA (1976) als Vorlage für die Ausprägung des eigenen geschlechtsspezifischen Verhaltens.

Wie man sehen kann, erreicht auch bei BANDURA das Individuum nicht ganz den Status eines vernünftigen Wesens, das sich durch typische „Menschlichkeiten" oder besondere Potenziale (Selbstreflexion) charakterisiert. Seine Ausführungen stehen somit im Gegensatz z.B. zu Thesen der philosophischen Anthropologie (z.B. SCHELER 1928/2002, HARTMANN 1940/1964).

2.4.1 Kritik

TILLMANN (2001, 87ff.) ist bestrebt, Schwächen des Wissenschaftsprogramms aufzuzeigen. Demzufolge würde die Lerntheorie von einem radikal-mechanistischen Menschenbild ausgehen, nach dem das Individuum eine Blackbox, eine Tabula rasa sei. In dieser Persönlichkeitstheorie hätten Kategorien wie Selbstreflexion oder Intentionalität (grundsätzliche menschliche Fertigkeiten) keinen Platz. Es fehle ferner innerhalb dieser Theorie ein erarbeitetes Verständnis der Ontogenese, genauer ausgedrückt, ein entwicklungspsychologisches Modell. Weil nach TILLMANN (ebd., 88) Umwelteinflüsse und soziale Zusammenhänge nicht aufgezeigt oder kritisch hinterfragt werden, kommt er zu der Schlussfolgerung: „Die vorfindlichen Geschlechterrollen werden als gegeben hingenommen, gefragt wird lediglich nach den Mechanismen ihrer Weitervermittlung. Dabei bleiben in aller Regel gesellschaftlich-strukturelle Reflexionen wie auch Überlegungen zur Autonomie des Subjekts (Wirkt die Geschlechterrolle unterdrückend?) außerhalb des Theorierahmens. Aus diesem Grund wird auch gegen den scheinbar so wertfreien Ansatz der Lerntheorie und ihre experimentelle Forschung der Ideologievorwurf erhoben [...][17]."

2.5 Kognitionspsychologische Sichtweise der Geschlechtsrollenübernahme

Die Kognitionspsychologie grenzt sich wesentlich von der Psychoanalyse und den lerntheoretischen Erklärungsannahmen ab.

„Die »Kognitionshypothese« lautet: Wenn Kinder ihre geschlechtliche Identität und die anderer Personen kennen und bewußt realisieren, welche Präferenzen für die beiden Geschlechter jeweils als angemessen betrachtet werden, dann motiviert sie dies zur Übernahme eines für ihr eigenes Geschlecht spezifisches Verhalten" (MACCOBY 2000, 194).

Der Begründer der kognitiven Entwicklungstheorie J. PIAGET (z.B. 1975; 1976) und KOHLBERG (1974), der den Ansatz weiterentwickelt hat, akzentuieren insbesondere die innere Aktivität des Individuums, „in Interaktion mit seiner Umwelt zu treten und entsprechend seinen ‹inneren Bedingungen› gegenüber ‹äußeren Bedingungen› [zu][18] handeln und dabei lernend [zu][19] agier[en][20]" (TILLMANN 2001, 94).

Kognitionspsychologen gehen davon aus, dass Entwicklung, d.h. kindliches Lernen, nicht ausschließlich durch simples Etablieren von Reiz-Reaktions-Mustern angeregt wird. Die Kategorien Bekräftigung und Nachahmung (siehe Lerntheorie) werden daher überwiegend ausgeklammert. PIAGET geht von einem Subjekt (Individuum) aus, welches sich bereits im Säuglingsalter die Umwelt aneignet; der Antrieb dafür ist die Neugier. Das Kind bildet und entwickelt im Umgang mit Personen und Gegenständen seine inneren Strukturen und Gestaltungen. Durch diesen Prozess wird die innere und äußere Bedingung der Realität mit kognitiven Anordnungen im Zuge der Persönlichkeitsentwicklung vereinigt (vgl. LENZ 1999, 33ff.). Das Kind integriert durch Assimilation der Umwelt die Elemente der äußeren Realität nach und nach in das eigene Denken, und zwar gesetzmäßig in Form einer ansteigenden Stufenfolge. Komplettiert wird die Assimilation durch die Akkommodation, „die einsetzt, wenn neue Reize nicht an die vorhandenen Schemata assimiliert werden, aber zu hartnäckig sind, um ignoriert zu werden. Akkommodation bedeutet ganz einfach, daß neue Schemata gebildet und alte modifiziert bzw. zusammengefügt werden, um komplexere neue Organisationsformen zu schaffen" (BENESCH et al. 1992, 15). PIAGET erklärt, „dass sich bei der Auseinandersetzung des Kindes mit der Umwelt die inneren Mechanismen und Ordnungsschemata regelmäßig und gesetzmäßig aufbauen. Die Kognitionspsycho-

[17] Einfügung des Verfassers.
[18] Einfügung des Verfassers.
[19] Einfügung des Verfassers.
[20] Einfügung des Verfassers.

logie arbeitet daran, diese Regelmäßigkeiten zu erkennen und zu beschreiben" (TILLMANN 2001, 89).

Es werden von PIAGET (z.B. 1984) vier Stufen bzw. Stadien des kindlichen Denkens unterschieden. Diese werden im Folgenden angegeben und beschrieben (vgl. auch TILLMANN 2001, 91ff.):

1. *Sensomotorische Stufe* (bis zwei Jahre): innerhalb dieser Stufe erschließt der Säugling die Umwelt mit Reflexen und einfachen Verhaltensschemata.
2. *Prä-operationale Stufe* (ca. zwei bis sieben Jahre): Sprachentwicklung; Denken und Sprechen sind jedoch noch an ein egozentrisches Weltbild gebunden. Das Kind ist davon überzeugt, dass die Umwelt denkt und funktioniert wie es selbst.
3. *Stufe des konkreten Operierens* (ca. sieben bis zwölf Jahre): der Heranwachsende verliert das egozentrische Weltbild; er kann zwar ferner mit konkreten Objekten logisch umgehen, aber sich noch nicht abstrakt von ihnen lösen.
4. *Stufe des formalen Operierens* (ca. elf Jahre und älter): grundsätzliches Überlegen, hypothetisches und deduktives Denken wird auf dieser Stufe möglich. Dadurch können auch eigene Identitätsprobleme bearbeitet werden.

KOHLBERG (1974) hat das Grundkonzept der kindlichen Entwicklung von PIAGET u.a. auf den Erwerb der Geschlechtsidentität projiziert und angewendet. Er war der Ansicht, dass Jungen und Mädchen im Alter von drei oder vier Jahren um die eigene Geschlechtsidentität wissen würden; aber erst mit dem Erwerb der Geschlechterkonstanz – der Überzeugung, das Geschlecht bleibt ungeachtet von oberflächlichen Modifizierungen gleich – würden sie „beginnen, auf der Grundlage der Geschlechterkategorisierungen gleichgeschlechtlichen Vorbildern besondere Aufmerksamkeit zu widmen, ihr eigenes Verhalten zu kontrollieren und in »geschlechtskonforme« Kanäle zu lenken" (MACCOBY 2000, 203).

KOHLBERG (1974) kehrt mit der These, dass Kinder von sich aus gleichgeschlechtliche Personen zu Vorbildern idealisieren, das Verhältnis der Beobachtung der vorgegeben geschlechtsspezifischen Modelle in der Umwelt und ihre Wirkung auf ein passives Subjekt um: Es werden nach KOHLBERG *deshalb* Verhaltensweisen von Personen, die dem eigenen Geschlecht entsprechen, kopiert oder durch Imitation übernommen, weil dies die Folge einer geschlechtsspezifischen Selbstkategorisierung des heranwachsenden Individuums sowie der daraus erwachsenden Höherbewertung geschlechtsspezifischer Aktivitäten ist.

Zusammenfassend lässt sich im Hinblick auf die Ausbildung der Geschlechtsidentität sagen: Die ausgebildete Geschlechtsidentität ist aus Sicht der Kognitionspsychologie das Ergebnis einer Konstruktion, die das Kind durch Auseinandersetzung mit seiner Umwelt selbstständig erarbeitet, d.h., der Heranwachsende kategorisiert Verhaltensweisen, Kleidung, Erscheinungsbilder etc. von anderen Personen – die eigene mit eingeschlossen – in männlich bzw. weiblich. Somit fallen Geschlechtsidentität, Geschlechtsrollenübernahme und Geschlechtsrollenpräferenz weit gehend zusammen.

2.5.1 Kritik

Es gibt verschiedene Einwände gegen die Theorie KOHLBERGS, z.B. bezüglich seiner Annahme, ab wann Kinder Geschlechtskonstanz entwickeln respektive fertig ausgebildet haben. BILDEN (1991) erwähnt, dass sich Kinder bereits im Alter von drei Jahren geschlechtstypisch verhalten. Sie führt zwei weitere Argumente contra KOHLBERG an: 1. Heranwachsende zeigen gleichgeschlechtlichen Altersgenossen gegenüber andere Verhaltensweisen als andersgeschlechtlichen; 2. Bereits Dreijährige würden von sich aus, je nachdem, sogar jungen- bzw. mädchentypisches Spielzeug auswählen. Diese Tatsachen würden KOHLBERGS Thesen infrage stellen.

Auch MACCOBY (2000, 203f.) ist von einer früheren Entstehung der Geschlechtsidentität und Geschlechtskonstanz bei Kindern überzeugt: „Meiner Meinung nach können wir [...][21] mittlerweile einigermaßen sicher sagen, daß die meisten Kinder eine stabile Geschlechtsidentität erheblich früher entwickeln, als Kohlberg vermutete, und daß die Fähigkeit, sich durch widersprüchliche Wahrnehmungen *nicht* in die Irre führen zu lassen, möglicherweise keine so große Rolle spielt, wie er annahm."

Ausgehend von KOHLBERG gab es weitere Studien, um die einzelnen Stadien bis zur vollkommenen Geschlechtskonstanz genauer zu bestimmen; eine Spezifizierung der Entwicklungsabfolge ist dadurch eingetreten. Das Ergebnis von SLABY & FRYE (1975) ist in Tabelle 3 dargestellt. Demnach würden alle Kinder die angegebenen Stufen in derselben Reihenfolge durchlaufen.

Tabelle 3: Entwicklungsabfolge nach SLABY & FRYE 1975 (zit. nach BISCHOF-KÖHLER 2002, 71)

Stadium der Geschlechtskonstanz	Leistung	Altersspielraum	Durchschnittsalter
Nichts		2;2–3;3	2;10
Geschlechtsidentität	Bestimmung des eigenen und fremden Geschlechts	2;4–5;2	3;11
Geschlechtspermanenz	Zeitliche Unveränderbarkeit	3,0–5,8	4;5
Geschlechtskonsistenz	Unabhängigkeit von der Form	3;5–5,7	4;7

Man kann feststellen, dass nach SLABY & FRYE (1975) die Geschlechtsidentität bereits bei zweijährigen Kindern auftreten kann, Geschlechtspermanenz und -konsistenz schon bei Dreijährigen.

[21] Einfügung des Verfassers.

Ein schwerwiegender Protest stammt von LENZ (1999, 40ff.). Er sieht Hinweise auf eine (nicht intendierte) Annäherung von KOHLBERGS Ansatz und biologischen Theorien, die sich eigentlich strikt gegeneinander abgrenzen (wollen). Er führt an, dass in kognitionspsychologischen Darstellungen ein Zusammenhang von kognitiven Strukturen und geschlechtstypischen Verhaltensweisen bestünde, obwohl noch nicht geklärt sei, „auf welche Weise sich diese kognitiven Strukturen und Prozesse auf neuronaler Ebene manifestieren, ob also bspw. einem Stufengang eine komplette Umstrukturierung oder ein Ausbau vorhandener Strukturen auf neuronaler Ebene zugrunde liegt". Er verweist außerdem auf eine vermeintliche Tautologie der Kognitionspsychologe, welche sich folgendermaßen darstelle: Obwohl Triebkonzepte abgelehnt werden, sind sie stets bei der kognitionspsychologischen Argumentation, dass Präferenzen für geschlechtsspezifische Verhaltensweisen a priori bestünden, immer schon quasi als selbstverständliche Grundlage unbemerkt involviert (ebd.).

So viel zu den geschlechtsrollenbezogenen Sozialisationstheorien und ihren wesentlichen Kritikaspekten, die sie erfahren haben. Im Folgenden wird auf die Geschlechtsschema-Theorie hingewiesen. Sie vereinigt verschiedene Aspekte der klassischen Ansätze und erweitert deren bipolare Strukturen.

2.5.2 Geschlechtsschema-Theorie

Kinder bilden, wie gegenwärtig bekannt ist, bereits sehr früh Geschlechterstereotype aus, insbesondere auch durch geschlechtsspezifisches Spielzeug, Schulbücher und Darstellungen in den Medien (SCHMERL 1984). Eine spezifische Antwort auf die Frage, wie es dazu kommt, dass Kinder auch geschlechtsrollenkonformes Verhalten relativ früh zeigen, gibt die Geschlechtsschema-Theorie (BEM 1981). Dieses Paradigma impliziert, wie erwähnt, Elemente der sozialen Lerntheorie und Kognitionspsychologie: der Fokus liegt auf eben der Betrachtung der kognitiven Prozesse. Ferner besteht eine Annäherung an den Konstruktivismus (z.B. WATZLAWICK 1976/2003), welcher postuliert, dass Erfahrung und Erkenntnis von Wirklichkeit immer abhängig sind von den Strukturen und Vermögen des erkennenden Subjekts.[22]

Ein besonderes Charakteristikum der Geschlechtsschema-Theorie ist die Loslösung von der klassischen Ansicht, dass ausschließlich eine eindimensionale, bipolare psychologische Geschlechtlichkeit vorläge. Im Verständnis von BEM (1981) existieren demnach mehrere mögliche psychosoziale Persönlichkeitsmerkmale, die nicht vom biologischen Geschlecht abhängig sind. Dieser Ansatz versteht sich als Kritik an der bis in die 1970er-Jahre angenommenen Sachlage, Individuen hätten entweder (eher) stereotyp männliche oder (eher) weibliche Denk- und Verhaltensweisen.

BEM (1981) erklärt ihre Vorstellungen am Beispiel des Wahrnehmungsprozesses. Sie geht davon aus, „dass Wahrnehmung als konstruktiver, also aktiver Prozess ver-

[22] Diese Ansicht herrscht auch in der Systemtheorie vor (siehe Abschnitt 3.5.2).

standen werden muss. Wahrnehmung ist das Ergebnis der Wechselwirkung zwischen der Information, die einen Menschen aus seiner Umwelt erreicht, und seinen spezifischen kognitiven Strukturen, den Schemata" (ALTSTÖTTER-GLEICH et al. 2000, 13f.). Man versteht unter dem Konstrukt Geschlechtsschema eine organisierte Gesamtheit von Wissen, welche sich aus vier Komponenten zusammensetzt (MARTIN 1993):

1. Kenntnisse über Verhaltensweisen;
2. Rollen;
3. Beschäftigungen;
4. Merkmale.

Diese vier zusammenhängenden Komponenten organisieren nicht nur Wissen, sondern kategorisieren wahrgenommene Informationen (auch Personen) bei der Aufnahme und Verarbeitung. Sie spielen also die entscheidende Rolle bei der Fremdbeurteilung, d.h. sie determinieren die Art der Urteile bei der Personenwahrnehmung. Bei der Information „Geschlecht: männlich" beispielsweise werden bei Aktivierung des Schemas stereotyp männliche Erwartungshaltungen und Rollenerwartungen wirksam, andere mögliche Informationen sind nicht existent, denn sie werden gewissermaßen ausgeblendet. Verwenden Personen nun vorrangig die (erworbenen) Geschlechterschemata als Einteilungs- und Beurteilungskriterium – unterscheiden also in männlich bzw. weiblich und erwarten auch von Individuen stereotyp instrumentelles bzw. expressives Verhalten –, so sind sie auch eher motiviert, ebendiese geschlechtstypischen Handlungen, je nach eigenem Geschlecht, selbst auszuführen. „Sie [diese Individuen][23] denken also nicht nur *geschlechtsschematisch*, sie verhalten sich auch entsprechend den Geschlechtsrollenerwartungen" (ALFERMANN 1996, 33).

BEM (1981) ist davon überzeugt, dass Personen, die sich entweder an femininen oder maskulinen Geschlechterstereotypen orientieren, diese Schemata häufig gebrauchen; sie werden aus diesem Grund geschlechtsschematisch bezeichnet. Geschlechtsschematische präferieren demnach eine der beiden Dimensionen, d.h. sie ordnen die Umwelt nach der Information: Geschlecht.

BEM unterscheidet die eben beschriebenen Individuen von denjenigen, die die Geschlechtsschemata gar nicht oder wenig berücksichtigten: Geschlechteraschematische sind demnach weniger bis gar nicht motiviert, sich geschlechtstypisch zu verhalten, im Gegensatz zu den geschlechterschematischen Individuen. Ferner verwenden sie nicht ausschließlich die Geschlechterkategorie bei stattfindender Informationsverarbeitung, sondern greifen auf Alternativen zurück. Außerdem hegen sie geringes Interesse, den gängigen Geschlechtsrollenerwartungen zu entsprechen (BEM, MARTYNA & WATSON 1976).

Es existieren verschiedene Meinungen darüber, wie es geschieht, dass Menschen sich unterschiedlich stark an Schemata orientieren. Einerseits wird die individuelle

[23] Einfügung des Verfassers.

Lerngeschichte als ausschlaggebend gesehen, d.h. die erfahrene Verstärkung von geschlechtstypischen Verhaltensweisen, ferner die vermittelten Vorstellungen, dass das Geschlecht die Grundlage für Erwartungen, Entscheidungen und Kategorisierungen ist (ALTSTÖTTER et al. 2000, 15).

Andererseits muss eine andere, eine gesellschaftliche Voraussetzung gegeben sein: die Etablierung der Zweigeschlechtlichkeit in der Umwelt, im sozialen System. Es müssen also auch bestimmte psychosoziale Eigenschaften mit dem biologischen Geschlecht verknüpft vorherrschen (siehe Abschnitt 2.1.2).[24]

Hat dieses System eine zentrale Bedeutung in sozialen Belangen, dann hat dies auch Auswirkungen auf die Aneignung von Schemata (HIRSCHHAUER 1994).

Verschiedene empirische Untersuchungen zur Geschlechtsschema-Theorie (z.B. FRABLE & BEM 1985) konnten nachweisen, dass in der Tat die kognitive Organisation von Informationen davon abhängt, ob Individuen zu einer eher geschlechtsschematischen oder -aschematischen Wirklichkeitserfassung und somit auch zum geschlechtstypischen oder geschlechtsatypischen Verhalten tendieren.

Das Resümee der Geschlechtsschema-Theorie: Die Übernahme geschlechtstypischer Eigenschaften und Verhaltensweisen resultiert bei den Geschlechtsschematischen auf Grund einer Verkettung von verschiedenen Ursachen. Einerseits haben sie „gelernt", dass das Geschlecht ein wesentliches Hauptmerkmal ist, nach dem Informationen aufgenommen und organisiert werden; andererseits sind Lernprozesse und Motivationen daran beteiligt, geschlechtstypisches Verhalten auszurichten.

2.6 Paradigmenwechsel – das Ideal der Androgynie

Die skizzierten klassischen Sozialisationstheorien haben, wie aus der obigen Ausführung zu ersehen ist, diverse Variationen erfahren. Heute gibt es mittlerweile eine unübersehbare Menge an empirischen Forschungsberichten, welche sich mit der psychologischen Mann- bzw. Frauwerdung beschäftigen. Diese haben zu mehr oder weniger schwer interpretierbaren Ergebnissen geführt (BILDEN 1991).

Die vielfältige Kritik an den klassischen Sozialisationstheorien führt zum Androgyniekonzept, einer Theorie, die der Sozialpsychologie zugeordnet wird. Im Folgenden werden Ursachen genannt.

Bis zur Anwendung des Androgyniekonzepts im deutschsprachigen Raum, welche vor allem von BIERHOFF-ALFERMANN (1989) angeregt wurde, gingen die Forscher der Sozialwissenschaften davon aus, wie oben erörtert, dass instrumentelle (stereotyp

[24] Nach Meinung der Wissenschaftlerinnen der Geschlechtersozialisation liegt gerade dieser Sachverhalt vor.

maskuline) Denk- und Verhaltensweisen eines Individuums expressive (stereotyp feminine) ausschließen würden, und umgekehrt. Männliche psychosoziale Aspekte der Geschlechtsrollenorientierung waren mit weiblichen nicht vereinbar. Männer sollten ferner typisch männliche, Frauen typisch weibliche Verhaltensweisen entwickeln. Stichwort: traditionelle Arbeitsteilung. Was geschlechtstypisch ist, das wurde lange Zeit durch die vorgegebenen Geschlechterstereotype bzw. -rollen definiert (vgl. Abschnitt 1.2).

Die sozialisationstheoretische Annahme, dass instrumentelle Merkmale bzw. expressive – beschrieben als unabhängige, sich gegenseitig ausgrenzende Ausprägungen – auch nur von „biologischen" Männern bzw. Frauen repräsentiert werden, war empirisch nicht mehr haltbar (BILDEN 1991). Denn Geschlechterstereotype, die Frauen in Selbsteinschätzungstests für ihr persönliches Selbstbild beanspruchten, trafen auch teilweise für Männer zu, eben bei denjenigen, die sich in Forschungsprojekten ähnlich oder gleichartig charakterisierten. „Daraus ließ sich nur der Schluss ziehen, dass Maskulinität und Feminität unabhängige Merkmalsgruppen sind, die sich nicht strikt widersprechen, sondern kombiniert werden können. Statt einer einzigen hat man demnach zwei Achsen zu unterscheiden, deren eine durch die Pole „männlich-unmännlich", die andere durch „weiblich-unweiblich" zu charakterisieren sind" (BISCHOF-KÖHLER 2002, 4). Männlich- und Weiblichkeit wurde in der jüngeren Vergangenheit neu definiert.

Das Androgyniemodell stellt die bis dahin postulierte Konvergenz von biologischem Geschlecht und Geschlechtsrollenidentität in ihrer normativen Bedeutung infrage. Als ideales Erziehungsziel wurde nach dem Paradigmenwechsel nicht mehr die Übernahme der klassischen Geschlechtsrolleneinstellung (Mann = Ernährer, Frau = Haushälterin und Erzieherin) postuliert, sondern die Vereinigung von weiblichen und männlichen Merkmalen – auch als androgyne Persönlichkeit bezeichnet – angestrebt.

Das (biologische) Geschlecht wird unter Berücksichtigung des Androgyniekonzepts also irrelevant respektive stellt sich als unabhängige Variable dar. Androgynie gilt als Ideal, nach Auffassung der Sozialwissenschaften ist eine gesunde Persönlichkeitsentwicklung unbedingt damit verbunden. „Ein androgyner Mensch kann [...][25] rational und emotional sein, stark und fürsorglich, anmaßend und mitfühlend, aktiv und passiv, je nach den Erfordernissen der jeweiligen Situation" (ZÜGER 1992, 117). U.a. bedeutet Androgynie auch ein Verzichten auf die Anwendung der Geschlechterschemata (siehe Abschnitt 2.5.2).

Auf Grund des neuen Konsenses des Androgyniemodells, dass die Geschlechtsrollenidentität bzw. Geschlechtsrollenorientierung mehr Möglichkeiten als nur explizit „männlich" oder „weiblich" zulässt (etwa als beweglicher Punkt auf nur einer Skala), entstehen zwei weitere psychosoziale Kategorien, nämlich Androgynie und Undifferenziertheit.

[25] Einfügung des Verfassers.

Die Orientierung an verschiedenen Geschlechterstereotypen bzw. das geschlechtsspezifische Selbstbild kann mit zwei verschiedenen, in den 1970er-Jahren entwickelten Instrumenten statistisch erfasst werden. Einerseits werden Probanden gebeten, vorgegebene psychosoziale Aspekte einem typischen Mann bzw. einer eigentümlichen Frau zuzuordnen (z.B. GRO-Skala, KRAMPEN 1979). – Andererseits gibt es die Methode, Versuchspersonen Charaktereigenschaften vorzugeben, mit denen sie sich identifizieren können, oder die sie eher ablehnen. Per Selbstzuschreibung von Geschlechterstereotypen kann so die Geschlechtsrollenidentität festgestellt werden.[26] Die auch im deutschsprachigen Raum eingesetzten Instrumente stammen beispielsweise von BEM (1974) und SPENCE et al. (1975).

Die vier konstruierbaren psychosozialen Kategorien des Androgyniemodells sollen in diesem Abschnitt noch einmal kurz dargestellt werden; sie lauten demnach (siehe Abschnitt 1.2; vgl. auch ALFERMANN 1996, 59–62):

- *Maskulinität* (hohe Werte auf der Maskulinitätsskala bei einhergehenden niedrigen Werten auf der Feminitätsskala) = stereotyp maskuline Persönlichkeit;
- *Feminität* (hohe Werte auf der Feminitätsskala bei einhergehenden niedrigen Werten auf der Maskulinitätsskala) = stereotyp feminine Persönlichkeit;
- *Undifferenziertheit* (niedrige Werte sowohl auf der Maskulinitäts- als auch auf der Feminitätsskala) = unmerkliche geschlechtsstereotype Denk- und Verhaltensweisen;
- *Androgynie* (hohe Werte sowohl auf der Maskulinitäts- als auch auf der Feminitätsskala) = einerseits stereotyp maskuline, andererseits stereotyp feminine Charakteristiken, je nach Situation.

In den meisten Fällen korreliert das biologische Geschlecht mit dem psychologischen, d.h. die Expressiven (Femininen) werden überwiegend von den biologischen Frauen, die Instrumentellen (Maskulinen) von den Männern gebildet. Nach BEM (1974; 1975) trifft demnach die Kategorie „Maskulinität" auf einen hohen Prozentsatz der Männer zu, aber auch, und das ist auffällig, auf 10% der befragten Frauen. Ein spiegelbildliches Verhältnis ist bei der Kategorie Feminität festgestellt worden. Bemerkenswert ist auch der Befund von BEM, dass ca. 30% der Befragten androgyne Charaktere verkörpern. Undifferenzierte fielen nicht ins Gewicht.

BIERHOFF-ALFERMANN (1989) bestätigte und übertrug die Befunde von BEM auf die Bundesrepublik Deutschland.

Wissenschaftlich interessant erscheinen vor allem die Androgynen. Deren Persönlichkeitsmerkmale sind nach Meinung von Wissenschaftlerinnen, z.B. ALFERMANN (1996), ALTSTÖTTER-GLEICH et al. (2000), zahlreicher und breiter gefächert, als dies bei Femininen oder Maskulinen der Fall ist. Androgyne haben eher die Möglichkeit, sich in andersgeschlechtliche Individuen einzufühlen, weil sie die Geschlechterkate-

[26] Diese Vorgehensweise wird bei der vorliegenden Untersuchung bevorzugt, es handelt sich um ein Messinstrument von ALTSTÖTTER-GLEICH et al. (2000) zur Erfassung der Geschlechtstypizität (GTS) (siehe Abschnitt 4.2.2).

gorie nicht als verbindlich bei der Personenwahrnehmung berücksichtigen. Sie teilen Menschen nicht (wie etwa Geschlechterschematische) in stereotyp männlich bzw. weiblich (nach Vorlage der Geschlechterstereotype) und erscheinen daher toleranter.

Nach ALFERMANN (1996, 60ff.) heißt ein androgyner Mensch sein ferner – auf der Persönlichkeitsebene –, fortschrittliche stereotyp weibliche sowie männliche Eigenschaften zu vereinigen. Positive männliche Eigenschaften sind z.B. klug, kräftig, aktiv, unabhängig, entschlossen. Förderliche weibliche Persönlichkeitsmerkmale sind: hilfsbereit, freundlich, einfühlsam, herzlich.

BIERHOFF-ALFERMANN (1989) spricht Androgynen eine höhere Anzahl von Verhaltensalternativen zu. Z.B. kann demnach eine androgyne Frau, die eine leitende Position in einer Firma innehat, progressiv und vorteilhaft mit den Mitarbeitern umgehen; sie könnte sowohl durchsetzungsfähig als auch einfühlsam sein. Menschen mit ausschließlich instrumenteller oder expressiver Geschlechtsrolleneinstellung würden diese Wahlmöglichkeiten nicht offen stehen, sie treten vorwiegend stereotyp maskulin bzw. feminin auf.

ALFERMANN (1996, 62) kommt zu folgendem Schluss: „Die Geschlechtsrollenidentität erweist sich als vermittelnde Variable bei der Untersuchung von Geschlechtsunterschieden, indem sie einen Teil der Variation zwischen den Geschlechtern erklären hilft. Es ist somit weniger das biologische Geschlecht als vielmehr die Geschlechtsrollenidentität der Probanden, die zu interindividuellen Unterschieden beiträgt."

Das Konzept von verschiedenartigen Geschlechtsrollenorientierungen ist also möglicherweise auch bei der Erörterung von Konflikten in der Ehe, um die es in der vorliegenden Arbeit wesentlich geht, hilfreich. So ist denkbar, dass eine konfliktreiche und gestörte Kommunikation in einer zwischenmenschlichen Beziehung deshalb vorherrscht, weil sich die Partner an instrumentellen Geschlechterstereotypen orientieren, d.h. sie kommunizieren auch gemäß dem instrumentellen Stereotyp. Dies würde Konfliktlösungen erschweren, weil keiner gerne nachgeben würde.

Die Frage wird unten im praktischen Teil thematisiert, zunächst geht es im dritten Abschnitt des Theorieteils um das Blickfeld Beratung, genauer, um die institutionelle Ehe-, Familien- und Lebensberatung. Dieser Bereich wird dargestellt, um zu demonstrieren, dass das Androgyniekonzept in der Praxis noch unberücksichtigt geblieben ist.

3 Ehe und institutionelle Beratung

In diesem Abschnitt werden zunächst aktuelle Daten zu Ehe und Scheidung (3.1) sowie zur institutionellen Ehe-, Familien- und Lebensberatung präsentiert (3.2). Um die bemerkenswerte Wichtigkeit zu akzentuieren, dass sich die wesentlichen Konfliktbereiche in Partnerschaften/Ehen/Familien seit 20 Jahren nicht wesentlich verändert haben (KLANN 2002), werden einige aussagekräftige Forschungen zu Eheproblemen in Abschnitt 3.3 genannt. Danach sind mögliche Determinanten der Ehequalität bedeutsam (3.4). Es folgen die relevanten wissenschaftlichen Überzeugungen, weshalb Beziehungen scheitern können; dabei handelt es sich vorwiegend um psychoanalytische, lerntheoretische und system- bzw. kommunikationstheoretische Ansätze (3.5). Im Anschluss daran geht es um die methodischen Interventionen der institutionellen Ehe-, Familien- und Lebensberatung, welche sich als psychodynamische, system- bzw. kommunikationstheoretische und verhaltenstherapeutische charakterisieren; diese werden außerdem von der klientenzentrierten Gesprächstherapie für Paare – basierend auf ROGERS – ergänzt (3.6). Eine Reflexion des Themas ist am Ende des Abschnitts platziert, um danach zur eigentlichen Untersuchung – dem praktischen Teil – der Arbeit überzuleiten (3.7).

3.1 Daten zu Ehe und Scheidung in der BRD

Nachdem ein leichter Rückgang der Zahl der Ehescheidungen im Jahr 1999 (-0,9% gegenüber 1998) verzeichnet werden konnte, ist die Zahl 2000 (194 408 Ehescheidungen) und 2001 (197 498 Fälle) spürbar angestiegen. Im Jahr 2001 ist außerdem bedenklicherweise der Höchststand in der Statistik der gerichtlichen Ehescheidungen erreicht (STATISTISCHES BUNDESAMT 2002a). Dabei ist festzustellen, dass im Jahr 2001 168 427 Ehen im westdeutschen und 29 071 im ostdeutschen Gebiet geschieden wurden.

Wenn man von den gegenwärtigen Verhältnissen ausgeht, kann das Scheidungsrisiko folgendermaßen zusammengefasst werden: Es ist damit zu rechnen, dass mehr als ein Drittel aller Ehen früher oder später in einer Scheidung enden.

Die Entwicklung der Scheidungszahlen seit 1991 bis heute (Stand 2001) ist in Tabelle 4 aufgezeichnet.

Tabelle 4: Ehescheidungen in Deutschland von 1991 bis 2001 (STATISTISCHES BUNDESAMT 2002a)

Jahr	Deutschland	Früheres Bundesgebiet	Neue Länder
1991	136 317	128 187	8 130
1992	135 010	125 907	9 103
1993	156 425	139 157	17 268
1994	166 052	145 060	20 992
1995	169 425	147 945	21 480
1996	175 550	152 798	22 752
1997	187 802	161 265	26 537
1998	192 416	163 386	20 030
1999	190 590	161 787	28 803
2000	194 408	164 971	29 437
2001	197 498	168 427	29 071

Die Zahl der Ehescheidungen im Westen Deutschlands ist seit 1993 – Ausnahme war das Jahr 1999 – auf hohem Niveau ständig weiter angestiegen. „Mit dem Stand des Berichtsjahres 2001 ist seit 1950 ein neuer Höchststand in der Statistik der gerichtlichen Ehescheidungen erreicht" (STATISTISCHES BUNDESAMT 2002a, 1056). Demgegenüber lässt sich für die Entwicklung der Eheschließungs-Bereitschaft Gegenteiliges feststellen. Die wesentlichen Ergebnisse sind in Tabelle 5 dargestellt.

Tabelle 5: Eheschließungen in Deutschland von 1991 bis 2001 (STATISTISCHES BUNDESAMT 2002a)

Jahr	Deutschland	Früheres Bundesgebiet (einschl. Berlin-Ost)	Neue Länder
1991	454 291	409 160	45 131
1992	453 428	410 644	42 784
1993	442 605	398 629	43 976
1994	440 244	393 325	46 919
1995	430 534	381 724	48 810
1996	427 297	378 469	48 828
1997	422 776	374 577	48 199
1998	417 420	367 527	49 893
1999	430 674	375 318	55 356
2000	418 550	364 804	53 746
2001*	389 594	338 626	50 968

Anmerkung: * vom STATISTISCHEN BUNDESAMT als vorläufiges Ergebnis bezeichnet

Die Anzahl der Eheschließungen verringerte sich (im Hinblick auf die gesamte BRD) von 1991 an kontinuierlich bis 1998. Nach einem Wiederanstieg 1999 fiel die Zahl im Jahr 2000 auf 418 550 und 2001 unter 400 000. 2001 haben 389 594 Paare geheiratet.

3.2 Ehe-, Familien- und Lebensberatung in der BRD

Institutionelle Beratung ist bundesweit flächendeckend verbreitet. In Zusammenarbeit mit verschiedenen Trägern wird in den Beratungsstellen u.a. institutionelle Ehe-, Familien- und Lebensberatung angeboten. Die Träger sind im Deutschen Arbeitskreis für Jugend-, Ehe- und Familienberatung (DAK) zusammengeschlossen. Es handelt sich um folgende Beratungsverbände:

- Katholische Bundesarbeitsgemeinschaft für Beratung;
- Bundeskonferenz für Erziehungsberatung;
- Deutsche Arbeitsgemeinschaft für Jugend- und Eheberatung;
- Evangelische Konferenz für Familien- und Lebensberatung;
- Pro Familia (Deutsche Gesellschaft für Familienplanung, Sexualpädagogik und Sexualberatung).

Insgesamt gibt es in der Bundesrepublik Deutschland 12 472 Beratungsstellen (Stand: 5/2003[27], Quelle: DEUTSCHE ARBEITSGEMEINSCHAFT FÜR JUGEND- UND EHEBERATUNG E.V. 2003); diese bieten verschiedene Formen der Beratungsarbeit an, welche diverse Bereiche einbeziehen:

- AIDS-Beratung;
- Beratung für Kinder, Jugendliche und Eltern;
- Ehe-, Familien- und Lebensberatung;
- Familienplanungsberatung;
- Schwangerschaftsberatung;
- Schwangerschaftskonfliktberatung;
- Sexualberatung;
- Sozialberatung;
- Suchtberatung (DEUTSCHE ARBEITSGEMEINSCHAFT FÜR JUGEND- UND EHEBERATUNG E.V. 2002).

Tabelle 6 zeigt die Verteilung aller Beratungsstellen in der BRD pro Bundesland (alte und neue); der Anteil der Ehe-, Familien- und Lebensberatungsstellen ist ebenso aufgeführt.

1 898 Institutionen (15%) bieten Ehe-, Familien- und Lebensberatung an. In dieser Zahl sind alle Beratungsstellen, deren Träger im DAK zusammengeschlossen sind

[27] Dabei handelt es sich um die aktuellsten verfügbaren Daten.

und Ehe-, Familien- und Lebensberatung anbieten, einbezogen, ferner auch diejenigen Beratungsstellen, die sonstige Trägerschaften aufweisen, z.B. eingetragene Vereine usw. Die Anzahl der Beratungsstellen in der BRD ist seit der Bestandsaufnahme von KLANN & HAHLWEG (1994a) zwar angestiegen (gegenwärtig 12 472, damals 9 805), aber der Anteil der Beratungsstellen, die Ehe-, Familien- und Lebensberatung offerieren, gleichzeitig gesunken (derzeit 1 898, damals 2 639).

Tabelle 6: Allgemeine Beratungsstellen in der BRD sowie die Institutionen, die Ehe-, Familien- und Lebensberatung anbieten (EFLB) (Stand:5/2003, DEUTSCHE ARBEITSGEMEINSCHAFT FÜR JUGEND- UND EHEBERATUNG E.V. 2003)

Alte Bundesländer	Gesamt	EFLB	%
Baden-Württemberg	1 408	300	21
Bayern	1 751	301	17
Berlin	583	74	13
Bremen	135	15	11
Hamburg	251	32	13
Hessen	820	132	16
Niedersachsen	1 082	157	15
Nordrhein-Westfalen	2 496	344	14
Rheinland-Pfalz	571	97	17
Saarland	170	25	15
Schleswig-Holstein	475	103	22
Summe alte Länder	**9 742**	**1 580**	**16**
Neue Bundesländer	Gesamt	EFLB	%
Brandenburg	554	54	10
Mecklenburg-Vorpommern	430	54	13
Sachsen	776	88	11
Sachsen-Anhalt	459	61	13
Thüringen	511	61	12
Summe neue Länder	**2 730**	**318**	**12**
Summe alte und neue Länder	**12 472**	**1 898**	**15**

Allgemeine wichtige Ziele der institutionellen Beratungsarbeit sind:

- „Bei akuten Krisen zu stützen und zu handeln;
- Vertrauen in das Leben zu stärken;
- Lebensperspektiven zu entdecken bzw. zu erweitern;
- Beziehungen zu entwirren, zu klären, zu stützen und zu vertiefen;
- neue Möglichkeiten der Lebensgestaltung zu suchen, sie klarzumachen und über sie zu reflektieren;
- belastende Erfahrungen aus der eigenen Lebensgeschichte aufzuarbeiten;
- zu informieren und zu vermitteln" (KATHOLISCHE BUNDEARBEITSGEMEINSCHAFT FÜR BERATUNG 1991, 6; zitiert nach KLANN & HAHLWEG 1994b, 10).

3.3 Konfliktbereiche in Ehen

Nach einer Erhebung von KLANN & HAHLWEG (1994b, 73) an Ehe-, Familien- und Lebensberatungsstellen werden vor allem spezifische Konfliktbereiche von Paaren genannt, die in Tabelle 7 aufgeführt sind.

Die Untersuchung von KLANN (2002) hat gezeigt: Die Problemfelder in Partnerschaften sind in den letzten 20 Jahren wesentlich gleich geblieben; diese werden im Folgenden transparent gemacht, und zwar u.a. durch die Berücksichtigung von Forschungsprojekten aus der jüngeren Vergangenheit.

HAHLWEG (1995) kommt in seiner Studie zu dem Befund: Zwei Drittel aller Paare geben als Konfliktbereiche mangelnde Kommunikation und Zuwendung, unbefriedigende Sexualität und störendes Temperament des Partners an. Probleme in ökonomischen Bereichen wie Haushalt, Finanzen und Beruf spielen eher eine untergeordnete Rolle.

In einer aufwendig betriebenen Felduntersuchung an Beratungsstellen von KLANN & HAHLWEG (1987) weisen Versuchspersonen (N = 16 721) u.a. auf folgende Probleme hin, die beide Partner betreffen:

- Unzufriedenheit mit dem Pendant (33,6%),
- Streit (15,3%),
- Differenzen im Rollenverständnis (8,6%),
- sexuelles Desinteresse (8,0%),
- außereheliche Beziehung (7,8%),
- Probleme aus dem Verhältnis zu Eltern (7,8%),
- unangemessene Eifersucht (6,3%),
- Tätlichkeiten (3,9%).

Tabelle 7: Rangreihe der Häufigkeiten (%) von nicht gelösten Problemen

Bereiche	Häufigkeit der Nennung (in %)
Zuwendung des Partners	62
Sexualität	61
Forderungen des Partners	55
Kommunikation/Gemeinsame Gespräche	55
Temperament des Partners	52
Fehlende Akzeptanz/Unterstützung des Partners	50
Persönliche Gewohnheiten des Partners	47
Vorstellung über Kindererziehung	42 (es wurden ausschließlich Personen mit Kindern analysiert)
Freizeitgestaltung	40
Vertrauen	36
Gewährung persönlicher Freiheiten	36
Verwandte	33
Haushaltsführung/Wohnung	32
Berufstätigkeit	29
Eifersucht	28
Krankheit/Behinderungen/psychische Störungen	25
Freunde und Bekannte	22
Attraktivität	22
Einteilung des monatlichen Einkommens	21
Außereheliche Beziehungen	17
Kinderwunsch/Familienplanung	16
Umgang mit Alkohol, Medikamenten, Drogen	14
Tätlichkeiten	9

Insbesondere die Paarsexualität scheint eine wichtige Variable für die Zufriedenheit in der Ehe zu sein. SCHMIDT (1998) fand heraus, dass die Häufigkeit des Geschlechtsverkehrs abhängig ist von der Beziehungsdauer. Demnach sinkt die Praxis der Sexualität innerhalb der ersten 5 Jahre durchschnittlich auf die Hälfte des Anfangsniveaus. Er führt die sexuelle Lustlosigkeit auf sexuelle Langeweile zurück.

Streitverhalten in der Partnerschaft (48,3%), Sexualität (22,3%) und Differenzen im Rollenverständnis (22,3%) waren relevante zwischenmenschliche alltagsnahe Phänomene von Befragten (N = 2 139), die an einem anderen Forschungsvorhaben von KLANN & HAHLWEG (1994a) teilnahmen. – Die angegeben Konstrukte stellen Anlässe zum Aufsuchen einer institutionellen Ehe-, Familien und Lebensberatungsstelle dar. Nach den Erkenntnissen von BODENMANN & CINA (2003) sind subjektive Gründe für die Scheidung: Unzufriedenheit mit dem Partner, Kommunikationsschwierigkeiten, sexuelle Probleme, außereheliche Beziehungen, geringe emotionale Bindung an den Partner sowie Gewalt, Alkohol- und Drogenmissbrauch.

In einer Studie von RIEHL-EMDE et al. (1994) offenbaren sich als Antriebe für eine Trennung, dass man sich mit dem Partner nicht versteht, des Weiteren der Mangel an Austausch im gemeinsamen Gespräch.

Die Ergebnisse der genannten Untersuchungen unterstreichen die These von KLANN (2002), nach der die Konfliktbereiche in Ehen seit 20 Jahren im Großen und Ganzen konstant geblieben sind. Zusammengefasst lauten sie:

- unbefriedigende Kommunikation,
- gestörte Sexualität,
- unangemessenes Streitverhalten,
- störendes Temperament und
- unliebsame Gewohnheiten des Partners.

3.4 Determinanten der Ehequalität

Tabelle 8: Mögliche individuelle Determinanten der Ehequalität

Variable	Zusammenhang
Ehequalität der Eltern	+
Verhältnis zu den Eltern	+
Unterstützung durch enge Bezugspersonen	+
Soziale Einstellung	?
Ausmaß vorehelicher sexueller Erfahrung	?
Voreheliche Schwangerschaft	-
Heiratsalter	+/?
Emotionale Stabilität	+
Psychische Gesundheit	+
Schulbildung	+
Sozialökonomischer Status	+
Einkommen	+
Berufstätigkeit der Ehefrau	+/-

Anmerkungen: + = positiv; - = negativ; ? = fraglich

Die Anzahl der empirischen Untersuchungen zu Determinanten der Ehequalität liegt bei ca. 700; diese sind teilweise mit methodischen Mängeln behaftet (HAHLWEG 1994). Ferner würden die thematisierten Variablen keine Vorhersagen erlauben, ob eine Ehe erfolgreich oder unbefriedigend verlaufen wird. Es handelt sich bei den durchgeführten Studien zur Ehequalität vorwiegend um die Relevanz folgender vorehelicher Faktoren: Altersdifferenz, Unterschiede im sozialen Status, Religionszugehörigkeit, Schulbildung, Heiratsalter, psychische Stabilität, Persönlichkeit, Ehequalität der Eltern oder Verhältnis zu den Eltern. In Tabelle 8 sind die Ergebnisse zusammengefasst, nach denen individuelle Persönlichkeitsaspekte eine positive oder negative Auswirkungen auf die Qualität einer Zweierbeziehung haben (nach HAHLWEG 1986).

Wie u.a. festzustellen ist, zeigen sich für diverse Persönlichkeitsmerkmale bedeutende positive Zusammenhänge hinsichtlich einer stabilen Eheführung. Ein charakteristischer positiver Bezug gilt beispielsweise für die Variablen „emotionale Stabilität", „psychische Gesundheit", „Ehequalität der Eltern" und „Verhältnis zu den Eltern".

Tabelle 9: Dyadische Determinanten der Ehequalität

Bereiche	Variablen	Zusammenhang
Soziale Aspekte	Altersdifferenz	?
	Dauer der Bekanntschaft vor der Ehe	+
	Soziale Eingebundenheit	+
	Leben in Kommunen	-
Homogenität	Persönlichkeit	?
	Wertvorstellungen	?
	vermutete Ähnlichkeit	+
	tatsächliche Ähnlichkeit von Fremd- und Selbstbild	?
	Libido	+
Interaktion	Liebe	+
	Sexuelle Zufriedenheit	+
	Verständnis	+
	Kommunikation	+
	Selbstöffnung	+
	Ausdruck von Emotionen	+
	Empathie	+
	Problemlösen	+
	Kameradschaftlichkeit	+
	Rollenkompatibilität	+
	Egalitäre Machtverteilung	+

Anmerkungen: + = positiv; - = negativ; ? = fraglich

Eine weitere, für Ehe und Partnerschaft besonders relevante Frage, der in der Forschung nachgegangen wird, lautet: Resultiert aus der Ähnlichkeit der Partner eine günstiger verlaufende Beziehung oder eine eher nachteilige? Analogien beziehen sich beispielsweise auf Weltanschauung, Lebensphilosophie, Werthaltungen usw. In Tabelle 9 sind die Untersuchungsergebnisse (bezogen auf dyadische Determinanten) dargestellt (SCHINDLER et al. 1998).

Die Studien erbrachten, wie man sehen kann, widersprüchliche Ergebnisse. SCHINDLER et al. (1998, 28) resümieren: „Insgesamt scheint eine Ähnlichkeit der Partner mit Ehequalität zu korrelieren, wenn auch in beschränktem Ausmaß. Hingegen gibt es fast keinen Hinweis darauf, daß Unähnlichkeit günstig für den Verlauf der Ehe ist."

Positive Auswirkungen haben u.a. Kommunikations- und Problemlösungsverhalten, beides ist dem Bereich Interaktion zugeordnet.

3.5 Warum Ehen scheitern – Theorien

Wie Tabelle 9 zeigt, gibt es verhältnismäßig viele empirische Befunde zur Ehequalität; sie sind jedoch (noch) nicht in einer umfassenden Theorie zusammengefasst worden. Die Ansätze, welche zur Erklärung des Scheiterns von Ehen und Partnerschaften im Allgemeinen herangezogen werden, sind die psychoanalytischen, system- bzw. kommunikations- und lerntheoretischen Konzepte (PAOLINO & MCRADY 1978).

3.5.1 Psychoanalytische Theorien

Die tiefenpsychologischen Ansätze in der institutionellen Ehe, Familien- und Lebensberatung waren ab den 1930er-Jahren bis nach dem 2. Weltkrieg vorherrschend (LOCH 1977). Die gegenwärtigen theoretischen psychodynamischen Modelle bauen auf den in den letzten 100 Jahren erarbeiteten tiefenpsychologischen Erkenntnissen auf und stehen alle in der Tradition FREUDS. JUNG (1928/2001) und ADLER (1920/2001), berühmte Schüler FREUDS, obgleich sie eigene Wege eingeschlagen haben, sind ebenfalls der traditionellen Position zuzuordnen (TOMAN 1979). Die psychoanalytisch orientierte Theorie hat sich im Laufe der Gründerzeit erheblich weiterentwickelt. Heute liegen mehrere Konzepte vor, die u.a. in der institutionellen Ehe- und Paartherapie angewendet werden.

Die zahlreichen psychoanalytischen Ansätze in der institutionellen Ehe-, Familien- und Lebensberatung charakterisieren sich durch die Gemeinsamkeit, dass sie aus krisenhaften Kindheitserfahrungen und den Beziehungen der Partner zu ihren Herkunftsfamilien die entscheidenden Ursachen für Unstimmigkeiten in der aktuellen Zweierbeziehung ableiten. Denn es wird davon ausgegangen, dass unbewusste unbewältigte Konflikte aus der Kindheit in die gegenwärtige Beziehung übertragen, also wieder aktualisiert werden und diese negativ prägen. Die Ehe weist demnach zahlreich Parallelen zur frühkindlichen Eltern-Kind-Interaktion auf und wird von dieser, so die Argumentation, überwiegend determiniert (vgl. REICH 1991). Von der Aktualisierung der Themen aus der Kindheit versprechen sich die Partner (unbewusst), dass die enttäuschten damaligen Hoffnungen vom jeweils anderen erfüllt werden.

Weil das analytische Modell von WILLI (1975/2001) im deutschen Sprachraum sicherlich das populärste ist (HAHLWEG 1986), wird an dieser Stelle mehr Raum für Ausführungen gegeben.

Das Kollusionskonzept (colludere [lat.], zusammenspielen; collude [engl.], im heimlichen Einverständnis sein) von WILLI (1975/2001) stellt eine Modifikation des Ansatzes von DICKS (1967) dar. Letzterer hatte eine Kollusion als unbewusstes Arrangement zwischen den Partnern angesehen, und zwar zum Zweck eines gemeinsamen Selbstheilungsversuchs, einer beabsichtigten Wiederherstellung der eigenen Persönlichkeit. WILLIS Definition: „Unter Kollusion verstehe ich das Zusammenspiel in einem neurotischen Paarkonflikt. Neurotisch meint, daß die Partner auf Grund innerer Fixierungen an unbewußte Konfliktsituationen der Kindheit nicht in der Lage sind, Differenzen zielgerichtet und sachbezogen miteinander zu bewältigen" (1975/2001, 185).

Nach WILLIS Thesen gründen überwiegend viele gegenwärtige Ehekonflikte auf komplexen, vielschichtigen Ursachen; dabei sind sich spezifische Auseinandersetzungen im Grunde ähnlich: „Das Paar trägt seine Konflikte meist in der unablässigen Variation eines immer gleich bleibenden Themas vor. Die alltäglichen Begebenheiten, die zum Streit führen, drehen sich fortwährend um ähnliche ‚Grundmelodien'" (WILLI 1975/2001, 47). Diese „Melodien" resultieren danach aus einem gemeinsamen gleichartigen (unbewältigten) Kindheitskonflikt, den beide Partner mit in die Zweierbeziehung einbringen. Diese „unausgesprochene Vereinbarung eines Arrangements" (Kollusion) entzieht sich aber der bewussten Erkenntnis und unmittelbaren Wahrnehmung der Partner. „Der eine von ihnen möchte die kindlichen Sehnsüchte erfüllt haben, der andere aber sucht die Erfüllung der eigenen Sehnsüchte im Erfüllen der Sehnsüchte des anderen. Jeder fühlt sich in seiner Funktion vom anderen gebraucht. Die Partner glauben, in einmaliger Weise füreinander bestimmt zu sein. Probleme entstehen dadurch, daß dieses Arrangement nicht entwicklungsfähig ist. Einer oder beide Partner versuchen, den anderen in dieser Funktion festzuhalten und persönlichen Wandel und eine freiere Entwicklung in der Partnerschaft zu verhindern" (WILLI 2002, 181). Letzteres ist auch die Ursache dafür, dass das unbewusste Zusammenspiel der Partner, welches am Anfang eine hohe Partnerschaftszufriedenheit bewirkt, im Laufe der Zeit scheitert bzw. die Zweierbeziehung pathogene Strukturen annehmen lässt.

Die Entstehungsgeschichte von der Partnerwahl bis hin zum Ehekonflikt charakterisiert sich nach dieser Theorie folgendermaßen: Zunächst wird zu Beginn der Zweierbeziehung der jeweilige gleichartige Kindheitskonflikt beider Partner von einem in *überkompensierender Weise*, vom anderen in *regressiver Art* verdrängt. Regression meint ein Zurückfallen auf kindliche Verhaltensweisen, Progression ist der Versuch, eigene Schwächen mit Erwachsenheitsfassade zu überspielen. Die Partner passen also scheinbar perfekt zueinander – weil sie sich gegenseitig in erwünschte Positionen idealisieren, d.h. ihren Konflikt durch die ersehnte Interaktion mit dem anderen bewältigen wollen. Das Verdrängte kommt dann, wenn die Partnerschaft/Ehe länger andauert, trotzdem immer wieder zum Vorschein, weil die Idealbilder, die beide vom Gegenüber errichtet haben, die Partnerschaft stagnieren lassen. Die Partner bleiben in ihren Rollen gefangen. Krisen entstehen, wenn die Partner nicht flexibel sind und an ihren Idealen aus der Zeit der Annäherung bzw. Partnerschaftsentstehung festhalten. So möchte z.B. ein Mensch, der den Eindruck erweckte, permanent umsorgt werden zu wollen, auch nach einer gewissen Zeit selber mal umsorgen (u.a. Thema der *oralen* Kollusion, siehe unten); einer, der scheinbar aktiv und stereotyp maskulin auftritt, auch manchmal passiv und stereotyp feminin sein (Aspekt der *phallisch-ödipalen* Kollusion, siehe unten) usw.

WILLI unterscheidet vier verschiedene Grundthemen von Kollusionen. Sie decken sich vornehmlich mit den Themen der frühkindlichen Entwicklungsstufen von FREUD (s. Abschnitt 2.3). Es handelt sich um:

- die *narzisstische* Kollusion – „kreist um die Frage, inwieweit erfordern Liebe und Ehe, daß ich mich für meinen Partner aufgebe";
- die *orale* Kollusion – „kreist um die Frage, inwiefern geht es in der Liebe und Ehe darum, sich nährend, pflegend und helfend umeinander zu kümmern";
- die *anal-sadistische* Kollusion – „befaßt sich mit der Frage, inwiefern kann ich in Liebe und Ehe der autonome Führer sein, dem sich der Partner passiv zu unterziehen hat"; und schließlich
- die *phallisch-ödipale* Kollusion – „handelt von Liebe und Ehe als männliche Selbstbestätigung und Anlaß zu phallischer Bewunderung [...][28]. Bin ich als Mann verpflichtet, mich allzeit männlich-stark zu machen, oder darf ich auch gelegentlich passiven Strebungen nachgehen?" (WILLI 1975/2001, 61f.).

So weit WILLIS wesentliche Ausführungen zur pathogenen Entwicklung von Zweierbeziehungen, in denen Partner neurotische Charakterstrukturen aufweisen.

Neben den paarzentrierten Erklärungsansätzen für Komplikationen in Zweierbeziehungen wurden auch tiefenpsychologische Familientherapien entwickelt: STIERLINS „Delegationsmodell" (1975), SPERLINGS (E. & U.) „Mehrgenerationen-Familientherapie" (1980; 1983) und BAURIEDLS „Konzept der Beziehungsanalyse" (1976) seien als Exempel genannt.

RICHTER (1963/2000) beispielsweise hat seine Rollentheorie und das Konzept der Familienneurosen während seiner Tätigkeit als Arzt in einem Berliner Kinderkrankenhaus entwickelt. Seinen Ausführungen zufolge müssen Kinder häufig die unbewussten neurotischen Erwartungsphantasien der Eltern erfüllen (Rollenübernahme). Vater und Mutter projizieren diese unbewusst in das Kind. RICHTER argumentiert, dass die Eltern ihre verdrängten Schwächen von sich selbst abspalten, und das Kind erhält dann den Auftrag, diese elterlichen Defizite zu meistern. So werden Heranwachsende regelmäßig ihr Leben lang überfordert – wie die Eltern in *ihrer* Kindheit überfordert wurden. Die von dieser Übertragung betroffenen Kinder können ihre Eltern nur „enttäuschen", was wiederum fortwährend Konflikte entstehen lässt. Die Eltern-Kind-Beziehung dreht sich also über Jahre hinweg fortwährend um dieses eine

[28] Einfügung des Verfassers.

Thema. RICHTER erweitert in seiner Publikation *Patient Familie* (1970) die Sichtweise der Eltern-Kind-Konflikte um eine ganzheitliche (familiendynamische) Dimension.

3.5.2 System- und kommunikationstheoretische Annahmen

Systemtheoretische Prinzipien (z.B. STEINGLASS 1978) in Zusammenhang mit den Strukturen eines Familiensystems gesetzt haben Mitte der 1950er-Jahre dazu beigetragen, dass eine neue therapeutische Richtung entstanden ist: die Familientherapie. Systemtheoretisches Denken erweitert die naturwissenschaftliche lineare Kausalitäts-Perspektive um eine umfassendere Sichtweise, welche die Integration des Individuums in ein System fokussiert, um komplexe Prozesse zu erklären. Demnach werden in der Systemtheorie Individuen, Paare und Familien als „lebende Systeme" charakterisiert (VON BERTALANFFY 1968). Diese verschiedenen Systeme sind offen und in der Lage, die innere Struktur zu verändern, und zwar durch die Aufnahme von Informationen.

Die Familientherapie wurde von verschiedenen Autoren angeregt, z.B. LIDZ et al. (1957), ACKERMANN (1958), WYNNE (1961), BOWEN (1978), BOSZORMENYI-NAGY (1973). Genannte Forscher hatten u.a. mit schizophrenen Patienten zusammengearbeitet. Die daraus resultierenden Erfahrungen und Erkenntnisse – insbesondere: Relevanz des umgebenden sozialen Umfeldes, d.h. die Familie – haben entscheidend zur Entwicklung der Familientherapie beigetragen. „Viele Therapeuten wandten ihre Aufmerksamkeit zunehmend der Familie ihrer Patienten zu und fanden – in dem damals selbstverständlichen Modell linearen Ursache-Wirkungs-Denken – die „Ursache" und damit die „Schuld" für das kranke Verhalten ihres Patienten in dem „gestörten" Verhalten der Familienangehörigen" (STEINER et al. 2002, 9).

Diese Beobachtungen hatten unmittelbare Auswirkungen auf die Erklärung von Konflikten: „Familienberater und -therapeuten gehen davon aus, daß viele psychische Probleme, Verhaltensstörungen, psychosomatische Erkrankungen und Suchtkrankheiten ihren Ursprung im Beziehungsnetz des betroffenen Kindes oder Erwachsenen haben. Symptome resultieren also aus pathogenen Strukturen und Prozessen im sozialen Umfeld dieser Personen, insbesondere in ihren Familien" (TEXTOR 1992, 419).

Individuelle Probleme werden also aus Sicht der Familientherapie zu systemischen Konflikten. „Menschen sind keine isolierten Einzelwesen, und daher ist jede Handlung darauf zu befragen, welche Bedeutung sie für das System hat, in dem der Mensch lebt" (VON SCHLIPPE 1995, 30).

Dieses Fundament der Familientherapie stellt eine Erweiterung der klassischen Psychoanalyse dar, die fast ausschließlich vom Individuum ausging.

Insbesondere folgende grundlegende Bausteine der Systemtheorie sind in die Familien- bzw. systemische Paartherapie eingeflossen:

- Der Mensch ist ein autonomes, sich selbst organisierendes, nach außen offenes und nach innen geschlossenes System. Es entscheidet selbst, welche Informationen von außen aufgenommen werden (KOWALCZYK 2000).
- Menschliche Interaktionen sind zirkulär zu verstehen; ferner handelt es sich um Prozesse, die auf sich selbst Bezug nehmen und immer nur teilweise erkannt werden können. Das bedeutet für systemische Therapeuten, dass Klienten und ihr Verhalten stets nur in Fragmenten und niemals als Ganzes verstanden werden können. BATESON (1981, BATESON et al. 1969) unterstreicht, dass folgende verschiedene „Systemtypen" des Menschen vom systemischen Denken berücksichtigt werden: biologische, psychische und soziale Systeme. Demnach zeichnen sich systemische Reflexionen auch durch dynamische Aspekte und ferner durch Offenbarungen von vernetzten Zusammenhänge aus, die dem linearen und statischen Denken diametral entgegenstehen.
- Den Menschen macht vor allem die Sprache aus, sie bestimmt unser Denken und erschafft die Wirklichkeit, die im zwischenmenschlichen Miteinander bewusst gestaltet werden kann. Über die Sprache muss reflektiert werden, wie wir die Wirklichkeit konstruieren und erfassen (MATURANA & VARELA 1991).
- Der Mensch beschreibt die Welt, d.h. die Wirklichkeit, stets aus der individuellen Beschaffenheit seines eigenen Erkenntnisvermögens heraus. Demnach hängt es von jedem einzelnen Individuum ab, wie und was wahrgenommen wird, was die Meinungen und Überzeugungen sind, wie etwas beschrieben wird und ob dieses beispielsweise gut oder schlecht ist (VON FOERSTER 1981).

Weil die Wichtigkeit der zwischenmenschlichen Kommunikation in der Gründerzeit der Familientherapie und ihr Bezug zur Entstehung von Schizophrenie herausgefunden und unterstrichen wurde, stand die Interaktion besonders im wissenschaftlichen Interesse. Schließlich wurde die Kommunikationstheorie in die systemische Therapie integriert.

WATZLAWICK, BEAVEN & JACKSON (1969) sehen in der zwischenmenschlichen Kommunikation die wesentliche Quelle für den Erfolg oder Misserfolg einer Zweierbeziehung. Kommunikationstheoretiker interessieren sich nicht für Motivationen von bestimmten Verhaltensweisen, auch nicht für frühkindliche Konflikte, die möglicherweise die Beziehungen beeinflussen. Diese Wissenschaftstheorie setzt sich ein anderes Ziel: Nicht Deutungen oder Einsichten der Hintergründe von Verhaltensweisen sind relevant, sondern ausschließlich die von außen beobachtbaren Phänomene.

Vor allem die Konfusion von Inhalten der Partnerschaftskommunikation wird für die negative Beeinflussung der Zweierbeziehung verantwortlich gemacht (BATESON et al. 1969). Dieser Argumentation entspricht der Befund von MARKMAN et al. (1987), dass nämlich dysfunktionale Kommunikation Eheproblemen vorausgeht und sie eventuell sogar bedingen.

Einige Grundaussagen der Kommunikationstheorie werden im Folgenden genannt.

Jegliches Verhalten ist nach WATZLAWICK et al. (1969) Kommunikation. Menschliches Dasein heißt immer: sich ausdrücken. Selbst wenn wir nichts verbal oder nonverbal, d.h. körpersprachlich, mitteilen wollen, kommunizieren wir. Es ist demnach unmöglich, nicht zu kommunizieren. So wird auch eine Weigerung, eine Botschaft zu senden, z.B. Schweigen oder körperliche Abwendung, von unserer Umwelt dennoch als Mitteilung interpretiert. Und auf diese Aktion wird wieder reagiert, ein Kreislauf entsteht.

Konflikte in der Zweierbeziehung resultieren nach dieser Argumentationskette wegen einer gestörten Kommunikation, die von psychotischen (psychisch-gestörten) Individuen ausgeht. Eine Heilung dieses Missstandes kann nur stattfinden, wenn die Kommunikation entstört wird. WATZLAWICK et al. (1969) stellen fest, dass u.a. bestimmte Unzulänglichkeiten des zwischenmenschlichen Austauschs einerseits in der Primärfamilie späterer Patienten und andererseits auch bei diesen selbst anzutreffen sind. Bestimmte Kommunikationsstile und Botschaften in der Familie werden paradox bezeichnet: wenn sie sich selbst verbal oder nonverbal widersprechen. Verstricken sich die Beteiligten in einer paradoxen Kommunikation, verlieren Menschen das Vertrauen in die Umwelt und oftmals entstehen so gespaltene Persönlichkeiten.

Die Kommunikation der Ehepartner folgt nach bestimmten Regeln. Sollten diese unbeweglich und fixiert sein – dies kann möglicherweise passieren, wenn die Partner keine Absprachen getroffen haben, diese zu ändern –, treten zunächst kommunikative Störungen auf, danach solche Konflikte, die die gesamten Beziehung in Mitleidenschaft ziehen.

Es wird zwischen *digitaler* und *analoger* Kommunikation unterschieden. Die digitale Kommunikation ist gekennzeichnet durch eindeutige Zeichengebung, die einer Unterscheidung von ja oder nein entspricht. Digital kommuniziert wird meist auf der Inhaltsebene, analog auf der Beziehungsebene; d.h. auf dieser ist die Mitteilung meist nonverbal und im übertragenen Sinne ausgedrückt und kann daher für den Empfänger möglicherweise mehrdeutig sein. Bei irrationaler Kommunikation, z.B. beim Thematisieren des Beziehungsaspektes, fließen dann mehrere vernunftwidrige Faktoren ein, die Unklarheiten entstehen lassen.

Ein illustrierendes Beispiel: Ein Ehemann wird von seiner Frau gefragt, ob er sie noch liebt. Sie glaubt zu wissen, dass seine Liebe zu ihr versiegt ist, hat ihn aber noch nicht darauf angesprochen. Sie spürt etwas. Er selbst ist sich tatsächlich seit einigen Monaten nicht mehr sicher. Er weicht, von ihr zur Rede gestellt, ihrem Blick aus und sagt mit verschränkten Armen: „Natürlich tue ich das." Die digitale Botschaft (Ausspruch) widerspricht den unausgesprochenen Signalen seines Körpers (abgewendete Körperhaltung, Arme verschränkt). Das Ergebnis wird sich wahrscheinlich so darstellen, dass die Frau auch weiterhin misstrauisch bleibt, die Nachricht ihres Mannes wurde von ihr widersprüchlich empfangen.

WATZLAWICK et al. (1969, 81) benennen vier Themen möglicher Verhältnisse zwischen der Inhalts- und Beziehungsebene:

> „1. Der Idealfall ist dann gegeben, wenn sich die Partner sowohl über den Inhalt ihrer Kommunikation wie auch über die Definition ihrer Beziehung einig sind.
> 2. Im schlechtesten Fall liegt der umgekehrte Sachverhalt vor, d.h., die Partner sind sich sowohl auf der Inhalts- als auch auf der Beziehungsebene uneinig.
> 3. Die Partner sind sich auf der Inhaltsstufe uneinig, doch diese Meinungsverschiedenheit beeinträchtigt ihre Beziehung nicht. Dies scheint uns als die menschlich reifste Form der Auseinandersetzung mit Unstimmigkeiten; die Partner sind sich sozusagen einig, uneins zu sein.
> 4. Die Partner sind sich auf der Inhaltsstufe einig, auf der Beziehungsstufe dagegen nicht. Dies bedeutet vor allem, daß bei Wegfallen des Einverständnisses auf der Inhaltsstufe die Tragfähigkeit der Beziehung ernsthaft gefährdet sein dürfte."

So viel zu der Sichtweise der System- bzw. Kommunikationstheorie bezüglich der Entwicklung von Partnerschaftskonflikten (vgl. auch HEEKERENS 1991)

3.5.3 Lerntheoretische Hypothesen

Die ersten Ansätze einer verhaltensorientierten Ehetherapie wurden ab Ende der 1960er-Jahre praktiziert. Vor allem werden Hypothesen aus der sozial-kognitiven Lerntheorie (BANDURA 1979, siehe Abschnitt 2.4) und sozialen Austauschtheorie (HOMANS 1968, THIBAUT & KELLEY 1959) bei der Deutung von Ehekonflikten berücksichtigt.

Nach der sozialen Austauschtheorie erfolgt jegliche Bewertung einer Interaktion subjektiv und erhält dadurch einen relativen Charakter, den THIBAUT & KELLY (1959) untersuchten. Demnach strebt jeder Partner nach der Maximierung seines Nutzens in der Partnerschaft, d.h. das Belohnungs-Kosten-Verhältnis soll so optimal wie möglich gestaltet werden. Die Partnerschaftszufriedenheit hängt danach ab von einem individuellen internen Vergleichsniveau, an dem die Partner fortwährend das Ergebnis der Interaktion messen. So hat jeder bestimmte Erwartungen hinsichtlich der Kosten, die er in der Beziehung trägt, und der Belohnungen, welche er (vom anderen) erhält. Dieser Vergleich bestimmt die subjektiv empfundene Partnerschaftsqualität. Ferner misst nach THIBAUT & KELLY jedes Individuum die Qualität der Interaktion noch an einem Vergleichsniveau für Alternativen. Dieses Niveau bedeutet den maximalen Standard, den der Partner erreichen kann, wenn er die optimale Alternative zur bestehenden Partnerschaft berücksichtigt. Sollte das Ergebnis des internen Vergleichsniveaus offensichtlich unter dem alternativen Niveau liegen, wird die Beziehung aufgegeben. Die Differenz zwischen beiden Niveaus determiniert nach THIBAUT & KELLY die Beziehungsqualität.

Defizite im Verhaltensrepertoire der Partner werden des Weiteren im Rahmen der Lerntheorie dafür verantwortlich gemacht, dass Zweierbeziehungen, die sich zu Beginn durch hohe Partnerschaftsqualität, offene Kommunikation und positive Charakteristiken auszeichnen, bald negative und krisenreiche Entwicklungen durchleben. So ist vorstellbar, dass einerseits Konflikte unzureichend gelöst werden, andererseits keine adäquaten Fertigkeiten zur Beziehungsgestaltung mehr vorhanden sind (MARKMAN 1984).

Nach SCHINDLER et al. (1998) sind positive Ressourcen zwar in einer länger andauernden Partnerschaft noch immer vorhanden, werden jedoch üblicherweise nach und nach dem Partner nicht mehr offenbart. Folglich gelten unangemessene Verhaltensweisen als wesentliche Ursachen für psychische Störungen. Nachdem nun negatives Verhalten des einen Partners, z.B. affektiertes Handeln, auch ein ebensolches des anderen hervorruft (Reiz-Reaktions-Mechanismus), sind es auch besonders Eskalationen und unangemessene Unterstellungen, die die Zweierbeziehung besonders gefährden.

GOTTMAN (1994) misst kognitiven Variablen, die ebenfalls subjektiv von den Partnern empfunden werden, große Bedeutung bei. Derartige Variablen sind z.B. Einstellungen, Erwartungen und Interpretationen. Mit diesen Attributen beschreiben Partner das eigene sowie das Verhalten des anderen. Diese Kategorien sind Produkte des lebenslangen Lernprozesses. Konflikte können dann entstehen, wenn unterschiedliche Inhalte, die sprichwörtlichen Welten aufeinander treffen.

Macht die Zweierbeziehung eine nachteilige Entwicklung durch, dann wird des Weiteren die Beziehungsgeschichte insgesamt retrospektiv negativ verzerrt, und dann können sogar positive Beziehungserfahrungen zunehmend von den Ehepartnern im Nachhinein pessimistisch bewertet werden.

Die dargestellten Thesen beenden die Untersuchung der Vorstellungen der Lerntheorien bezüglich des Komplexes „Wie und warum entstehen Konflikte in Ehen?".

Die behandelten Ansätze: Psychoanalyse, System- bzw. Kommunikations- und Lerntheorie erklären aus ihren spezifischen Sichtweisen die Entstehungsgeschichten von gängigen Ehekonflikten; sie werden darüber hinaus u.a. ebenso als praktische Interventionsstrategien in der institutionellen Ehe-, Familien- und Lebensberatung eingesetzt.

3.6 Methodische Ansätze der institutionellen Eheberatung

In der gegenwärtigen Paarberatung werden vorwiegend vier Ansätze angewendet (SCHILD 1990, KLANN & HAHLWEG 1994b, KLANN 2002):

1. Psychodynamische Interventionen;
2. Kommunikationstheoretische bzw. systemisch-strukturelle Theorien;
3. Verhaltenstherapie für Ehepaare;
4. Klientenzentrierte Gesprächspsychotherapie nach ROGERS.

3.6.1 Psychodynamische Ansätze

„In der psychoanalytischen Paartherapie berücksichtigt der Therapeut in seiner Arbeit, daß die pathogenen Prozesse, die er bei den Partnern und in der Paarbeziehung erkennt, nicht nur durch bewußte, sondern auch durch unbewußte Vorgänge determiniert sein können. Seine Wahrnehmungen, Schlußfolgerungen und Interventionen sind durch die psychoanalytischen Konzepte von Widerstand, Übertragung und Gegenübertragung beeinflußt" (KREISCHE 2000, 257).

Interventionen der tiefenpsychologischen Paartherapie beziehen sich, weil die Klienten im Allgemeinen nicht um die psychoanalytischen Grundbegriffe und Argumentationen wissen, demnach genau auf die Bewusstmachung der Beziehungsphantasien bzw. deren unbewussten Bemühungen, den eigenen ungelösten Konflikt durch die Interaktion mit dem gegenwärtigen Partner lösen zu wollen.

Andere unbewusste psychische Vorgänge, insbesondere die *Abwehr* und *Verdrängung*, werden gemeinsam mit dem Therapeuten erkannt, reflektiert und besprochen, damit Lösungen aufgezeigt werden können. Letztendlich soll die Kompetenz vermittelt werden, eine bewusste Lebensführung in der Zweierbeziehung oder Familie zu etablieren.

Nach WILLI (1975/2001, vgl. auch 1978) profitieren Eheleute, bei denen die unausgesprochenen Idealvorstellungen und Anforderungen bewusst gemacht und dadurch aufgelöst wurden, von der Möglichkeit, ganz flexibel und befreit partiell progredieren und regredieren zu können. „Da man in der Paarbeziehung mit dem Ausgleichsverhalten des Partners rechnen kann, darf man sich eher mal regressives Verhalten leisten, ohne Angst vor sozialem Abgleiten haben zu müssen. Die Bewährung in stellvertretenden Hilfsfunktionen andererseits hebt das Selbstwertgefühl. Das gegenseitige Stützen und Gestütztwerden vermittelt den Partnern ein hohes Maß an Befriedigung und gibt eine wesentliche Motivation zur Paarbildung" (1975/2001, 21).

Zu berücksichtigen sind neben den analytischen Verfahren der neurosenpsychologischen Diagnostik auch vor allem interaktionsdiagnostische Verfahren. So hebt

FÜRSTENAU (1994) für die psychoanalytische Arbeit mit Klienten u.a. die Relevanz der Erfassung der gegenwärtigen Lebenssituation der Patienten, die Reaktivierung der Ressourcen sowie die Aufdeckung der behindernden Faktoren aus der Vergangenheit hervor.

In HELLINGERS Ansatz (1994; 1997) wird eine Ursprungsordnung innerhalb von Familien postuliert, die mit „Ordnungen der Liebe" betitelt werden. Darunter versteht er Bedürfnisse nach Zugehörigkeit, Würdigungen von Verdiensten und die Anerkennung von schicksalhaften biografischen Ereignissen im Leben der Klienten. Weil angenommen wird, dass vergangene Konflikte der Ehepartner mit deren Eltern wieder (irrational motiviert) aktuell erlebt werden, strebt der Therapeut die Bewusstwerdung des Wiederholungszwanges an. Bei der Methode der *Familienaufstellung* werden Phantasien und Erwartungen des Individuums, Paares oder der Familie mit Hilfe von Rollenspielen ins unmittelbare Bewusstsein transferiert. Diese Rollenspiele, welche vergangene Strukturen der zwischenmenschlichen Beziehungen innerhalb der Herkunftsfamilie im optimalen Fall abbilden, werden mit rekrutierten Personen in einer Gruppe durchexerziert und so verarbeitet. Die Methode des Rollenspiels ist auch in der Gestalttherapie etabliert.

In der Gestalttherapie (PERLS 1973, PERLS et al. 1951), die ebenfalls als Gruppentherapie breite Anwendung findet, versuchen Therapeuten, Konflikte und Lebenssituationen aus der Vergangenheit der Klienten mit Hilfe von anwesenden oder phantasierten Personen und Dingen zu rekonstruieren und so zu lösen.

Auch das auf MORENO (1973) basierende *Psychodrama* integriert emotionale Rollenspiele unter der Anleitung eines Psychotherapeuten, um beim Klienten verdrängte Gefühle und leidvolle Erfahrungen wieder bewusst zu machen. Mit diesem Vorgehen soll der innere Widerstand der Klienten, diese Erfahrungen nicht zu akzeptieren, überwunden werden.

Wie zu erkennen ist, basieren alle Ansätze von psychodynamischen Autoren auf der psychoanalytischen Ausgangsposition. Die Grundthese: Unbewusste Konflikte bewusst machen und dadurch bewältigen.

Im Folgenden werden die kommunikations- bzw. systemtheoretischen Interventionen thematisiert.

3.6.2 Kommunikations- und systemtheoretische Ansätze

Nach WELTER-ENDERLIN & JELLOUSCHEK (2002) sind vor allem folgende Aspekte der systemtherapeutischen Praxis mit Paaren relevant:

- Fallverstehen;
- Lebensthemen anhand von Genogrammen erschließen;

- emotionale Rahmung.

Mehrere Ansätze und Modelle mit verschiedenen Gewichtungen ergänzen die Familien- bzw. systemische Paartherapie:

- Strategisch-systemisches Modell (z.B. BATESON et al. 1969, WATZLAWICK 1977);
- Strukturell-systemisches Modell (MINUCHIN 1974; 1977);
- Experimentell-systemisches Modell (SATIR 1973, WHITAKER 1975; 1991);
- Mailänder Modell (z.B. BOSCOLO & BERTRANDO 1997, BOSCOLO et al. 1988);
- Lösungsorientiert-systemisches Modell (DE SHAZER 1989, BERG 1993);
- Hypno-systemisches Modell (z.B. SCHMIDT 1999);
- Narrativ-systematisches Modell (WHITE 1992);
- Mehrgenerational-systemisches Modell (BOWEN 1978, STIERLIN 1978, BOSZORMENYI-NAGY & SPARK 1973, HELLINGER 1994; 1997).

„Als gemeinsamer Nenner kann die Konzentration auf die Familie als System, dessen Bestandteile die Familienmitglieder und deren Beziehungen untereinander sind, bezeichnet werden“ (HAHLWEG 1986, 99).

Vertreter der systemischen Ansätze beachten die aktuellen Beziehungsmuster sowie auch Konstruktionen der dyadischen oder familiären Wirklichkeit (WILLI 2000).

Ein weiterer Gesichtspunkt ist Folgendes: „Systemische Therapie für Paare heißt [...][29], mit den Klienten eine Landkarte des Beschreibens und Verstehens ihrer Lebenspraxis zu erschließen, auf der sowohl ihr leidvoller Umgang miteinander als auch unauffällige oder herausragende Ausnahmen dazu, und ganz besonders die Sehnsucht jedes Partners nach Entwicklung und Wandel beschrieben werden [...][30]. Der Begriff der *Referenztransformation* [...][31], der sowohl Wandel in Gefühlen als auch in der Einschätzung von Lebensverhältnissen meint, erklärt, wie Menschen dieselbe Situation aus unterschiedlichen Perspektiven unterschiedlich beschreiben und bewerten, und wie aus den Unterschieden eine Vielfalt von „Referenzen“ (Sichtweisen) eröffnet und neue Ideen zu Lösungen entwickelt werden können“ (WELTER-ENDERLIN & JELLOUSCHEK 2002, 202).

Eine Steigerung der Ehe-/Partnerschaftszufriedenheit erwarten die Repräsentanten der systemtheoretischen Ansätze in der unmittelbaren konkreten Lösung von Problemen und Konflikten (TEXTOR 1992). Demnach will man erreichen, dass Divergenzen und Meinungsverschiedenheiten vom Paar selbst beigelegt werden können, ohne dass die Beziehung insgesamt negativ beeinträchtigt wird. Mit verschiedenen therapeutischen Verfahren, um z.B. Kompromisse zu schaffen, sollen die systemimmanenten Regeln verändert werden, um so das konfliktschaffende Symptom, welches durch diese Konstellation aufrechterhalten wird, zu negieren (LENZ et al. 1995). Da-

[29] Einfügung des Verfassers.
[30] Einfügung des Verfassers.
[31] Einfügung des Verfassers.

bei beruft man sich oft auf das Konzept der strukturellen Kopplung von MATURANA & VARELA (1991). Die Autoren postulieren, dass zwei geschlossene Einheiten, die sich gegenseitig als Objekte wahrnehmen, in einen Interaktionsprozess eintreten, der die Grundlage für Kommunikation schafft.

Des Weiteren werden Änderungen von Einstellungen und Verhaltensweisen der Ehepartner angestrebt. Eine Neuordnung der Familie, auch durch verhandelte Verträge, soll das Zusammenleben bedürfnisgerechter gestalten, und dadurch werden die Ehepartner dazu angehalten, einen besseren Zugang zueinander zu finden. Durch die Veränderung des Beziehungssystems wird indirekt auch das Verhalten und Erleben der Partner (positiv) verändert. In diesem Zusammenhang soll auch die sexuelle Beziehung der Eheleute verbessert werden, wobei Dysfunktionen behoben, erotische Interessen am anderen stimuliert, neue Techniken empfohlen und Neigungen geklärt werden (WELTER-ENDERLIN & JELLOUSCHEK 2002, 202ff.).

KOWALCZYK (2000) nennt außerdem als charakteristische Vorgehensweise der systemischen Paartherapie die Anregung des Therapeuten von „sowohl-als-auch-Lösungen"; mit diesen will man die zwei verschiedenen Wirklichkeitskonstruktionen der Partner in Form von Kompromissen vereinen. Daneben sollen diese Lösungen das Paar animieren, ihre eigene Sichtweisen in einem gemeinsamen Rahmen zu entfalten, und in diesem gemeinsamen Bezugsrahmen, so der angestrebte Fall, müssen Übereinstimmungen und Unterscheidungen, quasi das Gleich- bzw. Ungleich-Sein, akzeptiert werden (können). Demnach geht es in der Beratung von Anfang an prinzipiell darum, dass der Therapeut die heterogenen Wirklichkeitskonstruktionen der Partner mit einem hohen Maß an Aufmerksamkeit wahrnimmt. Während des Therapieprozesses soll das Paar angeregt werden, im Zuge einer Selbstorganisation den nächstmöglichen Entwicklungsschritt zu vollziehen und stagnierende Kompromisslosigkeit selbst zu verarbeiten.

Folgende zusammenfassende Aspekte machen charakteristische Vorgehensweisen von systemischen Paartherapeuten aus:

- Allparteilichkeit und Neutralität (z.B. STIERLIN 1978, SCHWEITZER & WEBER 1997);
- respektvolle Neugier (CECCHIN 1988);
- Humor (TITZE & ESCHENRÖDER 1998);
- Ressourcenorientierung und Aktivierung (GRAWE et al. 1994);
- zirkuläres Fragen (SELVINI PALAZZOLI et al. 1981);
- Rituale (IMBER-BLACK et al. 1993);
- Arbeit mit dem Genogramm (z.B. DREESEN & EBERLING 1998).

Gestörte Kommunikation, deren Bearbeitung ebenso in der systemischen Paartherapie berücksichtigt wird, wird nach WATZLAWICK et al. (1969) durch Dechiffrier- und Übersetzungsarbeit behandelt. Voraussetzung hierfür ist das einfühlsame Verstehen des Therapeuten in die irrationale Kommunikation der Partner.

Daneben zeigt diese Forschergruppe auf, dass der Therapeut auf eine paradoxe Kommunikation der Klienten beispielsweise ebenso paradox reagieren kann bzw. auch soll. Das Ziel dieser Vorgehensweise manifestiert sich als therapeutische Haltung, bei der das Gegenüber eine Verblüffung erlebt. Dieser Effekt kann beim Gegenüber einen Bewusstwerdungsprozess in Gang setzen, sich selbst und seine Art und Weise der Kommunikation infrage zu stellen, zu überdenken und letztendlich zu modifizieren.

3.6.3 Verhaltenstherapeutische Interventionen

„Zentrale Annahme im lerntheoretischen Erklärungsmodell ist, daß eine zufriedene Partnerschaft gekennzeichnet ist durch ein hohes Maß an einer so gearteten gegenseitigen Belohnung und durch eine geringe Rate gegenseitiger Bestrafung" (SCHINDLER et al. 1998, 33).

Weil es in unzufriedenen Partnerschaften gerade umgekehrt zu sein scheint – unglückliche Paare verstricken sich gegenseitig in stetig verstärkende unvorteilhafte Verhaltensmuster –, ist verhaltensorientierte Paartherapie in der Regel veränderungsorientiert, wobei charakteristisch ist, dass die *aktuelle* Beziehungsgestaltung im Vordergrund steht.

Verhaltensorientierte Paartherapie intendiert die Zunahme an positivem Verhalten und die Abnahme des nachteiligen. Daher konzentriert man sich auf das Interaktionsverhalten, eindeutige Kommunikation sowie Problemlösefähigkeiten.

STUART (1969) entwickelte in den Gründerjahren der verhaltensorientierten Ehetherapie ökonomische Maßnahmen wie Verhandlungstrainings und Kontraktmanagement.

LAZARUS (1968) und WEISS et al. (1973) streben eine Verbesserung der dyadischen Kommunikation an. Anfangs wurde die verhaltenstherapeutische Praxis vor allem von der Theorie des sozialen Austausches von THIBAUT & KELLY (1959) geprägt (vgl. Abschnitt 3.5.3). Demnach stellt die Interaktion zwischen Individuen einen Austausch von materiellen und nicht-materiellen Gütern dar. Gefühle, Einstellungen und Handlungen werden als nicht-materielle Güter und als „tauschbar" definiert. Im therapeutischen Vorgehen will man die Partner dazu ermutigen, dass sie Verhaltensweisen an den Tag legen, welche vom Interaktionspartner als Belohnung empfunden werden. Ist das Verhalten nämlich ein anderes, kann eine Bestrafung erfolgen, was wiederum negatives Verhalten provoziert. Dieser nachteilige Interaktionszirkel wird auch *negative Reziprozität* genannt. Der Begriff demgegenüber innerhalb des *positiven* Interaktionszirkels „bedeutet, daß Partner A belohnen möchte und belohnen wird, wenn Partner B ihn vorher belohnt hat – und umgekehrt" (SCHINDLER et al. 1998, 31). Krisenreiche Partnerschaften sind nach dieser Auffassung in einer negativen Reziprozität gefangen, d.h. die Interaktion charakterisiert sich durch eine niedrige Häufigkeit an positiven Verhaltensweisen (Belohnung) und eine hohe an negativen (Bestrafung, Abwertung usw.).

Die Partner werden in der verhaltenstherapeutischen Ehetherapie befähigt, positives Verhalten dem anderen gegenüber überzeugend und unmissverständlich zu zeigen. Dadurch und durch andere Bedingungen (siehe unten) soll in die positive Reziprozität eingeführt werden. Je häufiger nämlich die gegenseitige bejahende Verstärkung, desto höher die Partnerschaftszufriedenheit. Positives Verhalten wird angeregt, um neuartige befriedigende Erlebnisse in der Ehe zu erschaffen. Die vorhandenen Ressourcen, die jedes Paar hat, das noch zusammenbleiben will (SCHINDLER et al. 1998), werden durch den positiven Austausch, so die Ausführungen, reaktiviert.[32]

Nachfolgende verhaltenstherapeutische Vorgehensweisen setzen sich das Ziel, positive Reziprozität zu erschaffen:

- LIEBERMANN et al. (1976) empfehlen ein Verfahren, nach dem der Partner sein Gegenüber erwischt, „wenn er ihm etwas Gutes tut". Diese Erlebnisse können in ein Tagebuch geschrieben und so im Bewusstsein festgehalten werden.
- Die „Verwöhnungstage" – nach den Vorstellungen von STUART (1976) – finden einmal in der Woche statt. An diesem Tag, der frei gewählt werden darf, schenkt ein Partner seinem Gegenüber alle erwünschten „Verwöhner" (Formen von Zuneigung, positive Gefühle), und zwar unabhängig davon, wie dieser sich verhält.
- Des Weiteren ist Kommunikationstraining vorgesehen: Progressive Interaktion gilt in der verhaltenstherapeutischen Ehetherapie als zentrale Basis. Wesentliche Sprecher- und Zuhörer-Regeln sind die Variablen nach ROGERS (vgl. Abschnitt 3.6.4). Demnach soll dysfunktionale oder gestörte Kommunikation durch angemessene ersetzt werden. Die Sprecher-Variablen sind nach MILLER et al. (1976) gekennzeichnet durch: Ich-Gebrauch (z.B. „Ich habe mich nicht gut gefühlt, als du das und das gesagt hast"), konkrete Situationen im Hier und Jetzt beschreiben. Der Empfänger muss ferner *aktiv* zuhören können. Diese Verhaltensweisen werden in der Therapie optimalerweise erlernt.

Weil die kognitiven Urteile wie Annahmen und Zuschreibungen, wie oben beschrieben, ebenfalls eine wichtige Rolle für die Ehequalität bzw. -stabilität spielen, wirken auch hier therapeutische Interventionen. Viele Zweierbeziehungen leiden unter unerfüllbaren Erwartungen, welche die Partner aneinander stellen (EIDELSON & EPSTEIN 1982). Die Partner werden in der Therapie befähigt, irrationale Annahmen und unrealistische Forderungen an den anderen zu modifizieren bzw. aufzugeben.

[32] Bei diesem Ansatz wird das Vorgehen im Sinne des operanten Konditionieren erkennbar (z.B. WEISS et al. 1974).

Die bestimmenden Prinzipien der Ehequalität und -stabilität sieht die Verhaltenstherapie abhängig von drei Kompetenzen (BODENMANN 2002, 107ff.):

1. „angemessene Kommunikation und emotionale Selbstöffnung;
2. effektive Problemlösung;
3. wirksame individuelle und dyadische (d.h. partnerschaftliche) Stressbewältigung" (zu Letzteren vgl. BODENMANN 2000a).

Neuere Ansätze der Verhaltenstherapie mit Paaren stammen von JACOBSON (1992) und JACOBSON & CHRISTIANSEN (1996). Bei ihrem integrativen Vorgehen versuchen sie, die – durch empirische Befunde gestützten – unterschiedlichen geschlechtstypischen Bedürfnisse von Männern und Frauen, z.B. abweichende Auffassungen bezüglich intimer Nähe und Distanz, verbaler Austausch usw., in das Zentrum der Therapie zu rücken. Durch offene und sinnvolle Gespräche mit dem Paar sollen diese Unterschiede transparent gemacht werden, damit sie in der Partnerschaft auch erkannt, akzeptiert und ausgelebt werden können. Mit der Beratung wird angestrebt, den Paaren ein neuartiges Erleben von Akzeptanz und Toleranz nahe zu bringen, ferner wird die Umsetzung eines gesunden Verhältnisses von Nähe und Distanz ermöglicht, woraus erst individuelles, dann gemeinschaftliches Glücksgefühl erwachsen soll. Mit diesen Vermittlungen wird die Partnerschaft in den Prozess der positiven Reziprozität eingeführt.

HAHLWEG & SCHRÖDER (1993) schlagen vor, unter Miteinbezug eines vergangenheitszentrierten Interviews – Oral History Interview (OHI) (BUEHLMAN et al. 1992) –, die frühe Beziehungsgeschichte wieder ins Bewusstsein der Eheleute zu bringen. Schilderungen der früheren (glücklichen) Partnerschaftsverhältnisse sollen von der aktuellen Negativität wegführen.

BODENMANN (2000b) betont, dass Partnerschaften durch verschiedene Formen von Stress in ihren Problemlöse- und Kommunikationsfertigkeiten gehemmt werden. Daher zielt sein Ansatz auf die Steigerung der Kompetenz zur sinnvollen verbalen und nonverbalen, d.h. körpersprachlichen, (Stress-)Kommunikation ab, um Alltagsstress gemeinsam meistern und sich unterstützend verhalten zu können. „Eine gute, angemessene Kommunikation stellt die Basis für eine glückliche und zufriedene Partnerschaft dar (BODENMANN & CINA 2003, 24).

Im Ansatz des populären Beziehungsforschers GOTTMAN (1999) gelten neben den in der Verhaltenstherapie für Paare üblichen Interventionsstrategien (Ingangsetzung der positiven Reziprozität, Kommunikations- und Problemlösetraining) eigene Vorgehensweisen. Sieben wesentliche kognitive Aspekte werden im therapeutischen Verfahren von GOTTMAN herausgegriffen:

1. Optimale Bewusstmachung der Persönlichkeit des Partners, z.B. Vorlieben, Bedürfnisse, zentrale Belastungsthemen;
2. Im Anschluss daran sollen vor allem die positiven Charaktereigenschaften und Wesenszüge des Pendants in ihrer Gesamtheit gesehen und geschätzt wer-

den. Hierbei ist das bereits weiter oben genannte Oral History Interview von BUEHLMAN et al. (1992) hilfreich;
3. Eine Erhöhung des Interesses am Partner ist ferner angestrebt, um wieder gemeinsame Vorlieben in Freizeitaktivitäten auszuleben;
4. Männer sollen den Einfluss der Frau akzeptieren lernen, weil diese in den meisten Fällen relevante Konfliktthemen zur Sprache bringt;
5. Das Wir-Gefühl soll gesteigert werden durch emotionale Beruhigung, Versöhnungsambitionen, detaillierte Problembeschreibung, Ich-Botschaften;
6. Träume, Hoffnungen und Zukunftsvorstellungen, die die Partnerschaft betreffen, werden gefördert;
7. Gemeinsame Rituale sollen unterstützt, Ziele und Bedeutungssysteme formuliert werden.

Auf diese Faktoren stieß GOTTMAN in zahlreichen Forschungsprojekten. GOTTMAN, der seit Jahren in seinem „Love Lab" an der University of Washington Testpaare und deren verbales und nonverbales Ausdrucksverhalten während der Interaktion beobachtet, versucht in seiner neuesten Publikation *The Mathematics of Marriage: Dynamic Nonlinear Models* seine Theorien mit Höherer Mathematik zu bestätigen, indem er die Wechselwirkung der Eheleute mit Differenzialgleichungen beschreibt. Gewisse Einflussfaktoren hätten demnach spezifische positive bzw. nachteilige Auswirkungen auf die Ehequalität. Nach eigenen Aussagen hat GOTTMAN mit einer Sicherheit von 91% die Scheidung seiner Testpaare richtig vorausgesagt (zitiert nach RAUNER 2003).

Um eine stabile Ehe verwirklichen zu können, gilt nach GOTTMAN & LEVENSON (2000) folgende Regel: Das Verhältnis von positiver zu negativer Kommunikation muss mindestens 5:1 betragen. Diese Hypothese ist ebenfalls ein Ergebnis von mehreren eigenen Studien. Ziel dieser Handhabe ist, wie auch bei den anderen verhaltenstherapeutischen Angeboten, die Einleitung der positiven Reziprozität.

BODENMANN (2002, 111) nennt folgende zusammenfassende kognitive Methoden der Verhaltenstherapie mit Paaren:

- „Das kritische Hinterfragen von Annahmen bezüglich des Partners (Hinweis auf die Subjektivität der Annahmen, Einbezug der Gedanken und Gefühle des Partners, logische Analyse und Realitätstestung);
- Das Aufdecken von problematischen Kognitionen und Schemata (willkürliche Schlussfolgerungen, dichotomes oder übergeneralisierendes Denken [...][33];
- Umattribuierung (Partnerverhalten als Herausforderung ansehen, positive Deutung geben, Perspektive des anderen einnehmen, Verantwortung übernehmen usw. [...][34]."

[33] Einfügung des Verfassers.
[34] Einfügung des Verfassers.

3.6.3.1 Zusammenfassung der Ziele der tiefenpsychologischen, system- bzw. kommunikationstheoretischen und verhaltenstherapeutischen Eheberatung

Die verschiedenen Ansätze, die in der Praxis der institutionellen Eheberatung angewendet werden, lassen sich auf bestimmte Merkmale hin gut unterscheiden.

Die meisten Eheberater akzeptieren nach GURMAN (1979) als allgemeines Ziel der Beratung: Verbesserung der Beziehung. GURMAN hat zwischen den verschiedenen Theorien hinsichtlich ihrer spezifischen Endzwecke unterschieden. In Tabelle 10 sind die Charakteristiken aufgeführt.

Es „wird ersichtlich, daß es eine Reihe unterschiedlicher Vorstellungen zwischen den Vertretern der drei wichtigsten Ehetherapierichtungen gibt. Kommunikationstheoretisch und verhaltenstherapeutisch orientierte Eheberater haben fast ausschließlich interaktionelle Zielsetzungen, d.h. sie wollen primär Veränderungen zwischen den Ehepartnern bewirken. Demgegenüber streben psychoanalytisch orientierte Kollegen sehr viel mehr Ziele an. Die zusätzlichen Ziele sind vor allem auf der individuellen Ebene angesiedelt, wie den neurotischen Konflikt des Klienten aufzulösen, die Selbstwertschätzung des Individuums zu erhöhen und ein Gleichgewicht zwischen Gefühl und Verstand beim Ehepartner herzustellen" (VENNEN 1992, 14).

VENNEN verweist auf vier gemeinsame Entabsichten der Therapeuten (ebd., 15):

1. Lösung der bestehenden Probleme und die Abnahme der Symptome;
2. eine offene und klare Kommunikation;
3. eine ausgeglichenere Machtverteilung und
4. eine Zunahme der Rollenflexibilität.

Neben den beschriebenen Ansätzen hat auch die klientenzentrierte Gesprächspsychotherapie nach ROGERS in der institutionellen Ehe-, Familien- und Lebensberatung Verwendung gefunden.

Tabelle 10: Ziele der Ehetherapie aus drei Perspektiven (GURMAN 1979, 11; zit. nach VENNEN 1992, 14)

		Theoretischer Ansatz	
Ziel	psycho-analytisch	kommunikations-theoretisch	verhaltens-therapeutisch
1. Erhöhte Intimität	hoch	Gering	mäßig
2. Rollenflexibilität Anpassungsfähigkeit	hoch	hoch	hoch
3. Duldung von Unterschieden	hoch	gering	hoch
4. Verbesserte sexuelle Beziehung und Geschlechtsidentität	hoch	gering	gering/mäßig
5. Lösung bestehender Probleme	hoch	hoch	hoch
6. Ausgeglichenere Machtverteilung	hoch	hoch	hoch
7. Gleichgewicht zwischen Gefühl und Verstand	hoch	gering	mäßig
8. Zunahme der Wertschätzung	hoch	mäßig	mäßig
9. Offene Kommunikation	hoch	hoch	hoch
10. Auflösung des neurotischen Konflikts	hoch	gering	gering
11. Verbesserte Beziehung zu den Kindern	mäßig	hoch-gering	gering
12. Verbesserte Beziehung zu den eigenen Eltern	mäßig	hoch-gering	gering

3.6.4 Klientenzentrierte Gesprächspsychotherapie mit Paaren nach C. ROGERS

Im deutschen Sprachraum wurde der klientenzentrierte Ansatz von C. ROGERS als Gesprächspsychotherapie Ende der 1960er-Jahre von TAUSCH (1968) eingeführt. ROGERS' nicht-direktive Therapie – erstmals veröffentlicht 1942 – sieht sich als Gegenpol zur klassischen Psychoanalyse und stellt auch einen Protest gegen die „Deutungssucht mancher Psychoanalytiker" dar (TOMAN 1979). In diesem Ansatz ist weniger die Vergangenheit (Psychoanalyse), sondern vielmehr das Hier und Jetzt relevant, d.h. das augenblickliche Problem des Klienten wird fokussiert.

Das zu Grunde liegende Menschenbild von ROGERS bewertet – der Tradition der Humanistischen Psychologie folgend (z.B. MASLOW 1973; FROMM 1974/1996) – das Individuum als ein von Natur her soziales Wesen, ferner als ganzheitlichen Organismus. Das menschliche Gefüge hat demnach von Grund auf spezifische Fähigkeiten (z.B. Selbstaktualisierungstrieb) und nach ROGERS (1976) ein Potenzial, welches sich als individueller und persönlicher Wachstumsprozess manifestieren kann. Ferner hat der Mensch das zentrale Bedürfnis nach Selbsterfahrung, Anerkennung und Wertschätzung. Eine Grundaufgabe sieht ROGERS in der Förderung der Fähigkeit einer Person, menschliche Beziehungen eigenverantwortlich zu gestalten. Gerade diese Kompetenz ist es, die er in unserer Kultur mit ihren schwierigen Lebensumständen gefährdet sieht. Die Aufgabe eines Therapeuten ist nun zunächst, Vertrauen in die Selbstheilungskräfte der Klienten aufzubauen. Probleme können demnach von den Ratsuchenden selbst gelöst werden, und es muss in jedem Fall eine Akzeptanz des Rechtes auf Selbstlenkung präsent sein. Der Berater gibt daher auch keine Ratschläge.

Im allgemeinen Bewusstsein dürften sich die Beratervariabeln nach ROGERS (1972/1999): Empathie, Echtheit und Wertschätzung etabliert haben. Sie gelten als *die* Eckfeiler der klientenzentrierten Beratung.

„Dieses Verstehen und dieses Akzeptieren bewirken im Klienten eine Änderung seiner Einstellung zu sich selbst in Richtung größerer Akzeptanz und zu mehr Mut, seine Probleme mit den ihm zur Verfügung stehenden Mitteln zu lösen. Für ein Paar bedeutet es, daß Endlosschleifen von projektiven Vorwürfen unterbrochen werden, d.h. die Partner hören damit auf, dasjenige, was sie an sich selbst nicht mögen, besonders vehement, dem anderen zum Vorwurf zu machen" (SANDERS 2000, 95).

Die kennzeichnende Perspektive der klientenzentrierten Therapie schließt zwischenmenschliche Beziehungsbedürfnisse in Form einer Ehe, Partnerschaft oder Familie mit ein. Der von ROGERS begründete Ansatz – ursprünglich für das Individuum und sein Verhältnis zur Umwelt konzipiert – stellt die Grundlage für die heutige Praxis der klientenzentrierten Beratung dar. Das Konzept der Einzeltherapie wird demnach auf die Paartherapie übertragen, die jeweilige Thematik unter diesem Gesichtspunkt beleuchtet.

ROGERS' Publikation *Partnerschule* (1975) war als Hilfestellung zur Realisierung einer Gewinn bringenden Partnerschafts- bzw. Eheführung geplant. In der *Partnerschule* geht es ihm ganz gezielt um das offene, konstruktive Gespräch und die innere ehrliche Wahrnehmung als Lernquelle für (Ehe-)Paare; dies wären Voraussetzungen dafür, „daß eine Partnerschaft für beide [Individuen][35] von Bedeutung und [...][36] Dauer" ist (ROGERS 1975, 170). In einem eigenen Abschnitt, wo es ihm um Beständigkeit und Bereicherung geht, gibt er vier Themen vor, um die sich Zweibeziehungen vorwiegend drehen.

Das erste Thema fokussiert das Begriffspaar „Hingabe?/Bindung?". Die beiden Begriffe sind deshalb mit Fragezeichen gekennzeichnet, weil ROGERS sich sicher ist, dass extreme Hingabe und verstärkte Bindung die Partnerschaft wahrscheinlich negativ beeinträchtigen. Er definiert Hingabe eher als Arbeit an dem Prozess einer fortlaufenden Beziehung. Dies soll der eigenen und gegenseitigen Befriedigung dienen. In seinem Verständnis ist Hingabe eines der Merkmale, das für eine Bereicherung in einer länger währenden fließenden Beziehung verantwortlich ist. Diese Arbeit sollte unbedingt von beiden Partnern geleistet werden. Er betont auch, dass die Gegenwart in einer Zweierbeziehung besonders geschätzt werden sollte; Zukunft und Vergangenheit werden ausgeblendet (diese Gegebenheit wurde von der klientenzentrierten Eheberatung adaptiert).

Das zweite Thema kreist um Kommunikation. Bedeutsam ist die verbale und nonverbale – ähnlich akzentuieren dies auch die Vertreter der Kommunikationstheorie. Die allgemeine Forderung, dass eine Partnerschaft kommunikativ sein soll, ist für ROGERS nichts sagend (ebd., 172): „Alle Ehen sind kommunikativ, verbal oder nicht verbal, im guten wie im schlechten Sinne." Elemente für Glück und Dauerhaftigkeit einer Zweierbeziehung sieht er in einer *optimalen* Kommunikation, in der Gefühle subjektiv-zentriert ausgedrückt werden, ohne den Partner anzuklagen (durch den Gebrauch von Ich-Botschaften soll das erreicht werden).[37] Dies hat nach ROGERS (ebd., 173) folgenden Effekt: „Das Teilen und Mitteilen der tiefsten Empfindungen, die man in sich selbst finden kann, führt fast unausweichlich zu einem ähnlichen Teilen und Mitteilen auf seiten des anderen." So sollen positive und negative Gefühle einerseits sinnvoll und defensiv ausgedrückt werden, andererseits wird es so auch möglich sein, durch die einem zur Verfügung stehende Einfühlungskraft, die Reaktion des Partners zu verstehen, egal ob diese anklagend, kritisch oder teilend und selbstdarstellend ist. ROGERS hält diese Methode für sehr effektiv, wenn das Ziel eine dauerhafte und glückliche Beziehung heißen soll. Sinnvolle Kommunikation muss ferner, ähnlich wie das beim ersten Thema „Hingabe?/Bindung?" der Fall war, zweiseitig sein, also unbedingt von beiden Partnern praktiziert werden.

---

35 Einfügung des Verfassers.
36 Einfügung des Verfassers.
37 GORDON, ein bekannter Vertreter der Humanistischen Psychologie, hat die Methode der Platzierung von Ich-Botschaften weiter ausgearbeitet, siehe z.B. *Die Familienkonferenz* (1993).

Die Aufhebung der Rollen ist die dritte Ebene, d.h. das dritte zwischenmenschlich positiv beeinflussende Phänomen. ROGERS unterscheidet zwei Sachverhalte:

1. Wenn die Rollen für beide Partner scheinbar sind, entsteht kein Konfliktpotenzial.
2. Nach den Rollenerwartungen von Eltern, Religion oder der Gesellschaft zu leben, so ist er sich sicher, bremst und schadet einer sich entwickelnden Ehe.

Für Letzteres sieht ROGERS kein Problem, wenn aus freien Stücken entschieden wird, den gesellschaftlichen Normen konform zu leben. Um sich aber aus freien Stücken zu entscheiden, muss man sich selbst gut kennen, und diese Kompetenz entsteht erst, wenn man auf seinen *Organismus* hört und in diejenigen Richtungen gehen kann, die einem ein positives Gefühl geben. Auf diesem Weg würde man sich von einem Verhalten, das durch Rollenerwartungen bestimmt wird, entfernen. ROGERS will klar machen, dass ein Leben mit Rollenerwartungen einengt und die Partnerschaft stagnieren lässt.

Das vierte Thema benennt er mit: „Eine selbstständige Person werden." Dieses wichtige Element komplettiert die Voraussetzungen für eine progressive und wachsende Partnerschaft. Authentisches Sein ist demnach notwendig. „Es ist die Tatsache, daß die Partnerschaft reicher und besser wird, wenn jeder Partner in zunehmendem Maße er selbst wird. Man könnte fast sagen, je selbständiger beide werden, desto größer ist die Chance für eine starke Bindung" (ebd., 175). ROGERS erklärt, was es bedeutet, eine selbstständige Person zu werden: Die Entdeckung des eigenen Selbst. Dazu gehört, den eigenen inneren Gefühlen näher zu kommen, sich wahrzunehmen, das Selbst anzuerkennen und zu akzeptieren. Durch diese Handhabe wird es leichter, mit seinen Stärken und Schwächen zu leben. Dazu müssen nach ROGERS auch Masken fallengelassen werden, etwa solche wie falsche Fassaden und unehrliche Vorspiegelungen. Er fordert eine Entwicklung des „inneren Ortes der Bewertung". Damit meint er, „daß der Wert, die Bedeutung, die eine Erfahrung für einen Menschen hat, nicht durch das bestimmt wird, was seine Eltern dazu sagen oder wie die Kirche dazu steht oder was seine Umwelt dazu meint, sondern durch das, was er bei dieser Erfahrung im Innersten ‚empfindet'" (ebd., 176). Der Vielschichtigkeit des menschlichen Ganzen soll auf den Grund gegangen werden, und diese erfahrene und akzeptierte Existenz als ganze Person schließt das Wachstum zur eigenständigen Persönlichkeit mit ein.

Durch die Entwicklung des Einzelnen, so ROGERS, wird auch die Verwirklichung des anderen angeregt und unausweichlich in dieselbe Richtung führen. Wieder verweist er auf die Bedingung, dass *beide* explorieren müssen. Das Arrangement eines Partner alleine reicht nicht aus, um die Zweierbeziehung befriedigend zu gestalten.

Seine Ausführungen zur zwischenmenschlichen Beziehung (1975) lieferten die Grundlagen für die Konzeptualisierung einer klientenzentrierten Paartherapie. Ausgehend von ROGERS haben AUCKENTHALER (1983) und ESSER & SCHNEIDER (1989) eigene – gegeneinander positionierte – Modelle konstruiert.

AUCKENTHALER (1983) integriert verschiedene Aspekte der Gesprächspsychotherapie von ROGERS – das Vorgehen war, wie erwähnt, zunächst für das Individuum entworfen worden – zu einem Modell einer klassischen Dreiersituation, nämlich Paar und Therapeut. Die Autorin postuliert, dass die Inkongruenz beider Partner die gemeinsame Erfahrungsgrundlage ist, die sie in die Therapie führt. Diese Inkongruenz zeigt sich besonders in einer gestörten Kommunikation und einer ebensolchen Beziehung; die Eheleute können sich zu Behandlungsbeginn nicht einfühlend verstehen, akzeptieren und/oder sinnvoll kommunizieren. Der Therapeut hat daher die wesentliche Aufgabe, zunächst die Beratervariablen nach ROGERS (einfühlendes Verstehen, Kongruenz und Wertschätzung) dem Paar zu präsentieren. Wenn die Partner die Beziehung mit dem Berater aufnehmen, kommt der therapeutische Prozess in Gang. So wird zuerst die intrapsychische Inkongruenz, d.h. die Beziehung eines Individuums zu sich selbst, hergestellt, danach kann die Beziehung der Partner untereinander positive Konsequenzen davontragen, indem sich das Verhalten zueinander ändert. Der Therapeut konzentriert sich demnach auf die Beziehungsfähigkeit des Einzelnen, er versucht nicht, die Beziehung des Paares insgesamt zu modifizieren, sondern glaubt an die Selbstheilungskräfte der (Einzel-)Organismen.

Das Fazit: Grundsätzliche Konzepte und Prinzipien der klientenzentrierten Therapie bleiben im Ansatz von AUCKENTHALER unverändert und werden lediglich auf die Beziehung Therapeut-Klienten-Paar übertragen. Der Vorteil liegt offensichtlich darin, dass beide Partner während der Therapie anwesend sind.

ESSER & SCHNEIDER (1989) unterscheiden zwei Arten von klientenzentrierter Paartherapie. Es hängt demnach davon ab, welcher Inkongruenzbereich in der Beratung fokussiert wird. Entweder handelt es sich dabei um den intrapsychischen (Erfahrung und Bewusstsein) oder interpersonalen (Ausdruck/Kommunikation). Ersteres zielt auf eine individuums-, Letzteres auf eine beziehungszentrierte Position ab. ESSER & SCHNEIDER setzen sich mit dieser Argumentierungskette von der Position AUCKENTHALERS ab, indem sie vor allem die offene Kommunikation zwischen den Eheleuten über die Therapie hinaus anstreben. Demnach soll auch erreicht werden, dass die beiden Partner sinnvolle Mitteilungen an den anderen senden und Empathie für ihn empfinden können. Besonders zählt für ESSER & SCHNEIDER die Klärung der Beziehung: ob man wirklich miteinander leben will, was man selbst will, was der Partner will.

Das Fazit: Wie man erkennen kann, verfolgt die Gesprächspsychotherapie mit Paaren analoge Ziele wie auch andere Angebote der Ehetherapie. Das Wichtigste, das Globalziel sozusagen, ist im erläuterten Ansatz die Verbesserung der Beziehung. Ein untergeordnetes Ziel ist eine realistischere (Selbst- und Fremd-)Wahrnehmung, weil Objektivität ein Prädiktor für positive Beziehungserfahrungen ist.

3.7 Reflexion und Überleitung zur vorliegenden Untersuchung

Die Unterschiedlichkeit der vier essenziellen Ansätze der institutionellen Ehe-, Familien- und Lebensberatung wurden im Wesentlichen aufgezeigt. Psychodynamische, verhaltenstherapeutische, systemische bzw. kommunikationstheoretische Theorien sowie die Gesprächspsychotherapie nach ROGERS komplettieren das Angebot einer professionellen Eheberatung. Die Grenzen zwischen den einzelnen Ansätzen verwischen im Beratungsalltag (KLANN & HAHLWEG 1994a).

Um einen speziellen Zugang zu Eheproblemen, genauer gesagt, zwischenmenschlichen Unstimmigkeiten zu erschließen, ist in der vorliegenden Untersuchung der Versuch gemacht worden, unter Berücksichtigung des Androgyniekonzepts und der kognitiven Orientierung an gängigen Geschlechterstereotypen (Geschlechtstypizität (GTS)) neue Erkenntnisse zu schöpfen. Dies ist bislang in diesem Verständnis noch nicht geschehen. Zwar wird in neueren Untersuchungen zu Ehekonflikten eine Geschlechtsrollenorientierung erfasst (KLANN 2002, 77f., FTHENAKIS & MINSEL 2002), doch diese ist anders definiert. Die verwendeten Messinstrumente erfassen spezifische Einstellungen zur Rolle von Mann und Frau. Thematisiert werden in den genannten Untersuchung u.a.:

- Die Zurückweisung der traditionellen ehelichen Geschlechtsrollenverteilung.
- Wird die weibliche Berufstätigkeit akzeptiert? (FTHENAKIS & MINSEL 2002, HAHLWEG 1996).

Operationalisiert werden also Einstellungen, die eine Klassifizierung für oder gegen die traditionelle Geschlechtsrollenverteilung in der Ehe erlauben (entweder-oder). Die erwähnten Messinstrumente fokussieren keine psychosozialen Persönlichkeitsmerkmale, z.B. das instrumentelle, expressive oder androgyne Temperament. Ferner wird die subjektive Orientierung an den Geschlechterstereotypen nicht erfasst.

Sollte sich in der vorliegenden Studie das Konstrukt Geschlechtstypizität (GTS) als abhängige Variable bei verschiedenen Ehekonflikten oder typischen Alltagsverhältnissen definieren lassen, dann ist eine Berücksichtigung in der Praxis der institutionellen Ehe-, Familien- und Lebensberatung, z.B. zur Professionalisierung der Prävention von spezifischen Krisensituationen, in Erwägung zu ziehen.

4 Untersuchung an institutionellen Ehe, Familien- und Lebensberatungsstellen

Dieser Abschnitt umfasst die im Rahmen des Forschungsprojekts durchgeführte empirische Untersuchung und soll dementsprechend den Forschungsprozess detailliert dokumentieren. Zunächst werden im Folgenden die Ziele der Studie sowie die relevanten Hypothesen beschrieben (4.1). Abschnitt 4.2 bezieht sich auf die verschiedenen Bereiche des Fragebogens, vorgenommene Operationalisierungen sowie eingesetzte Messinstrumente. Im Anschluss daran wird die organisierte Pretest-Phase dokumentiert (4.3). Abschnitt 4.4 beinhaltet die Realisierung der Hauptuntersuchung, Abschnitt 4.6 die Ergebnisse.

4.1 Forschungsziele und Hypothesen

Im vorliegenden Projekt geht es vor allem um die Fragestellung, ob sich bestimmte alltägliche Beziehungsphänomene in Ehen auf unterschiedliche Orientierungen der Verheirateten an den Geschlechterstereotypen – repräsentiert durch das Konstrukt Geschlechtstypizität (GTS) – zurückführen lassen. Theoretische Grundlage ist das Androgyniemodell (siehe Abschnitt 1.2).

Nachdem einerseits eine Ausrichtung an instrumentellen (maskulinen) Geschlechterstereotypen für ein Individuum bedeuten kann, dass auch stereotyp maskuline Verhaltensweisen im Alltag gezeigt werden, kann davon ausgegangen werden, dass sich andererseits ein potenzieller Zusammenhang zwischen psychosozialem Geschlecht (Instrumentalität, Expressivität, Androgynie, Undifferenziertheit) und der Struktur einer Zweierbeziehung bzw. Familie in spezifischer Art und Weise ausdrückt (vgl. Abschnitt 2.6 und 1.2).

Die Untersuchung einer vermeintlichen Auswirkung der Geschlechtstypizität (GTS) auf die Anordnung von zwischenmenschlichen Verhältnissen fokussiert demnach u.a. diese ausgewählten Bereiche:

- Die *Haushaltsführung* respektive die *Rollenverteilung im Haushalt* – für diesen Bereich wurden Hypothesen formuliert (siehe unten).
- Im Vordergrund stehen außerdem einerseits Überprüfungen etwaiger Zusammenhänge zwischen der Art der Geschlechtstypizität (GTS) und *beruflichem Status* und *Schulbildung*, andererseits interessieren auch *ökonomische*

und *zwischenmenschliche Themen* der Ehepaare (z.B.: Wer bestimmt über höhere finanzielle Ausgaben?) und brisante Gebiete (z.B.: Wer setzt sich letztendlich bei Konflikten durch? – Geht der Partner auf die sexuellen Bedürfnisse ein?).

Die adäquaten Hypothesen, die außerdem überprüft werden, lauten demnach:

1. Instrumentelle[38] Frauen setzen sich im Großen und Ganzen gegenüber Männern bei Streitigkeiten/Diskussionen überwiegend durch.
2. Instrumentelle Individuen haben einen höheren Berufsstatus und eine qualifiziertere Schulausbildung als androgyne, expressive und undifferenzierte Personen.
3. Expressive Frauen verrichten mehr Tätigkeiten im Haushalt als androgyne, instrumentelle und indifferente Frauen.
4. Instrumentelle Individuen verfügen vorwiegend über den Geldhaushalt (mittlere und höhere Ausgaben).
5. Instrumentelle Individuen setzen sich bei Streitigkeiten in der Partnerschaft überwiegend durch.
6. Frauen übernehmen nach wie vor den Hauptanteil der anfallenden Aufgaben im Haushalt.
7. Maskuline Frauen sind mit der Rollen-/Arbeitsverteilung in der Ehe unzufriedener als androgyne, feminine und indifferente Frauen.

Mit diesem Programmaufbau sind allgemeine Forschungsfragen verknüpft, die auch bei ähnlich angelegten Projekten zu Ehe- und Rollenkonflikten berücksichtigt werden (vgl. KLANN 2002, KLANN & HAHLWEG 1994a, FTHENAKIS & MINSEL 2002), etwa:

- Was sind die hauptsächlichen Gründe für Ehepaare, die sie zum Besuch einer Eheberatungsstelle motivieren?
- In welchen zwischenmenschlichen Bereichen der Zweierbeziehung zeigen sich überwiegend Ungereimtheiten?
- Haben sich die Konfliktbereiche in Ehen im Vergleich zu anderen Erhebungen verändert?
- Existiert trotz einer Egalisierung der Rollenerwartungen von Männern und Frauen (STATISTISCHES BUNDESAMT 2002b, 533ff.) nach wie vor eine Anlehnung an die traditionelle Rollenverteilung in der Partnerschaft (Mann = Ernährer, Frau = Haushälterin, Kindeserzieherin)?
- Haben Frauen durchschnittlich niedriger qualifizierte Berufe als Männer?

[38] Die Begriffe instrumentell/maskulin, expressiv/feminin, androgyn und indifferent beziehen sich im Folgenden auf die Beschreibung der Geschlechtstypizität (GTS) von Individuen. D.h. beispielsweise, dass feminine (oder expressive) Männer biologische Männer sind, die ihre Person, d.h. ihre Meinungen und spezifischen Verhaltensweisen, nach expressiven (oder femininen) Geschlechterstereotypen ausrichten etc.

4.2 Bereiche des standardisierten Fragebogens, vorgenommene Operationalisierungen und Beschreibung der Messinstrumente

Das methodische Design dieser Studie besteht formal aus einer Hauptuntersuchung. Sie ist quantitativer Art und als Querschnittuntersuchung angelegt. Insgesamt umfasst das Forschungsprojekt 376 Klienten, d.h. 188 Ehepaare, die institutionelle Beratungsstellen in Rheinland-Pfalz aufgesucht haben. Die Bearbeitungszeit für den klientenbezogenen Fragebogen beträgt ca. 10 Minuten. Den Ehepaaren wurden die Fragebögen von den Beratern der jeweiligen Institution ausgegeben und (nach der Bearbeitung) von diesen wieder in Empfang genommen.

Um die oben verfassten Fragen, die in dieser Untersuchung thematisiert werden, präzise zu beantworten, wurden diverse Daten erhoben, u.a. sozioökonomische, aber auch Variablen auf der Einstellungs- und Verhaltensebene erfasst. Im Folgenden werden die verschiedenen Bereiche des Fragebogens sowie die verwendeten Messinstrumente aufgeführt und beschrieben.

4.2.1 Soziodemographische Daten

Die Erfassung der soziodemographischen Daten erfolgt wesentlich in Anlehnung an das Erhebungsinstrument von KLANN & HAHLWEG (1987), die in ihrer Arbeit eine Bestandsaufnahme der institutionellen Beratung in der BRD intendierten. Bei der Gestaltung des Layout wurde auf einen Fragbogen von SCHMID-TANNWALD & KLUGE (1998) zurückgegriffen. Diverse Operationalisierungen sind von den genannten Forschergruppen letztendlich übernommen worden.

Als soziodemographische Faktoren gehen in die Analyse ein:

- Geschlecht,
- Alter,
- Anzahl der derzeitigen Ehe,
- Dauer der aktuellen Ehe,
- Dauer der Partnerschaft insgesamt,
- Kinderanzahl des Ehepaares,
- derzeitige Wohnsituation,
- Angehörigkeit einer Glaubensgemeinschaft,
- Nationalität,
- Schulbildung,
- derzeitige Berufstätigkeit,
- Berufsgruppe.

Das *Geschlecht* der Ehepartner ist mit 1 (männlich) und 2 (weiblich) codiert.

Die Variable *Alter* ist mit einer metrischen Skala operationalisiert worden. Grenzpunkte sind hierbei 18 und 99.

Um festzustellen, ob die Ehepartner zum Messzeitpunkt öfter als einmal verheiratet waren, wurden Werte von 1 bis 4 vergeben: 1 = erste Ehe, 2 = zweite Ehe, 3 = dritte Ehe, 4 = öfter.

Die *Ehedauer* wurde mit einer metrischen Skala erfasst, dies traf ebenso für die *Partnerschaftsdauer* zu. Für beide Variablen wurden als Grenzpunkte 1 und 99 festgelegt.

Um die *Anzahl der aus der Ehe hervorgehenden Kinder* (und andere) zu operationalisieren, wurden Werte von 1 bis 3 vergeben: 1 = x Kinder aus bestehender Ehe, 2 = x Kinder aus vorheriger Ehe, 3 = x uneheliche Kinder. Die befragten Personen konnten an Stelle des X beliebige Werte angeben.

Werte von 1 bis 4 wurden bei der Operationalisierung der *derzeitigen Wohnsituation* verteilt: 1 = Ich wohne mit meinem Ehepartner zusammen, 2 = Ich wohne mit meinem Ehepartner und Kleinkind(ern) zusammen, 3 = Wir wohnen getrennt, 4 = Sonstiges.

Die *Konfession* wurde mit 1 bis 4 codiert: 1 = katholisch, 2 = evangelisch, 3 = andere, 4 = keine. Ebenso trifft eine Codierung von 1 bis 4 für die Variable *Nationalität* zu: 1 = deutsch, 2 = deutschsprachiges Ausland, 3 = europäisches Ausland, 4 = sonstiges Ausland.

Die *Schulausbildung* wurde mit 1 bis 8 codiert: 1 = ohne Abschluss, 2 = Sonderschule, 3 = Volks-/Hauptschule, 4 = Lehre/Ausbildung, 5 = Mittlere Reife/Fachschule, 6 = Abitur, 7 = Hochschulabschluss (Fachhochschule), 8 = Hochschulabschluss (Universität). Diese Anordnung ist deshalb so konzipiert worden, um eine Repräsentation des Wertes als Grad der Ausbildung anzustreben: je höher der Wert, desto höher das Bildungsniveau. Teilweise beinhalten die Schulabschlüsse auch Berufsabschlüsse (z.B. Universitätsabschluss). Auf Grundlage dieser Skala wurden Männer und Frauen sowie die einzelnen Subgruppen nach dem Androgyniekonzept verglichen.

Mit einer 4-stufigen Nominalskala wurde die *Berufstätigkeit* erfasst: 1 = ganztags berufstätig, 2 = halbtags berufstätig, 3 = stundenweise berufstätig, 4 = derzeit arbeitslos.

Der *derzeitige Berufsstatus* wurde zuerst mit Werten von 1 bis 25 codiert. Dabei sind verschiedene Berufsgruppen berücksichtigt worden, nämlich Selbstständige, Angestellte, Beamte und Arbeiter. Die Verteilung der Werte gestaltete sich folgendermaßen (in Anlehnung an KLANN & HAHLWEG 1987): 1 = kleinere Selbstständige, 2 = mittlere Selbstständige, 3 = größere Selbstständige, 4 = freie Berufe, 5 = einfache Angestellte, 6 = mittlere Angestellte, 7 = höhere Angestellte, 8 = leitende Angestellte, 9 = einfacher Dienst, 10 = mittlerer Dienst, 11 = gehobener Dienst, 12 = höherer Dienst, 13 = ungelernter Arbeiter, 14 = gelernter Arbeiter, 15 = gewöhnliche Facharbeiter, 16 = höchstqualifizierte Facharbeiter, 17 = kleine selbstständige Landwirte, 18 = mittlere selbstständige Landwirte, 19 = größere selbstständige Landwirte, 20 = Hausfrau/-mann, 21 = in Ausbildung, 22 = in Fachschule, 23 = in Fachhochschule/Universität, 24 = Rentner/Pensionär, 25 = Wehr-/Zivildienst.

Um eine für die statistische Weiterverarbeitung geeignete Skala zu konstruieren, ist eine Umcodierung vorgenommen worden, damit die Höhe der Werte in etwa die Höhe des Berufstatus abbildet (was bei der oben aufgeführten Vorgehensweise nicht zutrifft). Auf Grund von Überlegungen fielen daher die Werte 20 bis 25 (siehe oben) bei der Neuordnung heraus und wurden lediglich bei den Angaben zur *Berufstätigkeit* berücksichtigt (wenn relevant). Die darauf folgende Umcodierung strukturierte sich so, dass die alten Werte 1 bis 19 in 6 Kategorien eingeordnet wurden, die die verschiedenen Berufe nach ihrem jeweiligen gesellschaftlichen Status ordnen sollten.

Die 6-stufige Skala konstruiert sich aus:

- *niedriger Berufsstatus 1* (codiert mit 1) – beinhaltet die Berufe „einfache Angestellte", „einfacher Dienst", „ungelernter Arbeiter";
- *niedriger Berufsstatus 2* (codiert mit 2) – fasst die Berufsgruppen „kleinere Selbstständige", „gelernter Arbeiter" und „kleine selbstständige Landwirte" zusammen;
- *mittlerer Berufsstatus 1* (codiert mit 3) – kategorisiert die Berufsgruppen „freie Berufe", „mittlere Angestellte", „mittlerer Dienst" und „mittlere selbstständige Landwirte";
- *mittlerer Berufsstatus 2* (codiert mit 4) – diese Kategorie umfasst die Berufsgruppen „mittlere Selbstständige" und „gewöhnliche Facharbeiter";
- *hoher Berufsstatus 1* (codiert mit 5) – beinhaltet die Berufsgruppen „höhere Angestellte" und „gehobener Dienst";
- *hoher Berufsstatus 2* (codiert mit 6) – vereinigt die Berufsgruppen „größere Selbstständige", „leitende Angestellte", „höherer Dienst", „höchstqualifizierte Facharbeiter" und „große selbstständige Landwirte".

4.2.2 Geschlechtstypizität (GTS)

Als Messinstrument zur Erfassung von Instrumentalität, Expressivität, Androgynie und Undifferenziertheit, d.h. Geschlechtstypizität (GTS) (vgl. Abschnitt 1.2), wurde dasjenige der Forschergruppe ALTSTÖTTER-GLEICH et al. (2000) ausgewählt. Die anderen infrage kommenden Messinstrumente, welche im deutschen Sprachraum oftmalige Verwendung finden, nämlich die Fragebögen von BEM (1974) und SPENCE et al. (1975), blieben unberücksichtigt.

Der Vorteil des Messinstruments von ALTSTÖTTER-GLEICH et al. liegt u.a. in der ökonomischen Handhabungsweise. Dieses Instrument setzt sich aus zwei Skalen mit je 8 Items zusammen, wobei die Items der einen Skala instrumentellen, die der anderen expressiven Charakter haben.

Die vier vom biologischen Geschlecht unabhängigen Merkmalsgruppen nach dem Androgyniekonzept (vgl. Abschnitt 1.2): Maskulinität/Instrumentalität, Feminität/Expressivität, Androgynie und Undifferenziertheit werden demnach durch Selbsteinschätzung der Klienten zu 16 vorgegeben Geschlechterstereotypen (Items) bestimmt. Diese Stereotype wurden durch ein von einer Autorin der Forschergruppe entwickeltes Verfahren gewonnen (ALTSTÖTTER-GLEICH 1996). Dieses Verfahren zur theoriegeleiteten Itemkonstruktion und -auswahl ist demnach eine Modifikation der Repertory-Grid-Technik (RGT) (KELLY 1955), womit persönliche Konstrukte von Individuen erfasst werden können. Die in Tabelle 11 dargestellten Geschlechterstereotype (Konstrukte) entstammen subjektiven Wirklichkeitsbeschreibungen von realen Personen. Sie wurden ausgewählt aus einem umfangreichen Itempool, den Versuchspersonen in Befragungen zusammengetragen haben (ALTSTÖTTER-GLEICH 1998). Diese 16 ausgesuchten Items ergeben in Faktorenanalysen ideale Ladungen (ALTSTÖTTER-GLEICH et al. 2000, 48ff.).

Tabelle 11: Items des Messinstrumentes von ALTSTÖTTER-GLEICH et al. (2000) zur Erfassung der Geschlechtstypizität (GTS)

Männliche (instrumentelle) Items	Weibliche (expressive) Items
risikobereit	einfühlsam
durchsetzungsfähig	gefühlsbetont
entscheidungsfähig	herzlich
respekteinflößend	weichherzig[39]
selbstbewusst	romantisch
ich trete bestimmt auf	sensibel
unerschrocken	ich bin sinnlich
ich zeige geschäftsmäßiges Verhalten	verständnisvoll

Subjektive Angaben zu den Items können auf einer Skala von 1 bis 4 gemacht werden. Ein Item lautete demnach beispielsweise „Ich bin einfühlsam" (expressives Merkmal). Zu dieser Aussage waren folgende Selbstzuschreibungen möglich:

1 = selten;
2 = manchmal;
3 = häufig;
4 = fast immer.

[39] Das Item „weichherzig" wird an Stelle von „offen" (vgl. ALTSTÖTTER-GLEICH et al. 2000, 69) präferiert. Dies wurde auf Grund eines persönlichen Gesprächs mit Frau Dr. ALTSTÖTTER-GLEICH beschlossen (August 2002, unveröffentlicht).

Analog sollte bei den restlichen 15 Items verfahren werden. Um eventuelle Beeinflussungen der Klienten zu vermeiden, ist die Reihenfolge der Items durchmischt worden. Im optimalen Fall liegt also letztendlich eine ausgefüllte Datenmatrix vor, d.h. zu allen 16 Items werden von den Klienten Angaben getätigt. Dies war in der vorliegenden Untersuchung der Fall: Alle 376 Klienten haben subjektive Einschätzungen zu den Items angegeben. Die Ergebnisse der Erhebung sind in Tabelle 12 dargestellt. Eine darauf folgende durchgeführte Reliabilitätsanalyse ergab, dass die Skala, die aus den expressiven Items besteht, eine relativ befriedigende innere Konsistenz aufweist: Cronbachs Alpha beträgt .71. Für die 8 instrumentellen Items errechnet sich eine überdurchschnittliche innere Konsistenz: Cronbachs Alpha liegt bei .82. Die innere Konsistenz beider Skalen konnte nicht durch die Herausnahme eines Items erhöht werden.

Tabelle 12: Fragebogen zur Feststellung der Geschlechtstypizität, Nennungen in % (N = 376)

Item	selten	manchmal	häufig	fast immer
Ich bin einfühlsam	9,6	47,1	35,9	7,4
... risikobereit	22,1	43,9	25,5	8,5
... gefühlsb.	4,5	30,3	44,4	20,7
... durchsetzungsfähig	8,5	30,3	42,0	19,1
... herzlich	9,3	42,3	38,0	10,4
... entscheidungsfähig	10,1	38,8	36,4	14,6
... weichherzig	13,8	33,5	34,6	18,1
... respekteinflößend	16,2	43,4	30,9	9,6
... romantisch	21,8	42,8	26,3	9,0
... selbstbewusst	8,2	38,0	44,4	9,3
... sensibel	6,6	34,3	36,4	22,6
Ich trete bestimmt auf	6,1	45,2	41,0	7,7
Ich bin sinnlich	17,0	36,2	35,4	11,4
... unerschrocken	9,0	46,3	34,8	9,8
... verständnisvoll	13,6	32,7	36,4	17,3
Ich zeige geschäftsmäßiges Verhalten	12,2	33,2	38,0	16,5

Bereits bei der Analyse dieser Rohdaten würden sich Hypothesen über die einzelnen Klienten bezüglich ihrer Zugehörigkeit zu den Subgruppen nach dem Androgyniemodell aufstellen lassen, z.B. unter Bezugnahme von Mittelwertvergleichen, eine Faktorenanalyse wäre eine andere Möglichkeit. Diese Vorgehensweisen wären aber statistisch letztendlich nicht abgesichert und würden lediglich auf zwei Konstrukte, nämlich Instrumentalität und Expressivität verweisen. Hierfür spricht die Tatsache, dass die Items eine zwei-faktorielle Struktur haben. Stereotyp maskulin ist demnach eine Person, die hohe Werte auf der instrumentellen Skala aufweist, eine stereotyp feminine, die hohe Werte auf der expressiven Skala erreicht. Auf diesem Weg ist aber eine Zuordnung *aller* vier Subgruppen nach dem Androgyniemodell nicht möglich. Die weiteren Verwertungsverfahren der Daten bzw. notwendige statistischen Berechnungen werden im Folgenden eruiert.

Ein geeignetes Verfahren zur Weiterverarbeitung der erhaltenen Daten ist nach ALTSTÖTTER-GLEICH et al. (2000, 67ff.) die Latent Class Analyse (kurz: LCA, siehe z.B. FORMANN 1984). Bei Anwendung dieser Methode werden so genannte Latent Class Modelle analysiert. Dabei wird allgemein davon ausgegangen, dass zu messende Personenmerkmale spezifischer, nämlich qualitativer Art sind. D.h., verschiedene Gruppen, im vorliegenden Fall die Subgruppen nach dem Androgyniekonzept, unterscheiden sich durch abweichende – aber für die relevanten Gruppen typischen – Antwortmuster (Antwortpattern). Es wird theoretisch so argumentiert, dass die beobachteten Antwortmuster auf das Vorhandensein latenter Klassen zurückzuführen sind.

Durch das probabilistische Verfahren LCA werden also die individuellen Antwortmuster der Probanden analysiert, und auf diesem Weg können die Antworttypen (hohe bzw. niedrige Ausprägungen auf beiden Faktoren) den Subgruppen nach dem Androgyniemodell zugeordnet werden.

Nun verhält es sich ferner so, dass die Bestimmung der Gruppenzugehörigkeit eine möglichst hohe Patternhäufigkeit erfordert. Daher wurde der Datensatz der gegenwärtigen Erhebung in einen größeren integriert. Zu den 376 befragten Individuen kamen weitere 757 Personen hinzu. Letztere Gruppe ist im Mittel 32,7 Jahre alt (SD = 14,4) und zeigt außerdem folgende Struktur: Hauptschule: 8,4%, Realschule: 25%, Gymnasium: 66,6%. Bereitgestellt wurden die Daten von Frau Dr. ALTSTÖTTER-GLEICH. Der Gesamtdatensatz umfasste letztendlich 1133 Personen.

Verwirklicht wurde die LCA mit dem Programm WINMIRA (VON DAVIER 1996). Bei der Bestimmung der adäquaten Gruppe werden auch die so genannten Fit-Indices (z.B. Fit Index (NNFI), Comparative Fit Index)) vergeben. An ihnen kann abgelesen werden, ob ein Antwortmuster eher gut oder eher schlecht einer Gruppe zugeordnet worden ist. Bei guten Modellen nehmen die Fit-Indices laut ALTSTÖTTER-GLEICH et al. (2000, 72) Werte von .95 an, anerkannt werden sie bei .90. Der Idealfall wäre dann gegeben, wenn sie den Wert 1,0 erreichen.

Die LCA erbrachte schließlich instrumentelle, expressive, androgyne und undifferenzierte Antwortmuster. Der Mittelwert des Fit-Index (N = 376) beträgt .92 (SD = .13). Die Übersicht der gebildeten Gruppen nach dem Androgyniemodell findet sich in Abschnitt 4.5.

4.2.3 Beratungsanlässe

Die verschiedenen Bereiche der Beratungsanlässe (weshalb das Paar die Beratungsstelle aufgesucht) sind an die Untersuchung von KLANN & HAHLWEG (1994a; 1994b) angelehnt. Insgesamt 36 Items wurden im vorliegenden Projekt zusammengefasst, wobei unterschiedliche Aspekte einbezogen wurden.

Tabelle 13: Items aus dem Bereich „Beratungsanlässe" (Items 1–23)

□ 1 Übermaß an Konflikten im Alltag zwischen mir und dem Partner
□ 2 Meine Beziehung zu den Schwiegereltern
□ 3 Die Beziehung meines Partners zu meinen Eltern
□ 4 Verschiedene Weltanschauung
□ 5 Wegen unterschiedlicher religiöser Auffassungen
□ 6 Klärung der persönlichen Freiheiten in der Beziehung
...
□ 19 Rollenverteilung im Haushalt (Putzen, Kochen, Abwasch)
□ 20 Meine außereheliche Beziehung
□ 21 Die außereheliche Beziehung meines Partners
□ 22 Mein sexuelles Desinteresse an meinem Partner
□ 23 Das sexuelle Desinteresse meines Partners an mir

Neben der Untersuchung von populären Partnerschaftsproblemen (siehe Tabelle 13) wurde im vorliegenden Rahmen auch die Relevanz von sexuell abweichendem Verhalten untersucht und mit 6 Items operationalisiert. Dabei handelt es sich um fünf Formen von sexueller Devianz (vgl. GÖRGENS 1992, KLUGE 1978, 14–18): Frotteurismus, Exhibitionismus, Voyeurismus, Promiskuität und Sadomasochismus (siehe Tabelle 14). Einerseits konnten die Klienten Angaben zu sich selbst machen, andererseits auch den Partner beurteilen.

Aussagen über Beratungsanlässe werden anhand von Mehrfachantworten-Sets erhoben. Hierfür werden die einzelnen Items im Fragebogen aufgeführt und mit einer Nominalskala codiert (1 = ja, 2 = nein). Die Auswertung der Häufigkeiten der Nennungen der Items kann durch die Erstellung eines Mehrfachantworten-Sets (SPSS Version 11.0) unterstützt werden.

Tabelle 14: Items aus dem Bereich „Beratungsanlässe" (Items 24–29)

□ 24 **Meine** sexuellen Eigenarten wie z.B.
□ 25 Drang zum häufigen Körperkontakt (durch Aneinanderpressen oder ähnliche Praktiken) mit fremden Personen im Alltag, um sexuell befriedigt zu werden
□ 26 Exhibitionismus, also Herzeigen der Geschlechtsteile vor Fremden
□ 27 Zwanghafter Voyeurismus im Alltag (die Lust, andere Personen heimlich beim Ausziehen oder beim Geschlechtsverkehr zu beobachten)
□ 28 Geschlechtsverkehr mit wechselnden Partnern
□ 29 Sadomasochismus (Schmerz-Zufügen und/oder Schmerz-Erleiden)

4.2.4 Rollen- und Arbeitsverteilung im Haushalt

Dieser Bereich wurde in Anlehnung an die Untersuchungen von HARTENSTEIN et al. (1988) und FTHENAKIS & MINSEL (2002) konzipiert. Für die Aufgabenverteilung im Haushalt wurden 8 typische Verrichtungen vorgegeben, zu denen jeder Ehepartner subjektive Einschätzungen abgeben sollte. Es handelt sich um Aufgaben, die typischerweise von Frauen bzw. Männern ausgeführt werden. Sie lauten:

- Zubereitung von Mahlzeiten,
- Waschen, Bügeln, Nähen,
- Erledigung des Abwaschs,
- Einkauf von Lebensmitteln,
- Reparaturen im Haushalt,
- Erziehung von Kleinkindern,
- Aufräumen des Haushalts,
- Abwicklung des häuslichen Briefverkehrs.

Codiert wurden die einzelnen Aufgaben zunächst mit 1 (= überwiegend der Mann) und 2 (= überwiegend die Frau) – um eindeutige Daten zu erhalten. Wie aus der Pretest-Phase dann ersichtlich wurde (siehe Abschnitt 4.3), markierten einige Klienten beide Antwortmöglichkeiten, was Anlass dazu gab, für diesen Bereich des Fragebogens noch eine weitere Kategorie zu berücksichtigen: „beide". Der Fragebogen selbst blieb aber bei der Hauptuntersuchung dennoch in seiner ursprünglichen Form, d.h. mit zwei Antwortmöglichkeiten versehen, um Tendenzen zur Mitte weit gehend auszuschließen.

Für die Datenerhebung der Hauptuntersuchung wurden letztendlich drei Parameter fokussiert, nämlich:

- Aufgaben, die überwiegend vom Mann übernommen werden,
- Aufgaben, die überwiegend von der Frau wahrgenommen werden,
- Aufgaben, die von beiden Partnern zu gleichen Anteilen übernommen werden.

Codiert wurde zunächst von 1 bis 4: 1 = keiner (wenn überhaupt keine Angaben getätigt wurden), 2 = überwiegend der Mann, 3 = beide (wenn beide Möglichkeiten markiert wurden), 4 = überwiegend die Frau.

Für die Darstellung der Ergebnisse und wegen der Intention, Mittelwerte zu berechnen (siehe Abschnitt 4.6.2), wurde eine Umkodierung vorgenommen: 1 = überwiegend der Mann, 2 = beide, 3 = überwiegend die Frau. Die Kategorie „keiner" wurde als fehlende Daten behandelt.

4.2.5 Zufriedenheit mit der Paarsexualität, Durchsetzen bei Konflikten, Regelung von finanziellen Ausgaben

Für die vorliegende zentrale Fragestellung „Wie wirken sich verschiedene Arten der Geschlechtstypizität (GTS) von Paaren auf die Verhältnisse in der Ehe aus?" erscheint die Erfassung von spezifischen zwischenmenschlichen Bereichen besonders interessant. Deshalb wurde separat die Zufriedenheit mit der Paarsexualität fokussiert, ferner die Themen „Durchsetzen bei Konflikten" und „Verfügung über mittlere bis höhere finanzielle Ausgaben" mit zwei gezielten Items bedacht, welche auf Grund der vermeintlichen Brisanz willkürlich im Fragebogen platziert wurden.

Die Frage zur Paarsexualität lautet demnach: Geht Ihr Partner auf Ihre sexuellen Bedürfnisse ein? Codiert wurde mit 1 und 2 (1 = überwiegend ja, 2 = überwiegend nein).

Zu den Thematiken „Durchsetzen bei Konflikten" (Frage: Wer setzt sich letztendlich bei Streitigkeiten und Diskussionen durch?) und „Regelung des Finanzhaushalts" (Frage: Wer bestimmt über den Geldhaushalt, z.B. über mittlere und höhere Ausgaben?) konnten folgende Angaben gemacht werden:

- überwiegend der Mann (codiert mit 1),
- überwiegend die Frau (codiert mit 2).

Die Absicht war, die Tendenz zur Mitte zu vermeiden. Es stellte sich aber dennoch heraus (siehe Abschnitt 4.3), dass ein nicht geringer Teil der Befragten, die in der Pretest-Phase erfasst wurden, beide Antwortmöglichkeiten markierten. Daher wurde die Kategorie „beide" für die Datenerfassung eingeführt (codiert mit 3), der Fragebogen wurde aber nicht verändert.

Für die statistische Weiterverarbeitung wurde umcodiert von 1 bis 3: 1 = überwiegend der Mann, 2 = beide, 3 = überwiegend die Frau.

4.2.6 Partnerschaftszufriedenheit

Der Erfolg von Partnerschaften wird u.a. mit dem Konstrukt Partnerschaftszufriedenheit erfasst. Die Feststellung der Partnerschaftszufriedenheit kann auf mehrere Arten erfolgen (HAHLWEG 1979). Innerhalb der Partnerschaftsforschung wurde eine große Vielfalt von standardisierten Verfahren zur Erfassung entwickelt. Häufig verwendete Fragebögen sind im anglo-amerikanischen Sprachraum z.B. die Dyadic Adjustment Scale (DAS, SPANIER 1976), im deutschen Gebiet der Partnerschaftsfragebogen (PFB, HAHLWEG 1986).

Die vorliegende Arbeit untersucht vorwiegend den Zusammenhang zwischen Expressivität, Instrumentalität und Androgynie und alltagsnahen Themen in Ehen. Auf die Verwendung der genannten Messinstrumente, die überwiegend bei Paaren in „normalen" Beziehungsverhältnissen angewendet werden, wird daher verzichtet. Es kann davon ausgegangen werden, dass Eheleute, die die institutionelle Beratung in Anspruch nehmen, die (bereits eher negative) Partnerschaftszufriedenheit verbessern wollen. Daher wurden spezifische Items, die ausgewählte zwischenmenschliche Aspekte thematisieren, konstruiert.

Letztendlich sollen durch die themenzentrierten Items auch eventuelle Unterschiede in den Einschätzungen der verschiedenen Subgruppen nach dem Androgyniemodell untersucht werden.

Es ist ferner zu bemerken, dass einige Items auch in gängigen Messinstrumenten zur Erfassung der Partnerschaftszufriedenheit vorkommen; vor allem der Partnerschafts-Bereichs-Fragebogen (PBFB) von BEER (2001) galt als wesentliche Orientierung bei der Gestaltung des gegenwärtigen Messinstruments.

Die insgesamt 15 im Fragebogen eingebrachten alltagsnahen Items fokussieren zwischenmenschliche Bereiche der Ehe. Speziell geht es dabei um die subjektive Zufriedenheit mit dem Partner bezüglich seiner folgenden Eigenschaften (14 Items):

- Übernahme des Arbeitsanteils im Haushalt,
- Weltanschauung,
- Zärtlichkeit/körperliche Zuwendung,
- Grad der Eifersucht,
- Grad des Egoismus,
- persönliche Freiheiten gestatten,
- Unterschiedlichkeit des Temperaments,
- Ausmaß an Einfluss bei Entscheidungen, das der Partner gestattet,
- Äußerungen von negativen Gefühlen,
- Gesprächsverhalten bei Problemen,
- Ausmaß der Unterstützung,
- Kleinkinderziehung,
- Toleranz,

– Bereitschaft für Verhaltensänderungen.

Ein weiteres Item, Nr.15, betrifft zudem die eigene Einstellung zur erlebten Rollenverteilung in der Ehe: „Mit der Verteilung der Rollen-/Arbeitsteilung in der Partnerschaft bin ich im Allgemeinen ...“

Die Ehepartner wurden dazu angehalten, zu jedem einzelnen Item Stellung zu nehmen. Eine 6-Punkte-Skala wurde vorgegeben:

1 = sehr zufrieden;
2 = zufrieden;
3 = eher zufrieden;
4 = eher unzufrieden;
5 = unzufrieden;
6 = sehr unzufrieden.

Bei der statistischen Auswertung (siehe Abschnitt 4.6.3) wird jedes einzelne Item berücksichtigt, d.h. die Einstellungen der Eheleute dargelegt. Darüber hinaus kann durch Berechnung eines Mann-Whitney-U-Test ein Vergleich der zentralen Tendenzen der Geschlechter durchgeführt werden. Auch die einzelnen Gruppen nach dem Androgyniemodell werden verglichen, wobei das relevante statistische Verfahren Kruskal-Wallis-Test angewendet wird (siehe Abschnitt 4.6.3). Aufgestellte Hypothesen (siehe Abschnitt 4.1) werden mit diesen statistischen Verfahren überprüft.

Eine Reliabilitätsanalyse drängt sich bei der Verwendung der konstruierten Skala Partnerschaftszufriedenheit auf, damit Aussagen über die innere Konsistenz (Cronbachs Alpha) gefällt werden können.

4.2.6.1 Reliabilitätsanalyse der Skala Partnerschaftszufriedenheit

Die Skala besteht aus 15 Items. Deren Einfluss auf die innere Konsistenz (Cronbachs Alpha) ist einerseits untersucht worden, andererseits war die Trennschärfe der Items relevant. Dieser Test hatte folgende Konsequenzen. Die Items „Zufriedenheit mit der Kleinkinderziehung meines Partners“ und „Zufriedenheit mit dem Egoismus meines Partners“ sind bei der späteren Betrachtung der subjektiv empfundenen Partnerschaftszufriedenheit insgesamt (alle relevanten Items werden berücksichtigt) ausgeklammert worden – unterschieden wurden die Geschlechter sowie die Subgruppen nach dem Androgyniemodell. Die Gründe: Das Item „Zufriedenheit mit der Kleinkinderziehung meines Partners“ traf lediglich für 93 Paare zu; auf der anderen Seite konnte durch die Eliminierung des Items „Zufriedenheit mit dem Egoismus meines Partners“ der Reliabilitätskoeffizient erhöht werden (siehe unten).

Die interne Konsistenz der optimierten Skala Partnerschaftszufriedenheit ist mit .77 als befriedigend zu werten.

Die endgültige Skala ist also aus 13 Items zusammengesetzt. Von diesen wirkt sich kein Item negativ auf die innere Konsistenz aus. Des Weiteren lässt sich, wie bereits erwähnt, der Reliabilitätskoeffizient nicht durch eine weitere Herausnahme eines Items erhöhen (siehe Tabelle 15).

Tabelle 15: Reliabilitätsanalyse der verwendeten Skala Partnerschaftszufriedenheit

Item	Item-Mittelwert	Trennschärfe	Alpha bei Eliminierung des Items
1. Arbeit. P.	2,69	.40	.76
2. Welt. P.	2,70	.30	.77
3. Zärtl. P.	3,14	.32	.77
4. Egois. P.	3,18	.50	.75
5. P. Frei. P.	2,80	.26	.77
6. Untersch. P.	2,87	.49	.75
7. E. Ent. P.	2,69	.40	.76
8. Kritik P.	3,28	.43	.76
9. Gespr. P.	3,29	.37	.76
10. Ziele P.	2,76	.41	.76
11. Roll. P.	2,64	.43	.76
12. Toleranz P.	2,91	.45	.76
13. Verh. P.	3,48	.51	.75
N = 357 Anzahl der Items: 13 Cronbachs Alpha: .77			

4.3 Pretest

Weil das vorliegende Forschungsvorhaben „wissenschaftliches Neuland" betritt, nämlich das Konstrukt Geschlechtstypizität (GTS) und dessen Einfluss auf spezielle Ehekonflikte untersucht, kann auf keine anderen Forschungsergebnisse zurückgegriffen werden. Daher ist es ratsam, eine Voruntersuchung durchzuführen. – Einerseits um die Angemessenheit der Themenbereiche zu überprüfen, andererseits um erste Tendenzen herauszufinden. Neue Orientierungs- und Anhaltspunkte sollen außerdem in Erfahrung gebracht werden. Mit einem Pretest kann untersucht werden, ob die gewählten Kategorien für die einzelnen Themen des Fragebogens ausreichen. Zu diesem Zweck wurde den Probanden bei den relevanten Fragen die Möglichkeit eingeräumt, bei „Sonstiges" Anmerkungen festzuhalten.

4.3.1 Kontaktaufnahme

Für die Pretest-Phase wurden willkürlich vier Beratungsstellen in Rheinland-Pfalz ausgesucht, die keine Ehe-, Familien- und Lebensberatung anbieten bzw. nicht mit diesem Angebot im DAJEB-Beratungsführer ausgezeichnet sind (Quelle: DEUTSCHE ARBEITSGEMEINSCHAFT FÜR JUGEND- UND EHEBERATUNG E.V. 2002). Schließlich sollte die relevante Stichprobe aller Beratungsstellen, die Ehe-, Familien- und Lebensberatung offerieren, nicht tangiert werden.

Zunächst wurde telefonisch mit den ausgewählten Beratungsstellen Kontakt aufgenommen und Intention und Vorgehensweise des Forschungsprojektes bzw. der Voruntersuchung geschildert. Außerdem wurde betont, dass unbedingt Paare und keine Einzelpersonen in der Voruntersuchung erfasst werden sollten. Es war nicht relevant, ob diese Paare verheiratet sind oder in „wilder Ehe" leben. Nach Aufnahme des Erstkontakts – bei positiver Reaktion – wurden die Beratungsstellen mit jeweils 15 Fragebögen auf dem Postweg bestückt. Die Durchführung des Pretest (Datenerfassung und Auswertung) fand im Zeitraum September bis November 2002 statt.

4.3.2 Sozioökonomische Daten der Pretest-Stichprobe

Insgesamt interessierten sich drei der vier kontaktierten Beratungsstellen an der Voruntersuchung. 24 Individuen haben mitgewirkt. Von den beteiligten Institutionen wurden zwei von der katholischen, eine von der evangelischen Kirche finanziert. Bei den erfassten Probanden handelt es sich um 12 Paare, von denen fünf zum Zeitpunkt der Erhebung verheiratet sind. Die Berater haben laut Anweisung die einzelnen Fragebögen eines Paares als zusammengehörig gekennzeichnet, was sich als Voraussetzung für die statistische Auswertung charakterisierte.

In Tabelle 16 sind die Altersangaben der interessierten Klienten (N = 24) aufgeführt. Die Männer sind zwischen 22 und 52 Jahre alt. Das Durchschnittsalter liegt bei 31,3 Jahren. 21 bis 49 Jahre alt sind die Frauen (Durchschnittsalter: 29,5 Jahre). Im Mittel sind die Männer 1,8 Jahre älter als ihre Partnerin.

Tabelle 16: Altersverteilung der Pretest-Stichprobe (N = 24)

Alter	Männer (absolute)	Frauen (absolute)
unter 21 Jahre	0	0
21 bis unter 30 Jahre	8	6
30 bis unter 45 Jahre	3	5
45 bis unter 60 Jahre	1	1
60 Jahre und älter	0	0

Das Resümee aller festgestellten sozioökonomischen Daten (siehe Tabelle 17) zeigt u.a.: 50,0% der Paare sind kinderlos, bei 33,3% der Paare lebt ein Kleinkind, bei 16,6% zwei Kleinkinder im Haushalt. Außerdem ist ersichtlich, dass 58,3% der Paare gemeinsam einen Haushalt bewohnen. 41,7% geben getrennte Wohnverhältnisse an.

Tabelle 17: Sozioökonomische Daten der Pretest-Stichprobe (Angaben in %)

Familienstand der Paare, in % (N = 12)	ledig	58,3
	verheiratet	41,7
Kleinkinder pro Paar (in %)	0	50,0
	1	33,3
	2	16,6
	3	0,0
	>3	0,0
Derzeitige Wohnsituation der Paare (%)	zusammenlebend	58,3
	getrennt lebend	41,7
Konfession der Klienten, in % (N = 24)	katholisch	41,7
	evangelisch	20,8
	sonstige	12,5
	keine	25,0
Schulausbildung der Klienten, in % (N = 24)	ohne Abschluss	0,0
	Hauptschule	41,7
	Realschule	25,0
	Abitur	33,3
	Uni	0,0
Berufstätigkeit der Klienten (%)	erwerbslos	20,8
	erwerbstätig (ganztags)	33,3
	halbtags erwerbstätig	20,8
	stundenweise erwerbstätig	25,0

Überwiegend viele Klienten (41,7%) haben als Konfession katholisch angegeben, 20,8% sind evangelisch, 12,5% gehören anderen Glaubensgemeinschaften an und 25,0% berichten, keiner Konfession anzugehören. Die Schulabschlüsse verteilen sich folgendermaßen: Hauptschulabschluss: 41,7%, Realschulabschluss: 25,0%, Abitur: 33,3%.

Von den befragten Probanden sind 20,8% erwerbslos, 25,0% stundenweise erwerbstätig, 20,8% halbtags und 33,3% ganztags.

4.3.3 Sonstige Ergebnisse

Die Überprüfung des Messinstrumentes zur Erfassung der sozioökonomischen Daten fällt zusagend aus, die Paare haben ausnahmslos diesen Bereich des Fragebogens ausgefüllt. Dies trifft auch für die 16 Items zur Bestimmung der Geschlechtstypizität (GTS) zu.

Es ist demnach anzunehmen, dass keine Verständigungsprobleme aufgetaucht sind. Für die Hauptuntersuchung sind deshalb keine Optimierungen oder Veränderungen vorgenommen worden. Anzumerken ist noch, dass die Zuordnung zu einer Subgruppe nach dem Androgyniemodell bei dieser Klientenstichprobe nicht vorgenommen wurde. Dies wurde erst in der Hauptuntersuchung relevant, der Pretest ist in erster Hinsicht ein Experiment, welches die empirische Eignung der Messinstrumente prüfen soll.

Die angegebenen Beratungsanlässe offenbaren erste Tendenzen: 41,6% der Klienten (N = 24) berichten, dass „Übermaß an Konflikten im Alltag" ein Grund für das Aufsuchen der Beratungsstelle sei, 33,3% geben Kommunikations- und 29,2% Beziehungslosigkeit an. Es manifestiert sich der Verdacht, dass diese populären Konfliktfelder (siehe z.B. KLANN 2002) auch in der Hauptuntersuchung in ihrer Relevanz und Alltagsnähe hervortreten werden.

Der Befund bezüglich der Rollen-/Arbeitsverteilung im Haushalt lässt den Rückschluss zu, dass mehrheitlich die Frau die Rolle der Haushälterin bzw. Erzieherin innehat. 58,3% der Frauen schätzen die Verhältnisse in der Partnerschaft/Ehe in der Tat so ein. Demnach bewältigen die Frauen überwiegend folgende geschlechtstypische Aufgaben im Haushalt: „Zubereitung der Mahlzeiten", „Waschen, Bügeln, Nähen" und „Aufräumen des Haushalts/der Wohnung". 66,7% der Männer sind erwartungsgemäß der Meinung, dass sie selbst hauptsächlich die Reparaturen im Haushalt wahrnehmen.

Die Ergebnisse bisher lassen auf eine Annäherung an traditionelle Rollenverteilungen im Haushalt schließen.

Die Items zur Thematik Partnerschaftszufriedenheit wurden ebenfalls sehr positiv aufgenommen. Auch in diesem Bereich des Fragebogens entstanden keinerlei Lücken. Die Stellungnahmen auf der konstruierten Skala wurden von 1 bis 6 codiert (eckpunktbenannt: 1 = sehr zufrieden, 6 = sehr unzufrieden). Bei der Auswertung fallen vor allem zwei Items auf:

1. „Zufriedenheit mit dem Egoismus des Partners" – hier liegt der Mittelwert für die Frauen (N = 12) bei 3,75 (4 = eher unzufrieden), derjenige für die Männer (N = 12) bei 2,75. Die Differenz der Mittelwerte ist signifikant im T-Test bei unabhängigen Stichproben ($t = -2{,}23$; $df = 22$; $p < .05$).

2. Ein signifikanter Unterschied (T-Test bei unabhängigen Stichproben: $t = -3{,}70$, $df = 22$, $p < .05$) zeigt sich beim Vergleich der subjektiven Vorstellungen bezüglich der Zufriedenheit mit der Arbeits-/Rollenverteilung. Die befragten Frauen (N = 12) sind unzufriedener als Männer mit der Rollenverteilung im Haushalt (Mittelwert: 3,25). Die männlichen Pendants (N = 12) hingegen präferieren die gegenwärtigen Verhältnisse, sie sind überwiegend zufrieden (Mittelwert: 1,92).

4.3.4 Ergebnisse der Voruntersuchung

Es lassen sich einige Schlussfolgerungen aus der Pretest-Phase formulieren: Die Fragebögen der verheirateten (Klienten-)Paare waren komplett bearbeitet, es ergaben sich keine fehlenden Werte. Die Paare, die nicht verheiratet waren, haben Fragen zur Sozioökonomie – die Ehe betreffend – verständlicherweise übersprungen. Dieser Sachverhalt beeinträchtigt das positive Endergebnis aus diesem Grund nicht.

Auffällig sind ökonomisch-orientierte (Rollenverteilung im Haushalt) und „brisante" Items (z.B. Durchsetzen bei Streitigkeiten). Einige Versuchspersonen (N = 10) haben beide Antwortmöglichkeiten markiert (1 = überwiegend der Mann, 2 = überwiegend die Frau). Angesichts dieses Verhaltens lässt sich schließen, dass die Versuchspersonen auch die Vorstellungen von ausgeglichenen Verhältnissen haben. Daher wurde im Weiteren so verfahren, dass die Kategorie „beide" für einige ausgewählte Bereiche des Fragebogens berücksichtigt wurde (siehe Abschnitt 4.6). Diese Vorgehensweise betraf aber lediglich die Ergebnisdarstellung bzw. -interpretation, nicht die Konzeption des Fragebogens, der bei der Hauptuntersuchung verwendet wurde. Er blieb in der ursprünglichen Form bestehen, um einer vermeintlich voreilig geschlossenen Tendenz zur Mitte vorzubeugen.

Anzumerken ist noch, dass im Fragebogen einige „Dummy-Items" Verwendung fanden. Sie sind deshalb integriert worden, um den Fragebogen abwechslungsreich und interessant(er) zu gestalten. Ein Item thematisierte z.B. Hobbys der Klienten. In die darauf folgende Auswertung sind diese Daten nicht eingeflossen.

Fazit: Der Pretest hat gezeigt, dass der Fragebogen empirisch anwendbar ist, die befragten Personen hatten keine anderen Angaben zu den essenziellen Bereichen des Fragebogens vermerkt. Der konzipierte Fragebogen ist demnach nicht verändert worden und stellt somit das Erhebungsinstrument für die vorliegende (Haupt-)Untersuchung dar.

4.4 Durchführung der Hauptuntersuchung

Zielgruppe der Studie waren auf der einen Seite Beratungsstellen in Rheinland-Pfalz, die Ehe-, Familien- und Lebensberatung anbieten, auf der anderen Ehepaare, die solche Institutionen konsultieren. Ausgeklammert wurden bewusst zwei Gruppen: Beratungsstellen, die nicht diese Voraussetzungen erfüllten, und unverheiratete Paare.

Die Hauptuntersuchung wurde im Zeitraum Dezember bis April 2003 an Institutionen in Rheinland-Pfalz durchgeführt, die explizit Ehe-, Familien- und Lebensberatung offerieren. Relevante Beratungsstellen und deren Anschriften wurden aus dem Beratungsführer der Deutschen Arbeitsgemeinschaft für Jugend- und Eheberatung e.V. (2002) bezogen. Insgesamt sind in diesem Beratungsführer 572 rheinland-pfälzische Beratungsstellen und deren Leistungen, Träger und Anschriften angegeben (Stand: 2002/03). Davon haben 97 Institutionen u.a. die Ehe-, Familien und Lebensberatung in ihrem Angebot. Diese Beratungsstellen stellen die Grundgesamtheit der bestehenden Analyse dar.

4.4.1 Trägerspezifische Daten der Beratungsstellen in Rheinland-Pfalz

Bei der Einteilung der Beratungsstellen hinsichtlich ihrer Trägerschaft ist in Anlehnung an übliche Methoden vorgegangen worden: die Beratungsstellen, die von speziellen Institutionen finanziell unterstützt werden (z.B. eingetragene Vereine) oder keinem bestimmten Träger zugeordnet werden konnten, sind in der Kategorie „Sonstige" zusammengefasst (siehe Tabelle 18).

Tabelle 18: Beratungsstellen in Rheinland-Pfalz, die Ehe-, Familien- und Lebensberatung anbieten (Stand: 2002/2003, Quelle: DEUTSCHE ARBEITSGEMEINSCHAFT FÜR JUGEND- UND EHEBERATUNG 2002)

Trägerschaft	absolute Werte	%
katholisch	45	46,4
evangelisch	18	18,5
ökumenisch	1	1,0
kommunal	9	9,3
Deutscher Kinderschutzbund	6	6,2
Pro Familia	2	2,1
Sonstige	16	16,5

46,4% der Beratungsstellen in Rheinland-Pfalz, die Ehe-, Familien- und Lebensberatung offerieren, sind von der katholischen Kirche getragen, 18,5% von der evangelischen; 16,5% können in die Kategorie „Sonstige" eingeordnet werden. Kommunale Trägerschaft trifft bei 9,3% der Stellen zu, 6,2% werden vom Deutschen Kinderschutzbund, 2,1% von Pro Familia und 1,0% von ökumenischer Trägerschaft unterstützt.

Mit den insgesamt 97 infrage kommenden Beratungsstellen in Rheinland-Pfalz wurde im Zeitraum von Dezember 2002 bis Januar 2003 per Telefonat ein Erstkontakt hergestellt, bei dem zunächst das Forschungsvorhaben geschildert wurde. Mit der Zustimmung der Institution zur Aufnahme einer Korrespondenz wurde ein Anschreiben (Anhang 2) mit ausführlicheren Angaben zur Studie sowie der für die Untersuchung relevante Fragebogen (Anhang 1) zur Ansicht und Überprüfung auf dem Postweg zugeschickt.

Im Januar und Februar 2003 wurde telefonisch rückgefragt, ob die Institutionen bzw. die Berater eingewilligt hatten – dies diskutierte man meistens anlässlich eines Meetings –, an der Untersuchung teilzunehmen. Diejenigen Beratungsstellen, die der Zusammenarbeit zustimmten, bekamen Fragebögen auf dem Postweg zugestellt. Jede einzelne Beratungsstelle wurde demnach mit 20 Fragebögen für die Erfassung von 10 Ehepaaren bestückt. Dazu sind ein Begleitschreiben (Anhang 3) und ein frankierter Rückumschlag beigelegt worden.

Die Berater erhielten keinerlei Vorgaben, welche Ehepaare für das Forschungsvorhaben berücksichtigt werden sollten. Man kann also davon ausgehen, dass sie zufällig ausgewählt wurden. Ein einziges Kriterium galt: das Paar musste zum Zeitpunkt der Datenerfassung verheiratet sein. Es war des Weiteren nicht relevant, ob die Fragebögen in der ersten oder erst nach mehreren Sitzungen ausgegeben wurden. Die Klienten sind darauf hingewiesen worden, dass die Untersuchung anonymen Charakter hat und dass die festgestellten Daten ausschließlich zu wissenschaftlichen Zwecken verwendet werden würden (vgl. Anhang 1).

Jeder Partner eines Ehepaares wurde von den Therapeuten dazu angehalten – auch der Fragebogen enthielt gesondert diesen Aspekt (siehe Anhang 1) –, ausführliche Angaben zu machen. Nachdem die Daten eines Ehepaares erfasst wurden, sind die Bögen in den Besitz der Institution übergegangen. Die Berater haben ferner die Fragebögen als zusammengehörig gekennzeichnet, damit das statistische Auswerten sinnvoll gestaltet werden konnte. Die ausgefüllten Fragebögen sollten, je nachdem wie viele Ehepaare für die Studie gewonnen werden konnten, daraufhin von der Institution in einem beiliegenden frankierten Rückumschlag zur Auswertung zurückgesendet werden.

4.4.2 Angabe der beteiligten Beratungsstellen in Rheinland-Pfalz

Letztendlich nahmen von den 97 kontaktierten Beratungsstellen 47 an der Studie teil (siehe Tabelle 19), was einer Beteiligung von 48% entspricht. Infolgedessen konnten Daten von 188 Ehepaaren, d.h. 376 Klienten, aufgezeichnet werden.

U.a. ergaben sich folgende Ergebnisse: Von den 45 telefonisch kontaktierten bzw. angeschriebenen Beratungsstellen unter katholischer Trägerschaft haben 53% mitgewirkt, von den 18 Beratungsstellen, die von der evangelischen Kirche unterstützt werden, 44%, und von den 16 Beratungsstellen, die der Kategorie „Sonstige" zugeordnet wurden, schickten 44% ausgefüllte Fragebögen zur Auswertung.

Tabelle 19: Anzahl und Trägerschaft der an der Untersuchung teilnehmenden Beratungsstellen (N = 47)

Trägerschaft	N	%
katholisch	24	51,0
evangelisch	8	17,0
ökumenisch	0	0,0
kommunal	4	8,5
Deutscher Kinderschutzbund	2	4,3
Pro Familia	2	4,3
Sonstige	7	14,9

Die Stichprobe der an der Studie teilnehmenden Beratungsstellen unterscheidet sich nicht signifikant im χ^2-Test (χ^2 = 1,74; df = 5; p = ns) von der Verteilung aller relevanten Beratungsstellen (N = 97) in Rheinland-Pfalz.

Mit insgesamt 50 Beratungsstellen hat sich leider keine Kooperation ergeben. Verschiedene Ursachen können benannt werden, sie sind in Tabelle 20 zusammengefasst.

Tabelle 20: Angegebene Gründe der kontaktierten Beratungsstellen (N = 50) gegen die Teilnahme an der Untersuchung.

Angegebene Gründe gegen eine Zusammenarbeit	N	%
Organisation	19	38
Überlastung	12	24
Thema: sex. Devianz	10	20
Sonstiges	9	18

38% der nicht bereitwilligen Beratungsstellen (N = 50) gaben organisatorische Gegebenheiten als Anlass gegen eine Zusammenarbeit an. Allgemeine Überlastung der Institution war bei 24% der Grund. Bemerkenswert ist die Tatsache, dass 20% der nicht gewillten Institutionen auf Grund des Bereiches „Sexuell abweichendes Verhalten“ (siehe Abschnitt 4.2.3) nicht an der Untersuchung teilnehmen wollten. Die Argumentation war in vielen Fällen dahingehend zu verstehen, dass die Paare nicht mit diesem Thema konfrontiert werden sollten. In der Kategorie „Sonstiges“ wurden Gründe zusammengefasst, die in keine andere Kategorie aufgenommen werden können, z.B. mangelndes Interesse.

4.5 Beschreibung der Klientenstichprobe

Ausführlicher als dies bei der Pretest-Stichprobe geschehen ist, wird im Folgenden die Klientenstichprobe der Hauptuntersuchung beschrieben und mit relevanten aktuellen Daten folgender Institutionen bzw. Forschungsprojekten verglichen:

- STATISTISCHES LANDESAMT RHEINLAND-PFALZ (2003),
- STATISTISCHES BUNDESAMT (2002a),
- BUNDESMINISTERIUM FÜR FAMILIE, SENIOREN, FRAUEN UND JUGEND 2003),
- KLANN (2002), KLANN & HAHLWEG (1994a/b).

Sollten zu einigen sozioökonomischen Daten der Klientenstichprobe keine Vergleichsmöglichkeiten vorliegen, bleibt es bei der detaillierten Beschreibung.

Soziodemgraphische Daten

Bei den erfassten Probanden handelt es sich, wie bereits erwähnt, um Verheiratete. Es wurden insgesamt 188 Paare fixiert, die mindestens einmal eine institutionelle Ehe-, Familien- und Lebensberatungsstelle in Rheinland-Pfalz besucht haben.

Altersverteilung der Probanden

Alle Personen haben Angaben zum Alter gemacht (siehe Tabelle 21). Die Klienten der gezogenen Stichprobe sind im Durchschnitt 41 Jahre alt (SD = 8,72), das Minimum liegt bei 23, das Maximum bei 63 Jahren. Die Altersgruppe der 30- bis unter 45-Jährigen ist am stärksten vertreten, sie macht bereits 63,3% der gesamten Stichprobe aus. Der Altersdurchschnitt der Männer (N = 188) liegt bei 41,97 Jahren (SD = 8,95) der der Frauen (N = 188) bei 40,22 (SD = 8,45). Im Mittel sind die Männer 1,7 Jahre älter als ihre weiblichen Pendants.

Tabelle 21: Altersverteilung der Klienten, kumulierte % (N = 376)

Altersgruppe	Männer	Frauen
unter 21 Jahre	0,0%	0,0%
21 bis unter 30 Jahre	2,9%	3,5%
30 bis unter 45 Jahre	30,6%	32,7%
45 bis unter 60 Jahre	13,8%	13,3%
60 Jahre und älter	2,7%	0,5%

Die Klientenstichprobe wurde mit der Struktur in der Gesamtpopulation Rheinland-Pfalz verglichen (siehe Tabelle 22). Die Altersverteilung der Probandengruppe unterscheidet sich signifikant im χ^2-Test ($\chi^2 = 232$; df = 3; $p < .001$). Unter 21-Jährige sind in der Klientenstichprobe überhaupt nicht vertreten (siehe Tabelle 21), was vor allem damit zu erklären ist, dass verheiratete Paare befragt wurden. Es fällt des Weiteren eine Überrepräsentation der Altersgruppe der 30- bis unter 45-Jährigen (63,3%) im Klientel der Beratungsstellen auf.

Tabelle 22: Altersverteilung der Klientenstichprobe (N = 376). Vergleich mit der Altersverteilung der Bevölkerung in Rheinl.-Pfalz (N = 4 049 066) (STATISTISCHES LANDESAMT RHEINLAND-PFALZ 2003)

Altersgruppe	KlStpr	StLA
unter 21 Jahre	0,0%	22,7%
21 bis unter 30 Jahre	6,4%	9,8%
30 bis unter 45 Jahre	63,3%	24,3%
45 bis unter 60 Jahre	27,1%	18,6%
60 Jahre und älter	3,2%	24,6%

Anmerkung: KlStpr: Stichprobe der vorliegenden Erhebung (N = 376); StLA: Gesamtbevölkerung von Rheinland-Pfalz (N = 4 049 066), Stand 2001 (STATISTISCHES LANDESAMT RHEINLAND-PFALZ 2003)

Der Anteil der über 60-Jährigen ist in der Struktur der Gesamtbevölkerung (24,6%) wesentlich höher als in der Klientenstichprobe (3,2%).

Auch ein Vergleich mit der Stichprobe von KLANN & HAHLWEG (1994a) (N = 2 085) ergibt im χ^2-Test ($\chi^2 = 96$; df = 4; $p < .001$) einen signifikanten Unterschied. Die wesentlichen Differenzen offenbaren sich bei den 21- bis 30-Jährigen (vorliegende Stichprobe: 9,0%; KLANN & HAHLWEG 1994a: 26,0%) und bei den 41- bis 50-Jährigen (gegenwärtige Studie: 30,6%; KLANN & HAHLWEG 1994a: 17,0%).

Anzahl der bisherigen Ehen der befragten Individuen

Die Anzahl der bisherigen Ehen der Klienten ist ebenso erhoben worden, zusammengefasst sind die Ergebnisse in Tabelle 23.

Tabelle 23: Anzahl der Klienten (N = 376) (in %), die zum Zeitpunkt der Erhebung einmal, zweimal oder öfter verheiratet sind

Geschlecht	1. Ehe	2. Ehe	3. Ehe
männlich	41,2%	8,2%	0,5%
weiblich	41,9%	8,2%	0,0%

Die meisten Klienten sind zum ersten Mal verheiratet: auf 41,2% der Männer und 41,9% der Frauen trifft dies zu. 8,2% der Frauen leben zum Zeitpunkt der Erhebung in zweiter Ehe, ebenso derselbe Prozentsatz der Männer. Ein geringer Anteil der Männer (0,5%) führt zum Zeitpunkt der Aufzeichnung die dritte Ehe.

Bei insgesamt 158 Paaren (84,4%) handelt es sich um reine Erstehen, also beide Partner waren vorher ledig. Dieser Prozentsatz liegt im Vergleich zu westdeutschen Verhältnissen überdurchschnittlich hoch. Im Jahr 2000 waren 64% der westdeutschen Eheschließungen reine Erstehen. Vier Jahrzehnte zuvor waren es noch 83% gewesen (BUNDESMINISTERIUM FÜR FAMILIE, SENIOREN, FRAUEN UND JUGEND 2003, 69).

Dauer der aktuellen Ehe der Klienten in Jahren

Durchschnittlich sind die Paare zum Zeitpunkt der Erhebung 11,91 Jahre verheiratet (SD = 8,88). Das Minimum der Ehedauer liegt bei 1,5, das Maximum bei 37,0 Jahren (siehe Tabelle 24).

Tabelle 24: Dauer der Ehe in Jahren (N = 376)

Mittelwert	11,91
SD	8,88
Minimum	1,5
Maximum	37,0

Dauer der Partnerschaft insgesamt

Wie aus Tabelle 25 hervorgeht, sind die Ehepartner durchschnittlich 15 Jahre zusammen (SD = 9,24). Das Minimum liegt bei 2,5, das Maximum bei 40 Jahren.

Tabelle 25: Dauer der Partnerschaft insgesamt

Mittelwert	15,02
SD	9,24
Minimum	2,5
Maximum	40,0

Im Durchschnitt haben die Klienten nach einer Partnerschaftsdauer von 3 Jahren geheiratet.

Ehepaare und Kinder

Einerseits ist die Anzahl der im Haushalt der Ehepaare lebenden Kleinkinder erhoben worden, andererseits wurden auch Kinder, die aus der Ehe zwar hervorgegangen sind, erfasst, aber zum Zeitpunkt der Erhebung u.U. bereits erwachsen sind.

Tabelle 26: Ehepaare und Kinder (N = 188). Vergleich mit der Struktur der Gesamtbevölkerung in Rheinland-Pfalz (N = 983 900)

Kinder	KlStpr	StLA
Ehepaare ohne Kinder (in %)	29,8	48,6
Ehepaare mit Kindern (in %)*	70,2	51,4
– davon (in %) ...		
... 1 Kind	43,2	45,3
... 2 Kinder	47,0	40.5
... 3 Kinder	8,3	11,0
... 4 Kinder und mehr	1,5	3,1

Anmerkung: * Erfasst wurden auch Kinder, die nicht mehr im Haushalt der Ehepartner wohnen, weil sie z.B. bereits erwachsen und/oder ausgezogen sind. KlStpr: Stichprobe der vorliegenden Erhebung (Ehepaare) (N = 188); StLA: Gesamtpopulation der Ehepaare in Rheinland-Pfalz (N = 983 900), Stand 2002 (STATISTISCHES LANDESAMT RHEINLAND-PFALZ 2003)

Wie in Tabelle 26 dargestellt ist, haben 29,8% der Ehepaare (N = 188) keine Kinder, für die meisten Ehepaare (70,2%) trifft das Gegenteil zu: mindestens ein Kind ist aus dieser Ehe hervorgegangen. Im Vergleich zu der Verteilung in der Gesamtpopulation fallen Unterschiede auf. Ein höherer Prozentsatz in der Gesamtpopulation ist kinderlos (48,6%), aus 51,4% der Ehen gehen Kinder hervor. Ein verhältnismäßig großer Anteil der Ehepaare in Rheinland-Pfalz erfüllt sich den Wunsch nach Nachwuchs. Demnach trifft auf insgesamt 85,8% der Ehepaare in Rheinland-Pfalz zu, dass ein bis zwei Kinder aus diesem Verhältnis hervorgehen. Den geringsten Anteil der vorliegenden Stichprobe machen die Ehepaare mit drei und mehr Kindern aus (9,8%), auch in der Gesamtpopulation Rheinland-Pfalz ist dieses Phänomen feststellbar: 14,1% können dieser Kategorie zugeordnet werden.

Aktuelle Wohnform der Ehepaare

Die meisten Ehepaare, die eine institutionelle Ehe-, Familien- und Lebensberatungsstelle aufgesucht haben, wohnen in einem gemeinsamen Haushalt (97,9%). Bei 49,5% der Ehepaare wohnt mindestens ein Kleinkind (oder mehr) in der gemeinsamen Wohnung, 48,4% der Ehepaare bewohnen den gemeinsamen Haushalt kinderlos. Lediglich 4,1% geben an, getrennt zu leben (siehe Tabelle 27).

Tabelle 27: Aktuelle Wohnformen der Ehepaare (N = 188)

Aktuelle Wohnsituation	N	%
Paar lebt mit Kleinkind(ern) gemeinsam im Haushalt*	93	49,5
Paar lebt alleine im gemeinsamen Haushalt	91	48,4
Paar lebt getrennt	4	2,1

Anmerkung: * Erfasst wurden ausschließlich Kleinkinder, die im Haushalt der Ehepartner wohnen

Glaubensgemeinschaften der Klienten

Laut dem STATISTISCHEN LANDESAMT RHEINLAND-PFALZ (2003) gehören 47,7% der Bevölkerung in Rheinland-Pfalz der römisch-katholischen Konfession an, 32,6% der evangelischen (Stand: 2/2002).

In der vorliegenden Untersuchung haben alle Probanden Angaben zur Konfession gemacht. 47,3% geben demnach an, katholisch zu sein, 41,0% sind evangelisch, 10,4% konfessionslos und 1,3% Anhänger anderer Glaubensrichtungen (siehe Tabelle 28).

Tabelle 28: Glaubensgemeinschaften der Versuchspersonen (N = 376)

Glaubensgemeinschaft	N	%
katholisch	178	47,3
evangelisch	154	41,0
andere Konfession	5	1,3
keine	39	10,4

Nationalitäten der Versuchsgruppe

Die Verteilung der Nationalitäten in der vorliegenden Klientenstichprobe zeigt (siehe Tabelle 29), dass der Anteil ausländischer Mitbürger sehr klein ist (insgesamt 4,8%). 95,2% der Befragten sind demnach Deutsche, 2,7% stammen aus dem europäischen Ausland, 2,1% aus einem sonstigen Ausland. Der Anteil der an der Untersuchung teilnehmenden ausländischen Mitbürger lässt sich mit dem Ausländeranteil in der Gesamtbevölkerung in Rheinland-Pfalz ansatzweise vergleichen (7,3%). Man kann feststellen, dass sich die Verteilung der Nationalitäten in der Klientenstichprobe signifikant von der Struktur der Gesamtbevölkerung in Rheinland-Pfalz unterscheidet (χ^2-Test: $\chi^2 = 7$; df = 2; $p < .05$).

Tabelle 29: Nationalität der Klienten (N = 376). Vergleich mit der Gesamtbevölkerung in Rheinland-Pfalz (N = 4 049 066)

Nationalität	KlStpr	StLA
deutsch	95,2%	92,7
europäisches Ausland	2,7%	5,7
sonstiges Ausland	2,1%	1,6

KlStpr: Stichprobe der vorliegenden Erhebung (N = 376); StLA: Gesamtbevölkerung von Rheinland-Pfalz (N = 4 049 066), Stand 2001 (STATISTISCHES LANDESAMT RHEINLAND-PFALZ 2003)

Schulbildung der Klienten

Bei der Erfassung der Schulausbildung offenbaren sich Differenzen zwischen den Verhältnissen in der Struktur der Klientenstichprobe und dem Land Rheinland-Pfalz (siehe Tabelle 30).

Tabelle 30: Schulbildung der Klienten

Schulbildung	KlStpr	StLA
Hauptschule	35,6%	44,7%
Realschule	30,1%	16,3%
Fachhochschulreife/ Hochschulreife	18,6%	15,1%
Sonstiges	15,7%	23,9%

Anmerkung: KlStpr: Stichprobe der vorliegenden Erhebung (N = 376); StLA: Bevölkerungsanteil des Bundeslandes Rheinland-Pfalz mit Schulabschluss, Stand April/2002 (N = 4 048 400) (STATISTISCHES LANDESAMT RHEINLAND-PFALZ 2003). In der Kategorie „Sonstiges" sind zusammengefasst: kein Abschluss, Sonderschule, Fachhochschulabschluss, Hochschulabschluss

Unterrepräsentiert sind die Klienten mit Hauptschulabschluss (36,6%) im Vergleich zur Bevölkerung in Rheinland-Pfalz (44,7%). Dagegen sind die Befragten (30,1%), die den Realschulabschluss als Qualifikation angegeben haben, im Vergleich zur Struktur der Gesamtpopulation (16,3%) überrepräsentiert. Auch der Anteil der Versuchspersonen (15,7%), der der Kategorie „Sonstiges" zugeordnet wurde (siehe Tabelle 30), fällt vergleichsweise geringer aus; auf rheinland-pfälzischer Ebene ist demnach festzustellen, dass diese Gruppe 23,9% der Bevölkerung ausmacht. Diese Differenzen unterscheiden sich signifikant im χ^2-Test ($\chi^2 = 62$; $df = 3$; $p < .001$).

Derzeitige Berufstätigkeit

83,2% der befragten Personen sind erwerbstätig. Die Kategorie „erwerbstätig" umfasst diejenigen Individuen, die ganztags, halbtags oder stundenweise beschäftigt sind. 3,5% sind laut Datenerfassung ohne Arbeit, 13,8% bezeichnen sich als Hausmänner/-frauen.

Tabelle 31: Erwerbstätigkeit der Versuchspersonen (N = 376). Vergleich mit der Erhebung in Beratungsstellen von KLANN (2002) (N = 657)

Erwerbstätigkeit	KlStpr.	K
erwerbstätig (ganztags, halbtags, stundenweise)	83,2%	85%
ohne Arbeit	3,5%	2%
Hausmann/Hausfrau	13,8%	4%

Anmerkung: KlStpr: Stichprobe der vorliegenden Erhebung (N = 376); K: Ergebnisse der Erhebung in Beratungsstellen von KLANN (2002)

Der Vergleich mit der Stichprobe von KLANN (2002) ergibt im χ^2-Test einen signifikanten Unterschied ($\chi^2 = 93$; df = 2; $p < .001$). Wie in Tabelle 31 zu sehen ist, ist die Gruppe der Hausmänner/-frauen (13,8%) im Vergleich zur KLANN-Studie (4%) stark überrepräsentiert.

Derzeitiger Berufsstatus der Befragten

Bei der Erfassung des aktuellen Berufstatus wurden alle erwerbstätigen Probanden berücksichtigt, die ganztags, halbtags oder stundenweise beschäftigt sind. In der Darstellung der Ergebnisse in Tabelle 32 fällt auf, dass die Frauen im Vergleich zu Männern eher Berufe mit niedrigerem Status ausüben (vgl. Abschnitt 4.6.5). Der Mittelwert der berufstätigen Frauen bezüglich des Berufsstatus beträgt 2,8 (SD = 1,5), derjenige der berufstätigen Männer 3,38 (SD = 1,5). Der Unterschied ist signifikant im T-Test bei unabhängigen Stichproben (t = 4,36; df = 304; $p < .05$).

Tabelle 32: Aktueller Berufstatus der Klienten

Aktueller Berufsstatus	Männer (N = 172) (in %)	Frauen (N = 134) (in %)
niedriger Berufsstatus 1	9,3	25,4
niedriger Berufsstatus 2	27,3	14,9
mittlerer Berufsstatus 1	19,8	37,3
mittlerer Berufsstatus 2	13,4	3,0
hoher Berufsstatus 1	20,3	15,8
hoher Berufsstatus 2	9,9	3,7

Anmerkung: niedriger Berufsstatus 1 (codiert mit 1): beinhaltet die Berufe „einfache Angestellte", „einfacher Dienst", „ungelernter Arbeiter"; niedriger Berufstatus 2 (codiert mit 2): fasst die Berufsgruppen „kleinere Selbstständige", „gelernter Arbeiter" und „kleine selbstständige Landwirte" zusammen; mittlerer Berufsstatus 1 (codiert mit 3): kategorisiert die Berufsgruppen „freie Berufe", „mittlere Angestellte", „mittlerer Dienst" und „mittlere selbstständige Landwirte"; mittlerer Berufsstatus 2 (codiert mit 4): diese Kategorie umfasst die Berufsgruppen „mittlere Selbstständige" und „gewöhnliche Facharbeiter"; hoher Berufsstatus 1 (codiert mit 5): beinhaltet die Berufsgruppen „höhere Angestellte" und „gehobener Dienst"; hoher Berufsstatus 2 (codiert mit 6): umfasst die Berufsgruppen „größere Selbstständige", „leitende Angestellte", „höherer Dienst", höchstqualifizierte Facharbeiter" und „große selbstständige Landwirte"

Geschlechtstypizität der Probanden

Die Tabellen 33 und 34 zeigen die Zuordnungen der vier Gruppen nach dem Androgyniemodell: Maskulinität/Instrumentalität, Feminität/Expressivität, Androgynie und Undifferenziertheit. Diese sind durch die Latent Class Analyse gewonnen worden (vgl. Abschnitt 4.2.2).

Erwartungsgemäß ergibt sich bei dem größten Teil der Männer (N = 188), 52,1%, eine Orientierung an den instrumentellen Geschlechtsstereotypen. An expressiven Geschlechtsstereotypen orientieren sich demnach nur 3,2% der Männer. Androgynie (instrumentelle *und* expressive Geschlechtsstereotype werden präferiert) liegt bei 10,1% vor. Auf mehr als ein Drittel der befragten Männer (34,6%) treffen die Geschlechtstypizität (GTS) Undifferenziertheit zu (siehe Tabelle 33).

Tabelle 33: GTS der Männer (N = 188)

Geschlechtstypizität (GTS)	(%)	N
Maskulinität	52,1	98
Feminität	3,2	6
Androgynie	10,1	19
Undifferenziertheit	34,6	65

Bei den untersuchten Frauen fällt zunächst der hohe Anteil an Instrumentellen auf (36,2%). Die meisten Frauen sind Undifferenzierte (42,0%) im Verständnis der Geschlechtstypizität (GTS). 4,3% haben ein androgynes Antwortmuster im Fragebogen angegeben. 17,6% der Frauen orientieren sich an expressiven Geschlechtsstereotypen; sie sind also im Sinne der Geschlechtstypizität (GTS) feminin (siehe Tabelle 34).

Tabelle 34: GTS der Frauen (N = 188)

Geschlechtstypizität (GTS)	(%)	N
Maskulinität	36,2	68
Feminität	17,6	33
Androgynie	4,3	8
Undifferenziertheit	42,0	79

Nach den Ergebnissen von BEM (1974; 1975) werden, wie erwähnt, die Femininen überwiegend von den biologischen Frauen, die Maskulinen von den Männern gebildet. Diese Gegebenheiten treffen in der vorliegenden Klientenstichprobe weniger zu. Die Gruppe der Undifferenzierten ist bei beiden Geschlechtern überdurchschnittlich stark vertreten.

Die Befunde der Klienten der Beratungsstellen lassen sich ferner nicht mit dem Datensatz von ALTSTÖTTER-GLEICH et al. 2000 (N = 601) vergleichen. Dieser war folgendermaßen strukturiert: 36,3% Feminine, 27,3% Maskuline, 21,3% Undifferenzierte und 14,8% Androgyne.

4.5.1 Zusammenfassung

Rund die Hälfte der institutionellen Beratungsstellen haben an der Studie teilgenommen. Vorwiegend wurden als Ursachen gegen eine Zusammenarbeit Überlastung und Organisationsschwierigkeiten genannt.

Beim Vergleich der Verhältnisse in der Probandenstichprobe und der Struktur in der Gesamtbevölkerung sowie anderen Untersuchungen sind sowohl Gemeinsamkeiten als auch Unterschiede deutlich geworden, welche im Folgenden dargestellt werden.

Die gezogene Stichprobe der institutionellen Eheberatungsstellen entspricht der Struktur der Verteilung in der Gesamtpopulation in Rheinland-Pfalz.

Ausgeprägte Unterschiede zeigen sich beim Vergleich der Klientenstichprobe mit der Gesamtbevölkerung in Rheinland-Pfalz (die Differenz ist hochsignifikant: $p < .001$). Im Klientel der Beratungsstellen taucht die Gruppe der unter 21-Jährigen überhaupt nicht auf. Der Anteil der 30- bis unter 45-Jährigen ist in der Stichprobe der Befragten überrepräsentiert, des Weiteren ist die Gruppe der über 60-Jährigen in der Klientenstichprobe im Vergleich zu den Verhältnissen in der Gesamtbevölkerung Rheinland-Pfalz unterrepräsentiert.

Bei 158 Paaren handelt es sich um reine Erstehen. Die Paare sind zum Zeitpunkt der Erhebung im Durchschnitt 12 Jahre verheiratet, insgesamt 15 Jahre (im Mittel) bilden die Eheleute ein Paar. 97,9% der Ehepaare bewohnen einen gemeinsamen Haushalt. Bei der Hälfte der untersuchten Gruppe lebt ein Kind (oder mehr) im Haushalt. 95,2% der Klientenstichprobe sind Deutsche. Im Durchschnitt weist die Klientenstichprobe (verhältnismäßig gesehen) einen höheren Schulabschluss auf, als dies auf rheinland-pfälzischer Ebene feststellbar ist. Im Mittel haben Männer höher qualifizierte Berufe als Frauen (signifikant im T-Test bei unabhängigen Stichproben).

Die Stärken der Subgruppen nach dem Androgyniemodell sind nicht vorteilhaft. Augenscheinlich wird bei der Analyse sowohl der Männer als auch der Frauen, dass die Anteile der Undifferenzierten verhältnismäßig hoch ausfallen. Die Gruppen feminine Männer und androgyne Frauen sind demgegenüber stark unterrepräsentiert.

4.6 Ergebnisse der Hauptuntersuchung

Sämtliche statistische Analysen wurden mit dem Programm SPSS Version 11.0 gerechnet. Dabei handelt es sich um: Deskriptive Statistiken, Varianzanalysen (Kruskal-Wallis-Test), Mann-Whitney-U-Test und T-Test bei unabhängigen Stichproben.

4.6.1 Beratungsanlässe

Die Rangreihe der Häufigkeiten der Beratungsanlässe der Probanden (N = 376) ist der Tabelle 35 zu entnehmen. Die in der Tabelle angegebenen Beratungsanlässe sind von den Klienten im Fragebogen markiert worden, Mehrfachnennungen konnten getätigt werden.

Tabelle 35: Beratungsanlässe allgemein (Nennungen in %) (N = 376)

Beratungsanlass	Nennungen in %
Übermaß an Konflikten im Alltag	60,4
Kommunikationslosigkeit	39,4
Beziehungslosigkeit	26,4
Klärung der persönlichen Freiheiten	25,6
Verschiedene Weltanschauung	19,4
Konflikte wegen der Kindererziehung*	16,7
Eifersucht (vom Klienten ausgehend)	15,6
Rollenverteilung im Haushalt	13,7
Sexuelles Desinteresse am Partner (vom Klienten ausgehend)	12,9
Wirtschaftliche Situation	12,1
Finanzielle Aspekte	8,9
Beziehung zu den Schwiegereltern (den Klienten selbst betreffend)	8,4
Außereheliche Beziehung (den Klienten selbst betreffend)	7,5

Anmerkung: Es werden ausschließlich die Anlässe aufgeführt, die mindestens von 5% der Klienten angegeben wurden, ferner die auf sie selbst verweisen. * Bei diesem Beratungsanlass werden nur Individuen mit Kindern im Haushalt berücksichtigt (N = 188)

Der größte Teil der Stichprobe (60,4%) hat u.a. als Grund für die Konsultation der institutionellen Beratungsstelle Übermaß an Konflikten im Alltag angegeben. Weitere Konfliktaspekte beziehen sich auf die partnerschaftliche Kommunikation (39,4%) und (mangelhafte) Intimität (Beziehungslosigkeit: 26,4%). Auch die Klärung der persönlichen Freiheiten (25,6%), Eifersucht (15,6%) und verschiedene Weltanschauung (19,4%) sind für einen nicht zu unterschätzenden Teil der Stichprobe ausschlaggebende Ursachen für die Eheberatung.

Konflikte wegen der Kleinkinderziehung machen 16,7% der Personen mit Kindern (N = 188) für die Inanspruchnahme der Ehe-, Familien- und Lebensberatungsstelle verantwortlich. Der Bereich Sexualität tritt außerdem hervor: Sexuelles Desinteresse am Partner (vom Klienten ausgehend) wird von 12,9% der befragten Personen angeführt, 7,5% teilen mit, sie würden wegen einer außerehelichen Beziehung (welche sie selbst betrifft) die institutionelle Beratung zurate ziehen.

Verteilung nach Geschlecht

In Tabelle 36 ist die Rangreihe der Männer aufgeführt. Die Beratungsanlässe sind von mindestens 5% genannt worden. Es ist festzustellen, dass es Parallelen zu den Vorstellungen der Frauen gibt (Tabelle 37), diese sollen im Folgenden benannt werden.

Tabelle 36: Rangreihe von Beratungsanlässen, die von mindestens 5% der Männer (N = 188) angegeben wurden

Beratungsanlass	**Nennungen in %**
Übermaß an Konflikten im Alltag	60,3
Kommunikationslosigkeit	35,9
Klärung der persönlichen Freiheiten in der Beziehung	25,5
Beziehungslosigkeit	25,5
Eifersucht (vom Partner ausgehend)	21,2
Verschiedene Weltanschauung	18,5
Konflikte wegen Kleinkinderziehung*	17,2
Eifersucht (den Klienten selbst betreffend)	13,0
Meine Beziehung zu den Schwiegereltern	10,9
Wirtschaftliche Situation	10,9
Sexuelles Desinteresse am Partner se (den Klienten selbst betreffend)	10,3
Finanzielle Aspekte	9,2
Außereheliche Beziehung (vom Klienten ausgehend)	8,2
Außereheliche Beziehung (den Partner betreffend)	8,2
Rollenverteilung im Haushalt	6,5
Handgreiflichkeiten (den Klienten selbst betreffend)	6,0

Anmerkung: Es werden ausschließlich die Nennungen aufgeführt, die mindestens von 5% der Männer angegeben wurden. Berücksichtigt werden Anlässe, die auf den Klienten oder den Partner verweisen.
* Bei diesem Beratungsanlass werden nur diejenigen Männer berücksichtigt, bei denen Kleinkinder im Haushalt leben (N = 93)

Tabelle 37: Rangreihe von Beratungsanlässen, die von mindestens 5% der Frauen (N = 188) angegeben wurden

Beratungsanlass	Nennung in %
Übermaß an Konflikten im Alltag	60,4
Kommunikationslosigkeit	42,8
Beziehungslosigkeit	27,3
Klärung der persönlichen Freiheiten	25,7
Rollenverteilung im Haushalt	20,9
Verschiedene Weltanschauung	20,3
Eifersucht (von der Klientin ausgehend)	18,2
Eifersucht (den Partner betreffend)	16,6
Konflikte wegen Kleinkinderziehung*	16,1
Sexuelles Desinteresse am Partner (von der Klientin ausgehend)	15,5
Wirtschaftliche Situation	13,4
Finanzielle Aspekte	8,6
Handgreiflichkeiten (vom Partner ausgehend)	8,0
Beziehung zu den Schwiegereltern (den Partner betreffend)	8,0
Außereheliche Beziehung (die Klientin betreffend)	7,0
Außereheliche Beziehung (den Partner betreffend)	7,0
Sexuelles Desinteresse am Partner (von der Klientin ausgehend)	6,4
Beziehung zu den Schwiegereltern (von der Klientin ausgehend)	5,2

Anmerkung: Es werden ausschließlich die Nennungen aufgeführt, die mindestens von 5% der Frauen angegeben wurden. * Bei diesem Beratungsanlass werden nur Klientinnen berücksichtigt, bei denen Kleinkinder im Haushalt leben (N = 93)

60,3% der Männer benennen Übermaß an Konflikten im Alltag als Beratungsanlass, ebenso 60,4% der Frauen. Für einen Vergleich der Daten kann z.B. die Untersuchung von KLANN & HAHLWEG (1987) herangezogen werden. Bei dieser kam heraus, dass 15,3% der Klienten (N = 16 721) den partnerschaftlichen Streit als Motiv für den Besuch der institutionellen Ehe-, Familien- und Lebensberatungsstelle angegeben haben.

Problembehaftete partnerschaftliche Kommunikation ist in der vorliegenden Untersuchung aus Sicht beider Geschlechter relevant. 35,9% der Männer und 42,8% der Frauen haben auf dieses Defizit hingewiesen. Laut KLANN (2002) ist die mangelhafte Kommunikation bei Ehepaaren ein schwerwiegendes Problem. Seiner Untersuchung an Eheberatungsstellen zufolge, haben 59% der Versuchspersonen (N = 657) angegeben, bei der Kommunikation würden nicht gelöste Probleme vorliegen.

Ca. ein Fünftel der Frauen, 20,9%, sind mit der Rollenverteilung nicht zufrieden. Differenzen im Rollenverständnis werden auch von 22,3% der Klienten (N = 2 139) im Forschungsvorhaben von KLANN & HAHLWEG (1994a) genannt. In dem Projekt von KLANN & HAHLWEG (1987) verweisen 8,6% der Befragten (N = 16 721) auf dieses (Konflikt-)Thema.

Partnerschaftliche Unstimmigkeiten wegen der Kleinkinderziehung werden von 16,7% der in der vorliegenden Untersuchung befragten Personen als Motiv für die Eheberatung definiert (N = 188), in der Arbeit von KLANN (2002) hatten 33% der Klienten mit Kindern unterschiedliche Vorstellungen über Erziehung, was zu Dissonanzen in der Partnerschaft geführt hat.

13,0% der Männer und 18,2% der Frauen, die in der realisierten Studie erfasst wurden, gaben Eifersucht, die sie selbst gegenüber dem Partner empfinden, als Motiv zum Aufsuchen der Beratungsstelle an. In der Erhebung von KLANN (2002) berichten 33% der Befragten, dass die Eifersucht ein Partnerschaftsproblem darstelle. KLANN & HAHLWEG (1987) halten fest, dass 6,3% ihrer Stichprobe unangemessene Eifersucht als Ursache für Streitigkeiten empfinden.

Die Sexualität ist ebenso relevant bei der Betrachtung der angegebenen Beratungsanlässe in der vorliegenden Untersuchung. Insgesamt verspüren 10,3% der Männer und 6,4% der Frauen sexuelles Desinteresse am Partner. 8,2% der Männer und 7,0% der Frauen führen des Weiteren nach eigenen Angaben eine außereheliche Beziehung, die u.a. ausschlaggebend für die Eheberatung ist. Die Untersuchung von KLANN & HAHLWEG (1987) zeigt, dass die oben genannten Fassetten der Sexualität nicht zu unterschätzen sind. 7,8% der Befragten ihrer Stichprobe unterhielten demnach außereheliche Beziehungen, sexuelles Desinteresse empfanden 8,0% der Klienten.

Nach WETZELS et al. (1995) liegt die Gewaltrate in Ehen in der BRD bei den 20- bis 50-Jährigen bei ca. 8,5%. In der vorliegenden Studie geben 6% der Männer Tätlichkeiten zu; dies hat sie u.a. zur Eheberatung motiviert. Diesem Anteil stehen 8% der Frauen gegenüber, die ihren Partnern Tätlichkeiten nachsagen. Ein Grund für die Differenz ist sicherlich, dass es sich um ein Tabuthema handelt.

3,9% der Klienten des Forschungsprojektes von KLANN & HAHLWEG (1987) verweisen ebenso auf Tätlichkeiten in der Ehe.

4.6.1.1 Zusammenfassung

Die vorliegende Untersuchung hat zahlreiche relevante Beratungsanlässe der Versuchspersonen erfasst. Eine Analyse der Konfliktbereiche ergab Übereinstimmungen zu neueren Untersuchungen und Überzeugungen (KLANN 2002, KLANN & HAHLWEG 1994a, BODENMANN & CINA 2003).

Überwiegend die folgenden Konfliktbereiche, die in der gegenwärtigen Studie auffielen, sind weit gehend dafür verantwortlich, dass Paare institutionelle Beratungsstellen konsultieren:

- Unzufriedenheit mit dem Partner,
- Probleme in der Paarkommunikation,
- sexuelle Thematiken (z.B. außereheliche Beziehungen, Lustlosigkeit, sexuelles Desinteresse am Partner),
- Differenzen im Rollenverständnis,
- Eifersucht,
- unterschiedliche Auffassungen von Kindeserziehung.

Sexuell abweichendes Verhalten wird von einem sehr geringen Klientenanteil (1,6%) als Grund für den Besuch der Beratungsstelle geltend gemacht.

Die gegenwärtige Untersuchung bestätigt also die wesentlichen Konfliktfelder in Ehen und Partnerschaften, die nach KLANN (2002) über einen Zeitraum von mehr als zwei Jahrzehnten überwiegend dieselben geblieben sind.

4.6.2 Rollenverteilungen in der Ehe – Vergleich der Gruppen nach dem Androgyniemodell

Die allgemeine Zustimmung der Bevölkerung zur traditionellen Arbeitsverteilung in Ehen und Partnerschaften hat seit 1982 stark abgenommen. Die Tendenz geht hin zu einem modernen (egalitären) Rollenverständnis. Demnach sind seit 1991 über 65% der Männer und Frauen im Westen der BRD der Ansicht, Frauen müssten nicht primär den Haushalt führen und sich um die Kinder kümmern (STATISTISCHES BUNDESAMT 2002b, 533ff.). Im modernen Rollenverständnis können Frauen außerdem willkürlich ihrer Erwerbstätigkeit nachgehen. Trotz dieser Tendenzen wird in dieser Untersuchung die Hypothese aufgestellt, dass die Frau noch immer den Löwenanteil der Aufgaben, die im Haushalt anfallen, bewältigen muss. Diese Erwartung ergibt sich aus der Pretest-Phase (Abschnitt 4.3) sowie aus Befunden von ähnlich strukturierten Erhebungen (z.B. FTHENAKIS & MINSEL 2002) und amtlichen Statistiken: „In allen partnerschaftlichen Erwerbskonstellationen ist es [...][40] die Frau, die den

[40] Einfügung des Verfassers.

weitaus größeren Teil der Hausarbeit leistet [...][41]" (BUNDESMINISTERIUM FÜR FAMILIE, SENIOREN, FRAUEN UND JUGEND 2003, 133).

Im Folgenden werden die im Fragebogen genannten Haushaltstätigkeiten und deren Verteilungen dargestellt. Dabei wird zunächst so verfahren, dass einerseits, wie bei ähnlich angelegten Studien (z.B. FTHENAKIS & MINSEL 2002), die Mittelwerte der Einschätzungen der Männer und Frauen verglichen werden, genauer, es wird ein Mittelwert aus den subjektiven Einschätzungen errechnet (siehe unten); andererseits – so ergibt es sich aus der Konstruktion des Fragebogens – sind auch die Mittelwerte der einzelnen Subgruppen nach dem Androgyniekonzept (pro biologischem Geschlecht vier Möglichkeiten) für die Einschätzung der Verhältnisse und Interpretationen relevant.

Bei den Angaben zur Rollenverteilung kann man davon ausgehen, dass die Sachverhalte von den Partnern überwiegend richtig wiedergegeben werden. Dass nicht alle Angaben ohne gewisse Fehleinschätzungen behaftet sind, lässt sich durch die subjektiven Bewertungen von Männern und Frauen zu deren eigener Übernahme der Aufgaben erklären. Sicherlich führt die eigene Sichtweise von Verhältnissen dazu, dass die Partner die selbst erledigten Aufgaben höher schätzen. Dieser Fehler ist in der wissenschaftlichen Literatur bekannt (KEDDI & SEIDENSPINNER 1990). Man nimmt demnach der Einfachheit halber an, dass sich die – wahrscheinlich gleich großen – Fehleinschätzungen der Partner bei der Bildung von Mittelwerten ungefähr ausgleichen (vgl. auch FTHENAKIS & MINSEL 2002, 145). In der vorliegenden Arbeit wird genauso verfahren und dementsprechend der Mittelwert der jeweiligen Beurteilungen der Partner angegeben. Diese stellen die Grundlage für Auslegungen bezüglich der Rollenverteilung im Haushalt dar.

Codiert wurden die jeweiligen Aufgaben von 1 bis 3: 1 = überwiegend der Mann, 2 = beide, 3 = überwiegend die Frau. Nicht berücksichtigt wurde die Kategorie „keiner" (bei fehlenden Daten).

Fokussiert werden insbesondere die Gruppen des Androgyniemodells: Maskuline, Feminine und Androgyne. Die Undifferenzierten fallen in den meisten Fällen wegen mangelhafter wissenschaftlicher Relevanz aus der Analyse heraus. Aussagen und Schlussfolgerungen hängen, wie erwähnt, von den berechneten Mittelwerten ab. Charakteristische Tendenzen, so der Grundgedanke, lassen sich durch die Konsistenz der Mittelwerte erkennen. Die Tatsache, dass es sich bei den nachfolgenden Aufgaben um geschlechtstypische handelt (es geht vorwiegend um charakteristische Männer- und Frauenaufgaben), unterstützt die statistische Verfahrensweise der Bildung von Mittelwerten. Charakteristische Schlussfolgerungen können dann präzise angegeben werden, je näher der Mittelwert an einem der Eckpunkte liegt (1 = überwiegend der Mann, 3 = überwiegend die Frau).

[41] Einfügung des Verfassers.

Die Gegebenheit, dass es sich im Fall der Gruppenanalyse um subjektive Einschätzungen handelt, die, wie oben bereits erwähnt, mit gewissen Fehlurteilen behaftet sein können, wird berücksichtigt.

Zubereitung der Mahlzeiten

Kochen ist eine klassische Hausfrauentätigkeit. Wie festzustellen ist (siehe Tabelle 38), schätzen Männer und Frauen gleichermaßen die Verhältnisse in der Ehe so ein, dass überwiegend die Frau die Mahlzeiten zubereitet. 88,4% der Männer haben diese Sichtweise, 91,0% der Frauen. Der Mittelwert der Einschätzungen der Frauen (N = 179) liegt bei 2,86 (SD = .46), derjenige für die Männer (N = 181) bei 2,83 (SD = .50). Der Mittelwert, der sich aus beiden angegebenen Werten errechnet, beträgt 2,85.

Tabelle 38: Übernahme der Aufgabe „Zubereitung der Mahlzeiten"

Nach Meinung der ...	überwiegend der Mann (in %)	beide (in %)	überwiegend die Frau (in %)
... Männer (N = 181)	5,5	6,1	88,4
... Frauen (N = 179)	4,5	4,5	91,0

Anmerkung: Diese Aufgabe wurde codiert von 1 bis 3 (1 = überwiegend der Mann, 2 = beide, 3 = überwiegend die Frau

Dieses Ergebnis entspricht dem Befund von FTHENAKIS & MINSEL (2002, 146). Die Forscher hatten u.a. die Aufgabenverteilung im Haushalt bei Paaren (N = 155) mit werdenden Vätern untersucht. Demnach ist das Kochen bei der Mehrzahl der untersuchten Paare, wie auch in der vorliegenden Studie, überwiegend eine Frauenaufgabe.

Bei der Gruppenanalyse (siehe Tabelle 39) fällt auf, dass sich die expressiven Frauen (2,94) mit dieser Aufgabe am stärksten identifizieren. Bei instrumentellen Männern (2,92) darf eine sehr ausgeprägte Anlehnung an traditionelle Rollenmuster angenommen werden: von allen biologisch männlichen Gruppen präferieren sie am stärksten die praktische geschlechtstypische Rollenverteilung beim Kochen.

Der Mittelwert für die expressiven Männer liegt bei 2,20, was möglicherweise bedeutet, dass es eine Tendenz zur Arbeitsaufteilung zwischen ihnen selbst und der Partnerin gibt. Bedauerlicherweise ist dieses Ergebnis nur ansatzweise interpretierbar, weil diese Gruppe sehr klein ist (N = 5).

Eine Hypothese der gegenwärtigen Untersuchung lautete, dass sich expressive Frauen stärker auf klassische Hausfrauentätigkeiten spezialisieren als instrumentelle. Dies kann auf Grund der Orientierung an den weiblichen Geschlechtsstereotypen angenommen werden. Diese Annahme trifft für diese Tätigkeit zu: Der Mittelwert für die femininen Frauen (2,94) liegt im Vergleich zu den anderen biologisch weiblichen Gruppen an der Spitze. Der Mittelwert für die instrumentellen Frauen beträgt 2,78.

Tabelle 39: Subgruppen nach dem Androgyniemodell und Übernahme der Aufgabe „Zubereitung der Mahlzeiten"

Mittelwerte Mahlzeiten	N	Mittelwert
Biol. GS: M, GTS: M	95	2,92
Biol. GS: M, GTS: F	5	2,20
Biol. GS: M, GTS: A	18	2,61
Biol. GS: M, GTS: U	63	2,81
Biol. GS: F, GTS: M	64	2,78
Biol. GS: F, GTS: F	32	2,94
Biol. GS: F, GTS: A	7	2,71
Biol. GS: F, GTS: U	76	2,92
Gesamte Stichprobe	360	2,40

Anmerkungen: Biol. GS = Biologisches Geschlecht; GTS = Geschlechtstypizität; M = Maskulinität; F = Feminität; A = Androgynie; U = Undifferenziertheit. Eventuelle Abweichungen der Fallzahlen in den einzelnen Gruppen erklären sich mit den fehlenden Werten bei der Zielvariable. Beim Aufsummieren von Werten können geringfügige Rundungsungenauigkeiten auftreten. Diese Aufgabe ist mit 1 bis 3 codiert: 1 = überwiegend der Mann, 2 = beide, 3 = überwiegend die Frau

Waschen, Bügeln, Nähen

FTHENAKIS & MINSEL (2002, 146) zeigen, dass die Aufgaben „Bügeln" und „Putzen" in ihrer Stichprobe vorwiegend von der Frau bewältigt werden. Auch in der vorliegenden Arbeit zeichnet sich dieses Phänomen ab (siehe Tabelle 40). Demnach interpretieren 90,3% der Männer und 93,3% der Frauen „Bügeln" – verbunden mit den anderen Tätigkeiten „Waschen" und Nähen" – als hervortretende Frauensache.

Der Mittelwert für die Frauen (N = 179) bezüglich ihrer Einschätzung der Übernahme der Aufgaben „Waschen, Bügeln, Nähen" liegt bei 2,88 (SD = .44), derjenige für die Männer (N = 186) bei 2,84 (SD = .50). Für beide Geschlechter ergibt sich ein Mittelwert von 2,86.

Tabelle 40: Übernahme der Aufgaben „Waschen, Bügeln, Nähen"

Nach Meinung der ...	überwiegend der Mann (in %)	beide (in %)	überwiegend die Frau (in %)
... Männer (N = 186)	5,9	3,8	90,3
... Frauen (N = 179)	4,5	2,2	93,3

Anmerkung: vergleiche Tabelle 38

Die Mittelwerte der Gruppen nach dem Androgyniemodell sind in Tabelle 41 wiedergegeben. Auffallend sind die expressiven Männer (1,67), bei denen, wie auch bei der Aufgabe „Zubereitung der Mahlzeiten" auffällig, eine Verschiebung der Konstellation hin zu einer partnerschaftlichen Arbeitsteilung bzw. zur eigenen Wahrnehmung dieser klassischen Hausfrauentätigkeiten zu beobachten ist. Doch es sei wiederum darauf hingewiesen, dass diese Gruppe verhältnismäßig klein ist. Bei fast allen anderen Gruppen, egal ob Männer oder Frauen, verweisen die hohen Mittelwerte darauf, dass überwiegend die Frau diese Aufgaben übernimmt. Lediglich bei den Gruppen androgyne Frauen (2,71) und androgyne Männer (2,68) müssen nicht zwingend völlig eindeutige klassische Verhältnisse angenommen werden. Die expressiven Frauen (2,94) sehen sich, wie ersichtlich ist, im hohen Maß mit der Übernahme dieser Tätigkeiten konfrontiert, und auch die Meinungen der instrumentellen Männer (2,92) weisen auf ein ausgeprägtes Ungleichgewicht in ihrer Ehe hin.

Tabelle 41: Subgruppen nach dem Androgyniemodell und Übernahme der Aufgaben „Waschen, Bügeln, Nähen"

Mittelwerte W.,B.,N.	N	Mittelwert
Biol. GS: M, GTS: M	96	2,92
Biol. GS: M, GTS: F	6	1,67
Biol. GS: M, GTS: A	19	2,68
Biol. GS: M, GTS: U	65	2,89
Biol. GS: F, GTS: M	65	2,85
Biol. GS: F, GTS: F	31	2,94
Biol. GS: F, GTS: A	7	2,71
Biol. GS: F, GTS: U	76	2,92
Gesamte Stichprobe	365	2,70

Anmerkungen: vergleiche Tabelle 39

Erledigung des Abwaschs

Die Ergebnisse (siehe Tabelle 42) zeigen, dass bei dieser Haushaltsaufgabe ebenso eine Ungleichverteilung zwischen den Geschlechtern besteht, wenn auch nicht ganz so eindeutig ausgeprägt, wie dies bei den beiden Tätigkeiten weiter oben der Fall ist.

61,1% der Männer sehen den Abwasch vorwiegend von der Ehefrau ausgeübt, 69,3% der Frauen schreiben sich diese Tätigkeit selbst zu. Eine gewisse Diskrepanz liegt also zwischen den subjektiven Vorstellungen. Nicht unerwähnt soll aber auch der Bereich „beide" sein, in den knapp ein Fünftel der Klienten nach eigenen Angaben fallen.

Tabelle 42: Übernahme der Aufgabe „Erledigung des Abwaschs“

Nach Meinung der ...	überwiegend der Mann (in %)	beide (in %)	überwiegend die Frau (in %)
... Männer (N = 175)	18,9	20,0	61,1
... Frauen (N = 179)	13,4	17,3	69,3

Anmerkung: vergleiche Tabelle 38

Der Mittelwert für die Frauen (N = 179) ergibt 2,56 (SD = .72), derjenige für die Männer (N = 175) 2,42 (SD = .79). Das Ergebnis ist dahingehend hypothetisch zu deuten, dass Männer sich wahrscheinlich mehr Engagement bei dieser Tätigkeit zutrauen. 2,49 lautet der errechnete Mittelwert aus beiden Einschätzungen.

Beim Vergleich der Gruppen nach dem Androgyniemodell zeigen sich charakteristische Unterschiede (siehe Tabelle 43). Die expressiven Männer (1,67) schätzen sich altruistischer ein als alle anderen Gruppen, die durch das biologische Geschlecht Mann repräsentiert werden, indem sie nach subjektiven Vorstellungen tendenziell eher selbst oder mit dem Partner gemeinsam den Abwasch übernehmen. Anders sieht es bei den anderen Gruppen nach dem Androgyniemodell aus. Man kann die Tendenz feststellen: eher die Ehefrau nimmt sich dieser Aufgabe an. Dafür sprechen die Mittelwerte der undifferenzierten (2,69) und androgynen Frauen (2,63).

Nicht ganz eindeutig charakterisieren sich die androgynen Männer (2,47) sowie die undifferenzierten (2,39), die im Mittel zwischen einer partnerschaftlichen und geschlechtstypischen Arbeitsteilung stehen. Die maskulinen Frauen (2,41) scheinen sich – gemäß ihrer Orientierung an den instrumentellen Geschlechtsstereotypen – bei der Erledigung des Abwaschs nicht ganz alleine mit der Bewältigung identifizieren zu wollen; von eine egalitären Arbeitsteilung ist aber, wie man möglicherweise annehmen könnte, auch nicht auszugehen.

Tabelle 43: Subgruppen nach dem Androgyniemodell und Übernahme der Aufgabe „Erledigung des Abwaschs“

Mittelwerte Erl. Abw.	N	Mittelwert
Biol. GS: M, GTS: M	91	2,48
Biol. GS: M, GTS: F	6	1,67
Biol. GS: M, GTS: A	19	2,47
Biol. GS: M, GTS: U	59	2,39
Biol. GS: F, GTS: M	64	2,41
Biol. GS: F, GTS: F	32	2,53
Biol. GS: F, GTS: A	8	2,63
Biol. GS: F, GTS: U	75	2,69
Gesamte Stichprobe	354	2,41

Anmerkungen: vergleiche Tabelle 39

Einkauf von Lebensmitteln

Eine Polarisation deutet sich beim Anliegen Einkauf der Lebensmittel für den gemeinsamen Haushalt an. 36,9% der Männer schreiben sich diese Tätigkeit überwiegend selbst zu, 48,7% benennen ihre Partnerin. Ähnlich sehen die Verhältnisse aus dem Blickwinkel der Frauen aus, von denen 56,2% den Einkauf als überwiegende Frauensache bezeichnen, 30,3% definieren die Aufgabe als überwiegende Männertätigkeit (siehe Tabelle 44).

Tabelle 44: Übernahme der Aufgabe „Einkauf von Lebensmitteln"

Nach Meinung der ...	überwiegend der Mann (in %)	beide (in %)	überwiegend die Frau (in %)
... Männer (N = 187)	36,9	14,4	48,7
... Frauen (N = 185)	30,3	13,5	56,2

Anmerkung: vergleiche Tabelle 38

Der Mittelwert für die Frauen (N = 185) beträgt 2,26 (SD = .90), derjenige der Männer (N = 187) 2,12 (SD = .92), was einen Gesamtmittelwert von 2,19 ergibt.

Dieser Sachverhalt unterscheidet sich von den Ergebnissen von FTHENAKIS & MINSEL (2002, 146): Die täglichen Einkäufe werden in der Untersuchung dieser Forscher in der Regel von der Frau getätigt.

Beim Vergleich der Gruppen nach dem Androgyniemodell sind die Möglichkeiten für Schlussfolgerungen im Gegensatz zu den weiter oben beschriebenen Haushaltstätigkeiten eingeschränkt. Die expressiven Männer (1,50) tendieren zwischen der eigenen Wahrnehmung und partnerschaftlicher Arbeitsteilung der Aufgabe. Die Analyse der anderen Gruppen nach dem Androgyniekonzept ergibt, dass tendenziell eine partnerschaftliche Arbeitsteilung vorliegt (ein angedeutetes Übergewicht zu Ungunsten der Ehefrauen ist nicht zu übersehen). Die Mittelwerte liegen zwischen 2,10 und 2,50 (siehe Tabelle 45). Für alle Gruppen wurde ein Durchschnitt von 2,12 berechnet.

Tabelle 45: Subgruppen nach dem Androgyniemodell und Übernahme der Aufgabe „Einkauf von Lebensmitteln"

Mittelwerte Eink. Lm.	N	Mittelwert
Biol. GS: M, GTS: M	97	2,10
Biol. GS: M, GTS: F	6	1,50
Biol. GS: M, GTS: A	19	2,11
Biol. GS: M, GTS: U	65	2,20
Biol. GS: F, GTS: M	67	2,27
Biol. GS: F, GTS: F	33	1,91
Biol. GS: F, GTS: A	8	2,50
Biol. GS: F, GTS: U	77	2,38
Gesamte Stichprobe	372	2,12

Anmerkungen: vergleiche Tabelle 39

Reparaturen im Haushalt

Ausbesserungen im Haushalt werden, wie auch neuere Erhebungen belegen, vorwiegend von Männern getätigt (BUNDESMINISTERIUM FÜR FAMILIE, SENIOREN, FRAUEN UND JUGEND 2003, FTHENAKIS & MINSEL 2002). Diese Beschäftigung entspricht auch charakteristischerweise dem männlichen Stereotyp.

Die gegenwärtige Studie kommt zu einem analogen Befund. Nach Meinung beider Geschlechter führt in der Regel der Mann anfallende Reparaturen im Haushalt aus; 90,2% der Männer und 88,5% der Frauen sind dieser Ansicht (siehe Tabelle 46).

Tabelle 46: Übernahme der Aufgabe „Reparaturen im Haushalt"

Nach Meinung der ...	überwiegend der Mann (in %)	beide (in %)	überwiegend die Frau (in %)
... Männer (N = 183)	90,2	1,6	8,2
... Frauen (N = 184)	88,5	3,3	8,2

Anmerkung: vergleiche Tabelle 38

Der Mittelwert für die Frauen (N = 184) liegt mit 1,20 (SD = .57) relativ nahe am Eckpunkt 1 der Codierung: 1 = überwiegend der Mann, 2 = beide, 3 = überwiegend die Frau, und auch der Mittelwert für ihre männlichen Pendants (N = 183) zeigt, dass es sich um eine Männeraufgabe handelt: er beträgt 1,18 (SD = .56). 1,19 lautet der berechnete Mittelwert für beide Geschlechter.

Unter Berücksichtigung der Mittelwerte der Gruppen nach dem Androgyniemodell sind u.a. folgende Interpretationen möglich (siehe Tabelle 47): Instrumentelle Männer (1,13) identifizieren sich von allen Männern am stärksten mit der Aufgabe „Reparaturen im Haushalt"; danach folgen die undifferenzierten (1,19). Die expressiven Männer

(1,67) scheinen im Mittel für anfallende Reparaturen nicht sehr ausgeprägtes Interesse aufzubieten.

Betrachtet man die Mittelwerte der Gruppen der Frauen, so sieht man, dass die instrumentellen (1,36) den höchsten Mittelwert von allen zeigen. Die expressiven Frauen (1,16) passen sich anscheinend optimal an die stereotype Verteilung dieser Aufgabe an, was auch mit deren Orientierung an den expressiven Geschlechtsstereotypen hypothetisch erklärt werden könnte.

Tabelle 47: Subgruppen nach dem Androgyniemodell und Übernahme der Aufgabe „Reparaturen im Haushalt"

Mittelwerte Rep. i. Hh.	N	Mittelwert
Biol. GS: M, GTS: M	96	1,13
Biol. GS: M, GTS: F	6	1,67
Biol. GS: M, GTS: A	18	1,28
Biol. GS: M, GTS: U	63	1,19
Biol. GS: F, GTS: M	66	1,36
Biol. GS: F, GTS: F	32	1,16
Biol. GS: F, GTS: A	8	1,25
Biol. GS: F, GTS: U	78	1,06
Gesamte Stichprobe	367	1,26

Anmerkung: vergleiche Tabelle 39

Kleinkinderziehung

Traditionellerweise liegt die Erziehung von Kleinkindern in Händen der Frau. Die gegenwärtige Umfrage bestätigt die Kleinkinderziehung als Frauensache. 88,1% der Männer und 92,4% der Frauen definieren die Verhältnisse in ihrer Ehe dementsprechend (siehe Tabelle 48).

Tabelle 48: Übernahme der Aufgabe „Erziehung vom/n Kleinkind/ern"

Nach Meinung der ...	überwiegend der Mann (in %)	beide (in %)	überwiegend die Frau (in %)
... Männer (N = 93)	2,2	9,7	88,1
... Frauen (N = 93)	1,1	6,5	92,4

Anmerkung: vergleiche Tabelle 38. * In dieser Tabelle sind ausschließlich die Ehepaare aufgeführt, bei denen mindestens ein Kleinkind im Haushalt wohnt

Die Einschätzung der Frauen (N = 93) fällt mit einem Mittelwert von 2,91 (SD = .32) etwas klarer aus als diejenige der Männer (N = 93), deren Mittelwert bei 2,86 liegt. 2,89 lautet der errechnete Mittelwert aus beiden Vorstellungen.

Expressive Männer und androgyne Frauen sind bei der Gruppenanalyse auf Grund von zu niedriger Gruppenstärke herausgenommen worden. Weil nur Paaren mit Kindern Aufmerksamkeit geschenkt wurde, verringerten sich Stärken einiger Gruppen nach dem Androgyniemodell.

In der neugeordneten Tabelle (siehe Tabelle 49) ist augenscheinlich, dass einerseits die Mittelwerte verhältnismäßig hoch sind, andererseits liegen sie nahe beieinander. Das Fazit lässt sich so formulieren, dass bei der Betrachtung der Mittelwerte der Gruppen nach dem Androgyniemodell keine nennenswerten Abweichungen festzustellen sind. Demnach schätzen alle Probenden die Verhältnisse als Ungleichverteilung ein.

Tabelle 49: Subgruppen nach dem Androgyniemodell und Übernahme der Aufgabe „Erziehung vom/n Kleinkind/ern"

Mittelwerte Kleink.	N	Mittelwert
Biol. GS: M, GTS: M	51	2,84
Biol. GS: M, GTS: A	11	2,91
Biol. GS: M, GTS: U	29	2,93
Biol. GS: F, GTS: M	38	2,90
Biol. GS: F, GTS: F	12	2,92
Biol. GS: F, GTS: U	37	2,97
Gesamte Stichprobe	178	2,91

Anmerkung: vergleiche Tabelle 39. Die Gruppen expressive Männer und androgyne Frauen sind auf Grund von zu geringer Personenanzahl ausgelassen worden

Aufräumen des Haushalts

Auch diverse Säuberungsarbeiten im Haushalt werden überwiegend von der Frau getätigt. Dieser Meinung sind 81,9% der Männer und 87,6% der Frauen (siehe Tabelle 50).

Tabelle 50: Übernahme der Aufgabe „Aufräumen des Haushalts"

Nach Meinung der ...	überwiegend der Mann (in %)	beide (in %)	überwiegend die Frau (in %)
... Männer (N = 188)	9,6	8,5	81,9
... Frauen (N = 186)	7,6	4,8	87,6

Anmerkung: vergleiche Tabelle 38

Die Mittelwerte der beiden Geschlechter liegen relativ nahe beieinander. Für die Frauen (N = 186) wird der Wert 2,80 (SD = .56) berechnet, für die Männer (N = 188) 2,72 (SD = .43). Der Mittelwert für beide Angaben beträgt 2,76.

Die untersuchten Gruppen nach dem Androgyniemodell geben unterschiedliche Einschätzungen ab (siehe Tabelle 51). Die instrumentellen Männer (2,79) erscheinen definitiv passiv bei der Übernahme dieser Aufgabe, sie wird der Frau zugesprochen. Expressive Männer (2,00) geben an, dass sie zu einem gleich großen Anteil wie der Partner den Haushalt aufräumen. Androgyne Männer (2,63) präferieren zwar nicht eindeutig die traditionelle Rollenverteilung, charakterisieren sich aber auch nicht durch eine Beschreibung von partnerschaftlichen Verhältnissen.

Wie man erwarten konnte, führen von allen Gruppen der biologischen Frauen die expressiven (2,91) am augenscheinlichsten diese typische Hausfrauentätigkeit aus. Androgyne (2,63) und maskuline (2,63) Frauen erscheinen auf Grund der berechneten Mittelwerte nicht eindeutig stereotyp feminin wie die expressiven.

Tabelle 51: Subgruppen nach dem Androgyniemodell und Übernahme der Aufgabe „Aufräumen des Haushalts"

Mittelwerte Aufräumen	N	Mittelwert
Biol. GS: M, GTS: M	96	2,79
Biol. GS: M, GTS: F	6	2,00
Biol. GS: M, GTS: A	19	2,63
Biol. GS: M, GTS: U	65	2,74
Biol. GS: F, GTS: M	68	2,63
Biol. GS: F, GTS: F	33	2,91
Biol. GS: F, GTS: A	8	2,63
Biol. GS: F, GTS: U	78	2,85
Gesamte Stichprobe	373	2,65

Anmerkung: vergleiche Tabelle 39

Abwicklung des häuslichen Briefverkehrs

Der häusliche Briefverkehr wird laut Angaben der Klienten vorwiegend vom Mann abgewickelt, dies ist aus der Sicht von 64,5% der Männer und 61,0% der Frauen der Fall. Auffallend ist aber auch, dass rund ein Viertel der Frauen diese männertypische Aufgabe bewältigen (siehe Tabelle 52).

Tabelle 52: Übernahme der Aufgabe „Abwicklung des häuslichen Briefverkehrs"

Nach Meinung der ...	überwiegend der Mann (in %)	beide (in %)	überwiegend die Frau (in %)
... Männer (N = 186)	64,5	9,7	25,8
... Frauen (N = 187)	61,0	8,5	30,5

Anmerkung: vergleiche Tabelle 38

Die Tendenz, dass der Mann sich überwiegend dieser Tätigkeit annimmt, zeigt sich auch in den Mittelwerten. Für die Frauen (N = 187) wird ein Wert von 1,70 (SD = .91) errechnet, für die Männer (N = 186) ergibt sich ein Wert von 1,61 (SD = .87). 1,65 lautet der Mittelwert aus beiden Einschätzungen.

In Tabelle 53 sind die Mittelwerte der verschiedenen Gruppen nach dem Androgyniemodell aufgelistet. Die expressiven Frauen (1,40) sehen den häuslichen Briefverkehr tendenziell vom Ehemann abgewickelt. Instrumentelle Frauen (2,02) bevorzugen im Mittel, so darf man vermuten, einen ausgeglichenen Arbeitsaufwand in der Ehe.

Die instrumentellen Männer (1,47) definieren nicht eindeutig die Regelung des Briefverkehrs als Männeraufgabe, androgyne (1,90) neigen im Durchschnitt zu einer partnerschaftlichen Aufgabenverteilung und feminine Männer (1,67) liegen mit ihrer Einschätzung zwischen einer eigenen und brüderlichen Praxis.

Tabelle 53: Subgruppen nach dem Androgyniemodell und Übernahme der Aufgabe „Abwicklung des häuslichen Briefverkehrs“

Mittelwerte Briefverkehr	N	Mittelwert
Biol. GS: M, GTS: M	96	1,47
Biol. GS: M, GTS: F	6	1,67
Biol. GS: M, GTS: A	19	1,90
Biol. GS: M, GTS: U	65	1,74
Biol. GS: F, GTS: M	68	2,02
Biol. GS: F, GTS: F	33	1,40
Biol. GS: F, GTS: A	8	1,63
Biol. GS: F, GTS: U	78	1,55
Gesamte Stichprobe	373	1,67

Anmerkung: vergleiche Tabelle 39

4.6.2.1 Zusammenfassung

Neuere Untersuchungen zur Rollenverteilung im Haushalt (FTHENAKIS & MINSEL 2002; BUNDESMINISTERIUM FÜR FAMILIE, SENIOREN, FRAUEN UND JUGEND 2003, KIRCHLER & VENUS 2000) zeigen, dass nach wie vor die anfallenden Aufgaben im Haushalt überwiegend von Frauen bewältigt werden – unabhängig davon, ob sie berufstätig ist oder nicht.

Auch in der vorliegenden Untersuchung konnte gezeigt werden, dass die vermeintlich typischen Hausfrauentätigkeiten auch bei den Probanden realiter Frauenaufgaben sind. Deshalb kann von einer Ungleichverteilung der Arbeitsaufgaben im Haushalt gesprochen werden.

Auffällig sind die unterschiedlichen Gruppen nach dem Androgyniemodell, deren typische Orientierungen an den Geschlechtsstereotypen sich z.T. charakteristisch auswirken. Expressive Frauen neigen – gemäß ihrer Orientierung an weiblichen Geschlechtsstereotypen – zu einer ausgeprägteren Identifikation mit typischen Hausfrauentätigkeiten als die anderen Gruppen der Frauen. Bei instrumentellen Männern wurde eine stärkere Hinwendung zu typischen Männeraufgaben als bei den anderen gleichgeschlechtlichen Gruppen augenscheinlich. Dies ließe sich mit der charakteristischen Orientierung an maskulinen Geschlechtsstereotypen erklären.

Im Folgenden werden die Ergebnisse ausführlich kommentiert, wobei zunächst die Ehepartner, d.h. die biologischen Geschlechter, fokussiert werden. Im Anschluss daran werden die Gruppen nach dem Androgyniemodell berücksichtigt.

Wie erwähnt, weist diese Studie ein Ungleichgewicht bei der Arbeitsverteilung im Haushalt nach. *Diese* Tätigkeiten sind vorwiegend Frauenaufgaben (der jeweils angegebene Prozentsatz entspricht dem Durchschnitt der Einschätzungen (in %) der Klienten):

- *Zubereitung von Mahlzeiten* (wird in 89,7% der untersuchten Ehen überwiegend von der Frau getätigt);
- *Waschen, Bügeln, Nähen* (erledigt in 91,8% der Ehen überwiegend die Frau);
- *Erledigung des Abwaschs* (in 65,2% der erfassten Fälle überwiegend von der Frau übernommen);
- *Kleinkinderziehung* (in 90,3% der Ehen (N = 93) überwiegend von der Frau praktiziert);
- *Aufräumen des Haushalts* (Frauen erledigen vorwiegend diese Aufgabe in 84,8% der erfassten Ehen).

Bei folgenden (typisch männlichen) Tätigkeiten herrscht ein Überwicht der Männer vor (der jeweils angegebene Prozentsatz stellt den Durchschnitt der Einschätzungen (in %) der Probanden dar):

- *Abwicklung des häuslichen Briefverkehrs* (in 62,8% der erfassten Ehen überwiegend vom Mann erledigt);
- *Reparaturen im Haushalt* (wird in 89,4% der erfassten Ehen generell vom Mann ausgeübt).

Bei der Haushaltsaufgabe „Einkauf von Lebensmitteln" verteilen sich die Zuständigkeitsbereiche. In 33,6% der nachgeprüften Ehen übernimmt dies vorwiegend der Mann, in 14,0% der Haushalte herrscht eine partnerschaftliche Arbeitsverteilung vor. Frauen nehmen sich in 52,5% der Ehen im Großen und Ganzen den Einkäufen für den Haushalt an (die angegeben Prozentsätze spiegeln die Mittelwerte der Vorstellungen der befragten Personen (in Prozent) wider).

Die Mittelwerte für die Subgruppen nach dem Androgyniemodell ergeben aufschlussreiche Befunde. Expressive Individuen, unabhängig vom biologischen Geschlecht, scheinen sich auch im praktischen Leben eher mit weiblichen Geschlechtsstereotypen zu identifizieren. Bei folgenden Aufgaben bevorzugen expressive Frauen, in den meisten Fällen ausgeprägter als Frauen mit anders strukturierter Geschlechtstypizität (GTS), die geschlechtstypische Rollenverteilung, d.h. sie zeigen charakteristischerweise auch expressive Eigenschaften. (Zur Vervollständigung sind auch die expressiven Männer genannt, die in einigen Fällen ebenso durch stereotyp weibliche Merkmale auffallen. Z.B. zeigt sich eine expressive Verhaltensweise in der Bevorzugung einer partnerschaftlichen Verteilung von typischen Männeraufgaben. Aufgelistet werden die Mittelwerte der subjektiven Vorstellungen von Männern und Frauen, die sich auf folgende Codierung beziehen: 1 = überwiegend der Mann, 2 = beide, 3 = überwiegend die Frau.)

- *1. Zubereitung der Mahlzeiten* – expressive Frauen (N = 32): 2,94; expressive Männer (N = 5): 2,20.
- *2. Waschen, Bügeln, Nähen* – expressive Frauen (N = 32): 2,94; expressive Männer (N = 6): 1,67.
- *3. Erledigung des Abwaschs* – expressive Frauen (N = 32): 2,53; expressive Männer (N = 6): 1,67.
- *4. Erziehung von Kleinkindern* – expressive Frauen (N = 12): 2,92; expressive Männer werden bei dieser Aufgabe auf Grund von zu niedriger Gruppenstärke nicht berücksichtigt.
- *5. Aufräumen des Haushalts* – expressive Frauen (N = 33): 2,91; expressive Männer (N = 6): 2,00.

Das Verhalten der expressiven Frauen ist, so lässt sich folgern, stark an gängige expressive Geschlechtsstereotype orientiert. Ein spiegelbildliches Verhältnis, so haben die Ergebnisse gezeigt, ist bei instrumentellen Individuen, unabhängig vom biologischen Geschlecht, anzunehmen: eine Annäherung an stereotyp maskuline Verhaltensweisen kann angenommen werden. Die Mittelwerte sind bei den Gruppen der Maskulinen in den meisten Fällen charakteristisch instrumenteller ausgeprägt als bei den anderen gleichgeschlechtlichen Gruppen.

Bei *diesen* Aufgaben präferieren instrumentelle Männer die traditionelle Rollenverteilung (dargestellt werden die errechneten Mittelwerte, die sich auf folgende Codierung beziehen: 1 = überwiegend der Mann, 2 = beide, 3 = überwiegend die Frau):

- *Zubereitung der Mahlzeiten* (instrumentelle Männer (N = 95): 2,92);
- *Waschen, Bügeln, Nähen* (instrumentelle Männer (N = 96): 2,92);
- *Erledigung des Abwaschs* (instrumentelle Männer (N = 91): 2,48);
- *Reparaturen im Haushalt* (instrumentelle Männer (N = 96): 1,13);
- *Erziehung von Kleinkindern* (instrumentelle Männer (N = 51): 2,84);
- *Aufräumen des Haushalts* (instrumentelle Männer (N = 96): 2,79);
- *Abwicklung des häuslichen Briefverkehrs* (instrumentelle Männer (N = 96): 1,47).

Die androgynen Individuen sind in diesem Projekt unauffällig bei der Aufgabenverteilung im Haushalt geblieben. Es sei noch darauf hingewiesen, dass die relevanten Gruppen der androgynen Klienten verhältnismäßig gering ausgefallen waren.

Die Ausgangsfrage der Untersuchung „Wirken sich unterschiedliche Arten der Geschlechtstypizität (GTS) der Ehepartner auf die Verhältnisse der Ehe aus?" kann also für den Bereich „Aufgabenverteilung im Haushalt" bejaht werden, fokussiert man die Auswirkungen von Instrumentalität und Expressivität. Wie die Ergebnisse zeigen, charakterisieren sich sowohl feminine als auch maskuline Individuen, unabhängig vom biologischen Geschlecht, überwiegend durch expressive bzw. instrumentelle Verhaltensweisen, die den gängigen Geschlechterstereotypen entsprechen.

Die Verhältnisse im Haushalt der untersuchten Ehen sind – zusammengefasst – eng an die von PARSONS & BALES (1955) definierte klassische Rollenverteilung in der Kleinfamilie angelehnt. Ferner entsprechen die Ergebnisse, wie gesagt, neueren Untersuchungen.

4.6.3 Partnerschaftszufriedenheit der Ehepaare – Vergleich der Gruppen nach dem Androgyniemodell

Zu den Items, die Aspekte der Partnerschaftszufriedenheit erfassten, konnten die Probanden auf einer 6-stufigen Skala subjektive Einschätzungen tätigen (eckpunktbenannt: 1 = sehr zufrieden, 6 = sehr unzufrieden). Bei der folgenden Darstellung der Ergebnisse wird so vorgegangen, dass zunächst die zentralen Tendenzen der Männer und Frauen auf signifikanten Unterschied hin verglichen werden. Auf Grund der Tatsache, dass es sich bei diesen Items um ein höheres Skalenniveau (Ordinalskala) handelt, im Unterschied zu den Items, die die Rollenverteilung im Haushalt fokussierten, kann für den Vergleich der beiden unabhängigen Stichproben (Männer und Frauen) der Mann-Whitney-U-Test (der dem T-Test bei unabhängigen Stichproben wesentlich entspricht) durchgeführt werden. Dieses Verfahren hat den Vorteil, dass es konservativer ist als der T-Test bei unabhängigen Stichproben: die Ränge werden berücksichtigt (vgl. BORZ 1999, 146–149).

Nachdem der Test gerechnet ist, können – wenn ein signifikanter Unterschied vorliegt – Schlussfolgerungen gezogen werden, unter Berücksichtigung der Mittelwerte.

Da die Gruppen nach dem Androgyniemodell leider keine gleichen Stärken aufweisen, wird nicht auf das statistische varianzanalytische Verfahren einfaktorielle ANOVA zurückgegriffen, welches normalerweise Verwendung finden würde. Auf Grund der unterschiedlichen Stichprobengrößen wird ein verteilungsfreies Verfahren, der Kruskal-Wallis-Test, miteinbezogen. Dieses Verfahren ist die nicht-parametrische Entsprechung der einfaktoriellen Varianzanalyse und wird bei kleineren und ungleichen Stichprobengrößen empfohlen (BORZ 1999, 276).

Eine Annahme vorab: Es kann davon ausgegangen werden, dass generell eher eine Unzufriedenheit bezüglich der Verhältnisse in den Ehen der Klienten vorliegt. Immerhin geben 60,4% der Befragten Übermaß an Konflikten im Alltag an. Dies müsste sich auch in bestimmten zwischenmenschliche Bereichen, die mit den Items zur Partnerschaftszufriedenheit erfasst werden, ausdrücken.

Arbeitsanteil im Haushalt

Wie bereits oben festgestellt wurde, nehmen sich überwiegend die Frauen den anfallenden Aufgaben im Haushalt an. Im Durchschnitt werden in der vorliegenden Befragung die Angelegenheiten „Zubereitung der Mahlzeiten", „Waschen, Bügeln, Nähen", „Erledigung des Abwaschs" und „Aufräumen des Haushalts" überwiegend von der Frau übernommen. Auch auf die Kleinkinderziehung trifft dies zu: in 90,3% der Ehen (N = 93) mehrheitlich von der Frau getätigt.

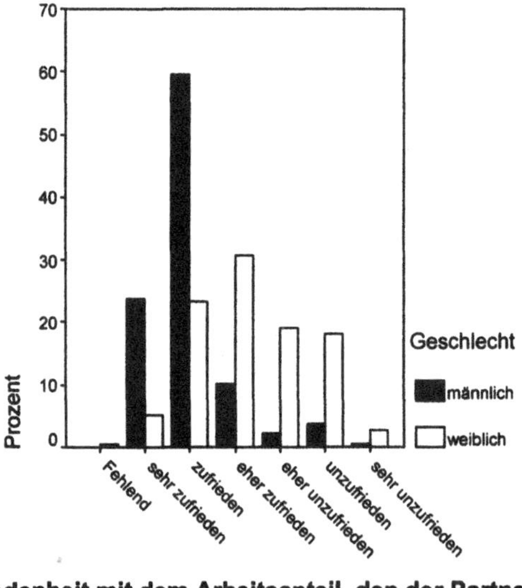

Abb. 1: Zufriedenheit mit dem Arbeitsanteil, den der Partner im Haushalt übernimmt

Dieser Befund entspricht auch den Ergebnissen von FTHENAKIS & MINSEL (2002) und stimmt auch mit anderen Erhebungen überein (BUNDESMINISTERIUM FÜR FAMILIE, SENIOREN, FRAUEN UND JUGEND 2003).

Wie in Abbildung 1 ersichtlich ist, sind mit dieser klassischen Ungleichverteilung bzw. mit dem geringeren Arbeitsaufwand des Mannes im Haushalt die Mehrzahl der Männer (N = 188) einverstanden. 59,6% geben an, zufrieden zu sein, 23,9% sind sehr zufrieden. Ein großer Anteil der Frauen (N = 187) steht dem Arbeitsaufwand der Männer skeptisch gegenüber. Rund zwei Drittel der Frauen (59,9%) sind mit dem Arbeitsanteil ihres Partners sehr zufrieden bis eher zufrieden. Eher unzufrieden sind hingegen 19,3%, unzufrieden bezeichnen sich 18,2% der Frauen, sehr unzufrieden sind 2,7%. Fazit: Negativ empfinden insgesamt mehr als ein Drittel (40,2%) der Frauen die aktuelle Situation. Der Mittelwert für die Frauen (N = 187) bezüglich der Zufriedenheit mit dem Arbeitsanteil des Partners im Haushalt beträgt 3,29 (SD = 1,24), derjenige für die Männer (N = 188) 2,04 (SD = .92). Die Differenz der zentralen Tendenzen der Männer und Frauen ist signifikant im Mann-Whitney-U-Test (z = -10,30; p < .001). Frauen sind also signifikant unzufriedener mit der gegenwärtigen Situation im Haushalt als Männer. Der Mittelwert für die Männer (2,04) verweist auf eine allgemeine Zufriedenheit.

Die Gruppen nach dem Androgyniemodell unterscheiden sich auch signifikant bei der Durchführung des Kruskal-Wallis-Test (χ^2 = 110,64; df = 7; p < .001). Zufrieden mit den überwiegend traditionellen Bedingungen in den untersuchten Haushalten (siehe oben) sind erwartungsgemäß die instrumentellen Männer (2,03). Androgyne Männer (2,11) können mit dem Arbeitsanteil ihrer Partnerin auch gut leben. Die instrumentellen Frauen sind von allen gleichgeschlechtlichen Gruppen der Kategorie „eher unzufrieden" (3,35) am nächsten. Auch die expressiven Frauen (3,34) sind mit dem Arbeitsanteil ihres Partners nicht einverstanden (siehe Tabelle 54).

Tabelle 54: Subgruppen nach dem Androgyniemodell und Zufriedenheit mit dem Arbeitsanteil, den der Partner im Haushalt übernimmt

Kruskal-Wallis-Test

	Freiheitsgrade	χ^2
Biol. GS + GTS	7	17,3*

Mittelwerte Zufr. Arb.	N	Mittelwert
Biol. GS: M, GTS: M	98	2,03
Biol. GS: M, GTS: F	6	2,33
Biol. GS: M, GTS: A	19	2,11
Biol. GS: M, GTS: U	65	2,00
Biol. GS: F, GTS: M	68	3,35
Biol. GS: F, GTS: F	32	3,34
Biol. GS: F, GTS: A	8	2,50
Biol. GS: F, GTS: U	79	2,66
Gesamte Stichprobe	375	2,54

Anmerkungen: *** = p < .001; ** = p < .01; * = p < .05; ns = nicht signifikant. Biol. GS = Biologisches Geschlecht; GTS = Geschlechtstypizität; M = Maskulinität; F = Feminität; A = Androgynie; U = Undifferenziertheit. Eventuelle Abweichungen der Fallzahlen in den einzelnen Gruppen erklären sich mit den fehlenden Werten bei der Zielvariable. Beim Aufsummieren von Werten können geringfügige Rundungsungenauigkeiten auftreten. Die Zufriedenheit mit dieser Variable ist von 1 bis 6 codiert: 1 = sehr zufrieden, 2 = zufrieden, 3 = eher zufrieden, 4 = eher unzufrieden, 5 = unzufrieden, 6 = sehr unzufrieden

Weltanschauung

Analoge Wertvorstellungen und tatsächliche Ähnlichkeit der Partner gelten nach SCHINDLER et al. (1998, 28) nicht zwingend als Determinanten von Ehequalität. Auf Grund der Annahme, dass unterschiedliche Wertvorstellungen auch häufiger Konflikte provozieren, kann daher vermutet werden, dass bei den untersuchten Paaren (N = 188) im gegenwärtigen Forschungsprojekt im Durchschnitt eine Tendenz zur Unzufriedenheit besteht, denn bei 60,4% der Klienten (N = 376) war ein Phänomen, wie bereits erwähnt, das zum Besuch der Eheberatungsstelle motivierte, Übermaß an Konflikten im Alltag.

Diese Vermutung bewahrheitet sich nicht. Abbildung 2 zeigt die allgemeine Zufriedenheit mit der Weltanschauung des Partners. Demnach sind die Männer (N = 187) überwiegend zufrieden mit der Weltanschauung ihres Pendants. Insgesamt 81,3% fallen in die Kategorie „zufrieden“ (eher zufrieden bis sehr zufrieden), 18,7% sind mit der Weltanschauung des Partners nicht zufrieden (eher unzufrieden bis sehr unzufrieden).

Über die Einschätzung der Frauen (N = 187) lässt sich Entsprechendes aussagen. Die Mehrheit (81,8%) ist mit der Weltanschauung des Partners einverstanden (eher zufrieden bis sehr zufrieden). Rund ein Fünftel der Klientenstichprobe (18,2%) stören sich an der Gesinnung des Partners.

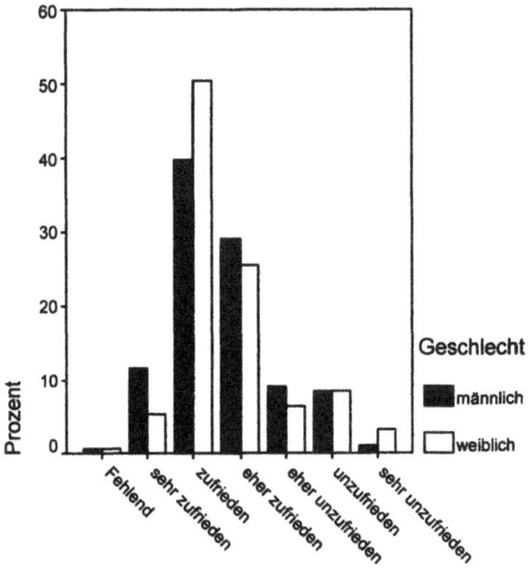

Abb. 2: Zufriedenheit mit der Weltanschauung des Partners

Der Mittelwert für die Frauen (N = 187) beträgt 2,72 (SD = 1,16), derjenige für die Männer (N = 187) 2,66 (SD = 1,14). Der Unterschied der zentralen Tendenz der beiden Stichproben ist nicht signifikant im Mann-Whitney-U-Test (z = -.13; p = ns).

Weil mehrheitlich positiv mit der Weltanschauung des Partners umgegangen wird, können keine Rückschlüsse auf eine mögliche negative Einflussnahme auf die Verhältnisse der Ehe erfolgen.

Die Gruppen (siehe Tabelle 55) nach dem Androgyniemodell unterscheiden sich signifikant bei der Durchführung des Kruskal-Wallis-Test (χ^2 = 19,4; df = 7; p < .01).

Demnach verweisen im Allgemeinen sieben von acht Gruppen auf eine überwiegende Zufriedenheit mit der Weltanschauung des Partners (siehe Mittelwerte).

Die expressiven Frauen (2,13) sind von allen Gruppen am zufriedensten mit der Lebensphilosophie des Partners. Auffallend sind die instrumentellen Frauen (3,19), die signifikant von allen Gruppen am unzufriedensten sind.

Tabelle 55: Subgruppen nach dem Androgyniemodell und Zufriedenheit mit der Weltanschauung des Partners

Kruskal-Wallis-Test

	Freiheitsgrade	χ^2
Biol. GS + GTS	7	19,4**

Mittelwerte Zufr. Welt.	N	Mittelwert
Biol. GS: M, GTS: M	98	2,76
Biol. GS: M, GTS: F	6	2,33
Biol. GS: M, GTS: A	19	2,85
Biol. GS: M, GTS: U	64	2,56
Biol. GS: F, GTS: M	68	3,19
Biol. GS: F, GTS: F	32	2,13
Biol. GS: F, GTS: A	8	2,56
Biol. GS: F, GTS: U	79	2,69
Gesamte Stichprobe	374	2,63

Anmerkungen: vergleiche Tabelle 54

Zärtlichkeit und körperliche Zuwendung

SCHNEEWIND & WUNDERER (2003) haben in ihrer Untersuchung 663 in erster Ehe verheiratete Paare nach den Bedingungen einer funktionierenden Ehe befragt: „Was hält ihre Ehe zusammen?" – so lautete der Hauptaspekt. Rund ein Drittel der Befragten (32%) nennen u.a. Liebe und Zuneigung, 4% geben Zärtlichkeit als wichtige Determinante an.

Liebe, Empathie und sexuelle Zufriedenheit sind nach SCHINDLER et al. (1998, 28) dyadische Determinanten für Ehequalität.

Weil in der vorliegenden Untersuchung Ehepaare in der institutionellen Beratung fokussiert werden, wird nicht nur eine niedrige Ehequalität angenommen, sondern darüber hinaus auch eine vorherrschende Unzufriedenheit über den Grad an partnerschaftlicher Zärtlichkeit und Zuwendung.

Die Annahme wird ansatzweise bestätigt (siehe Abb. 3). Der Mehrheit der Befragten missfällt nicht der Grad an Zärtlichkeit und körperlicher Zuwendung. 70,7% der Männer (N = 184) sind mit ihrer Partnerin in diesem Bereich mindestens eher zufrieden, ca. ein Drittel (29,7%) der Männer sind eher unzufrieden bis sehr unzufrieden.

63,3% der Frauen (N = 188) sind mit der Zärtlichkeit und körperlichen Zuwendung des Partners eher zufrieden bis sehr zufrieden, 36,7% dagegen eher unzufrieden bis sehr unzufrieden.

Zusammenfassend lässt sich aussagen: ca. ein Drittel aller Klienten (N = 372) sind mit dem Grad der Zärtlichkeit und körperlichen Zuwendung ihres Partners eher unzufrieden bis sehr unzufrieden.

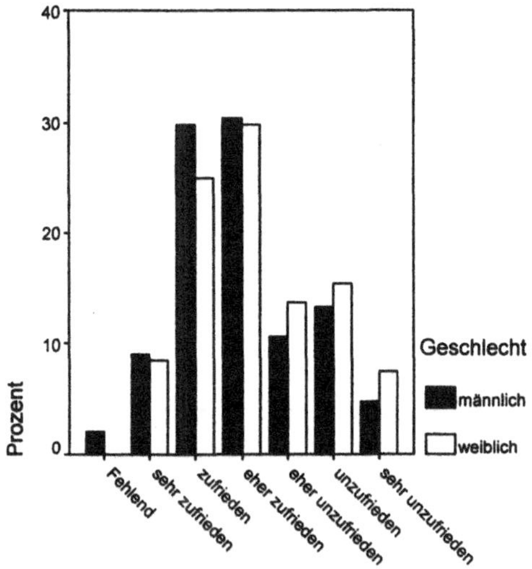

Abb. 3: Zufriedenheit mit der Zärtlichkeit und körperlichen Zuwendung, die der Partner entgegenbringt

Der Mittelwert für die Frauen (N = 188) beim Thema „körperliche Zuwendung/Zärtlichkeit" liegt bei 3,25 (SD = 1,40), derjenige für die Männer (N = 184) bei 3,04 (SD = 1,33). Der Unterschied der zentralen Tendenzen zwischen den Geschlechtern ist nicht signifikant im Mann-Whitney-U-Test (z = -1,49; p = ns).

Die Gruppen nach dem Androgyniemodell weisen nicht signifikante Differenzen im Kruskal-Wallis-Test auf (χ^2 = 4,9; df = 7; p = ns).

Grundsätzlich können die meisten Gruppen im Mittel dem „Zufriedenheitsbereich" zugeordnet werden (siehe Tabelle 56). Von allen Gruppen sind die androgynen Männer (2,68) am zufriedensten mit der Zärtlichkeit und körperlichen Zuwendung ihrer Partnerin. Zum Missmut neigen die expressiven Frauen (3,52), den instrumentellen Frauen (3,22) ergeht es durchschnittlich ähnlich.

Tabelle 56: Subgruppen nach dem Androgyniemodell und Zufriedenheit mit der Zärtlichkeit und körperlichen Zuwendung, die der Partner entgegenbringt

Kruskal-Wallis-Test

	Freiheitsgrade	χ^2
Biol. GS + GTS	7	4,9

Mittelwerte Zufr. Zärtl.	N	Mittelwert
Biol. GS: M, GTS: M	95	3,06
Biol. GS: M, GTS: F	6	2,83
Biol. GS: M, GTS: A	19	2,68
Biol. GS: M, GTS: U	64	3,13
Biol. GS: F, GTS: M	68	3,22
Biol. GS: F, GTS: F	33	3,52
Biol. GS: F, GTS: A	8	2,88
Biol. GS: F, GTS: U	79	3,20
Gesamte Stichprobe	372	3,07

Anmerkungen: vergleiche Tabelle 54

Grad der Eifersucht

In der Untersuchung von KLANN (2002) geben 33% der Probanden die Eifersucht als Problem der gegenwärtigen Partnerschaft an. 4,2% der Befragten im Forschungsvorhaben von KLANN & HAHLWEG (1994a) benennen die Eifersucht als Konfliktaspekt, bei KLANN & HAHLWEG (1987) sind es 6,3%, in der vorliegenden Untersuchung 15,6% der Klienten.

Dieser Prozentsatz wirkt sich auch auf die Zufriedenheit in diesem Bereich aus (siehe Abb. 4). 28,5% der Männer (N = 186) empfinden die Eifersucht ihrer Partnerin als eher unzufrieden bis sehr unzufrieden. Ebenso denken 28,2% der Frauen. Insgesamt stoßen sich also fast ein Drittel der Klientenstichprobe am Grad der Eifersucht des Partners. Die Mehrzahl – 71,5% der Männer und 71,8% der Frauen – finden die Eifersucht des Partner nicht störend.

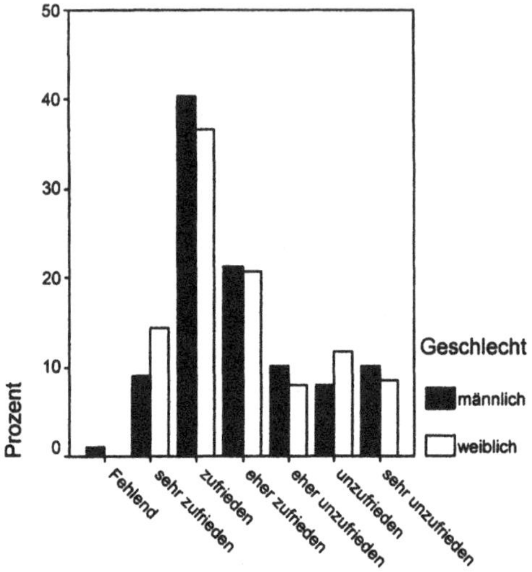

Abb. 4: Zufriedenheit mit dem Grad der Eifersucht der Partner

Die Zufriedenheit wird von beiden Geschlechtern ähnlich empfunden (betrachtet man die Mittelwerte). Der Mittelwert für die Frauen (N = 188) beträgt 2,91 (SD = 1,50), derjenige für die Männer (N = 186) 2,98 (SD = 1,46). Der Unterschied der zentralen Tendenzen von Männern und Frauen ist nicht signifikant im Mann-Whitney-U-Test (z = -.58; p = ns).

Auch bei der Betrachtung der Gruppen nach dem Androgyniemodell ergibt sich kein signifikanter Unterschied im Kruskal-Wallis-Test (χ^2 = 12,2; df = 7; p = ns).

Im Prinzip können alle Gruppen im Mittel mit dem Grad der Eifersucht ihrer Partner leben (siehe Tabelle 57). Überwiegend angepasst empfinden ihn vor allem die androgynen Frauen (2,25). Die androgynen Männer (3,22) und expressiven Frauen (3,27) sind im Durchschnitt tendenziell nicht vollends mit dem Grad der Eifersucht ihres Partners einverstanden.

Tabelle 57: Subgruppen nach dem Androgyniemodell und Zufriedenheit dem Grad der Eifersucht des Partners

Kruskal-Wallis-Test

	Freiheitsgrade	χ^2
Biol. GS + GTS	7	12,2

Mittelwerte Zufr. Eifers.	N	Mittelwert
Biol. GS: M, GTS: M	97	3,06
Biol. GS: M, GTS: F	6	3,17
Biol. GS: M, GTS: A	18	3,22
Biol. GS: M, GTS: U	65	2,77
Biol. GS: F, GTS: M	68	2,59
Biol. GS: F, GTS: F	33	3,27
Biol. GS: F, GTS: A	8	2,25
Biol. GS: F, GTS: U	79	3,11
Gesamte Stichprobe	374	2,93

Anmerkungen: vergleiche Tabelle 54

Grad des Egoismus

Auch die Zufriedenheit mit dem Grad des Egoismus des Partners wurde miteinbezogen bei der Datenerhebung. Wie aus Abb. 5 hervorgeht, sind viele Klienten vorwiegend eher zufrieden bis sehr zufrieden. Über die beiden Geschlechter lässt sich Folgendes berichten: 76,1% der Männer (N = 188) geben an, dass sie überwiegend zufrieden mit dem Grad des Egoismus des Partners sind. Analog argumentieren 61,2% der Frauen (N = 188). Folglich fallen 23,9% der Männer und 38,8% der Frauen unter die Kategorien „eher unzufrieden“, „unzufrieden“ und „sehr unzufrieden“. Ein signifikanter Unterschied kann vorab angenommen werden (siehe unten).

Für die Frauen (N = 188) errechnet sich ein Mittelwert von 3,36 (SD = 1,23), derjenige für die Männer (N = 188) beträgt 2,96 (SD = 1,01). Der Unterschied der zentralen Tendenzen der beiden Geschlechter ist signifikant im Mann-Whitney-U-Test (z = -3,2; p = .001). Die Vermutung, dass Frauen den Egoismus des Partners störender empfinden als Männer, hat sich also bewahrheitet.

Ein signifikanter Unterschied beim Berechnen des Kruskal-Wallis-Test (χ^2 = 14,1; df = 7; p < .05) ist bei Betrachtung der Gruppen nach dem Androgyniemodell festzustellen.

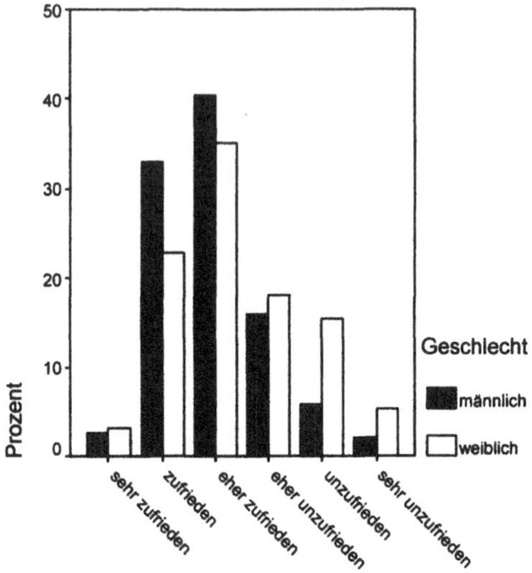

Abb. 5: Zufriedenheit mit dem Grad des Egoismus

Alle Gruppen, die dem biologischen Geschlecht männlich zugeordnet werden, haben niedrigere Mittelwerte als alle Gruppen der Frauen (siehe Tabelle 58). Ferner kann man festhalten, dass die expressiven (3,58) und instrumentellen Frauen (3,51) am unzufriedensten sind.

Tabelle 58: Subgruppen nach dem Androgyniemodell und Zufriedenheit dem Grad des Egoismus des Partners

Kruskal-Wallis-Test

	Freiheitsgrade	χ^2
Biol. GS + GTS	7	14,1*

Mittelwerte Zufr. Egois.	N	Mittelwert
Biol. GS: M, GTS: M	98	3,03
Biol. GS: M, GTS: F	6	2,83
Biol. GS: M, GTS: A	19	2,84
Biol. GS: M, GTS: U	65	2,89
Biol. GS: F, GTS: M	68	3,51
Biol. GS: F, GTS: F	33	3,58
Biol. GS: F, GTS: A	8	3,25
Biol. GS: F, GTS: U	79	3,14
Gesamte Stichprobe	376	3,13

Anmerkung: vergleiche Tabelle 54

Persönliche Freiheit

BODENMANN & CINA (2003) vertreten diverse Thesen über Prinzipien, die eine hohe Partnerschaftszufriedenheit garantieren. Sie verweisen z.B. auf die unbedingte Notwendigkeit, dass Partner sich in der Beziehung genügend Raum geben, d.h. Freiheiten einräumen sollen. Dementsprechend halten 14% der Befragten Ehepaare der Untersuchung von SCHNEEWIND & WUNDERER (2003) für sehr wichtig, sich in der Partnerschaft nicht einzuengen, sondern Bereiche für die eigene Persönlichkeitsentfaltung zu reservieren.

Wie die Ergebnisse der gegenwärtigen Untersuchung zeigen (siehe Abb. 6), wird dies von der Mehrzahl der Klienten praktiziert. 75,3% der Männer (N = 186) sind eher zufrieden bis sehr zufrieden mit dem persönlichen Freiraum, den sie von ihrer Partnerin eingeräumt bekommen. Dies trifft auch auf 76,6% der Frauen (N = 188) zu. Rund ein Viertel der Befragten – 24,7% der Männer, 23,4% der Frauen – sind eher unzufrieden bis sehr unzufrieden mit den Freiheiten, die sie ihr Eigen nennen.

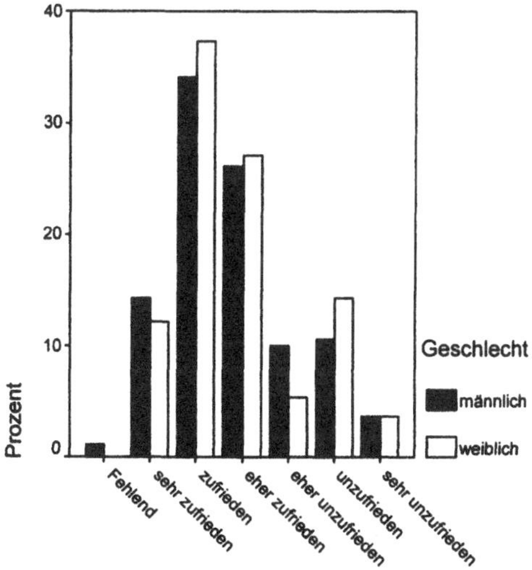

Abb. 6: Zufriedenheit mit den persönlichen Freiheiten, die der Partner überlässt

Der Mittelwert für die Frauen (N = 188) liegt bei 2,84 (SD = 1,34) und kann als eine allgemeine Zufriedenheit interpretiert werden; eine ähnliche Bedeutung hat der Mittelwert (2,80, SD = 1,33) für die Männer (N = 186). Bei Anwendung des Mann-

Whitney-U-Test (z = -.18; p = ns) zeigt sich kein signifikanter Unterschied zwischen den zentralen Tendenzen.

Der für die Unterscheidung der Subgruppen ausgewählte Kruskal-Wallis-Test (χ^2 = 7,2; df = 7; p = ns) errechnet keinen signifikanten Unterschied (siehe Tabelle 59).

Tabelle 59: Subgruppen nach dem Androgyniemodell und Zufriedenheit mit den persönlichen Freiheiten, die der Partner überlässt

Kruskal-Wallis-Test

	Freiheitsgrade	χ^2
Biol. GS + GTS	7	7,2

Mittelwerte Zufr. Freih.	N	Mittelwert
Biol. GS: M, GTS: M	98	2,61
Biol. GS: M, GTS: F	6	2,83
Biol. GS: M, GTS: A	19	2,79
Biol. GS: M, GTS: U	63	3,08
Biol. GS: F, GTS: M	68	2,65
Biol. GS: F, GTS: F	33	3,18
Biol. GS: F, GTS: A	8	2,50
Biol. GS: F, GTS: U	79	2,89
Gesamte Stichprobe	374	2,82

Anmerkung: vergleiche Tabelle 54

Die Gruppen instrumentelle Männer (2,61), expressive Männer (2,83), androgyne Männer (2,79), instrumentelle Frauen (2,65) und androgyne Frauen (2,50) sind im Mittel mit dem vom Partner zur Verfügung gestellten Freiraum überwiegend zufrieden. Der höchste Mittelwert wurde für die Gruppe der expressiven Frauen (3,18) berechnet, was möglicherweise einer Tendenz zur Unzufriedenheit entspricht.

Unterschiedlichkeit

Störendes Temperament des Partners wird von 52% der Befragten in der Untersuchung von KLANN & HAHLWEG (1994b) als nicht gelöstes Problem angegeben.

KLANN (2002) definiert dieses Phänomen als wesentlichen Konfliktbereich in Partnerschaften überhaupt.

Unzufriedenheit mit dem Partner ist auch nach BODENMANN & CINA (2003) einer der subjektiven Gründe, die eine Ehe beenden können.

6% der befragten Ehepaare des Forschungsprojekts „Was hält Ehen zusammen?" von SCHNEEWIND & WUNDERER (2003) legen großen Wert auf übereinstimmende Wertvorstellungen und Ansichten, d.h. auf die „gleiche Wellenlänge".

In Abb. 7 sind die Ergebnisse der gegenwärtigen Befragung dargestellt. Sie verweisen auf eine weniger stark ausgeprägte Problematik für die meisten Paare. Demnach sind 82,2% der Männer (N = 185) überwiegend mit der Unterschiedlichkeit des Partners einverstanden (eher zufrieden bis sehr zufrieden), 17,8% reiben sich am Temperament des anderen (eher unzufrieden bis sehr unzufrieden). 73,3% der Frauen (N = 187) halten das Temperament ihres männlichen Pendants für nicht anstößig (eher zufrieden bis sehr zufrieden), bei 16,7% ist das Gegenteil der Fall, sie sind mit der Unterschiedlichkeit des Partner eher unzufrieden bis sehr unzufrieden.

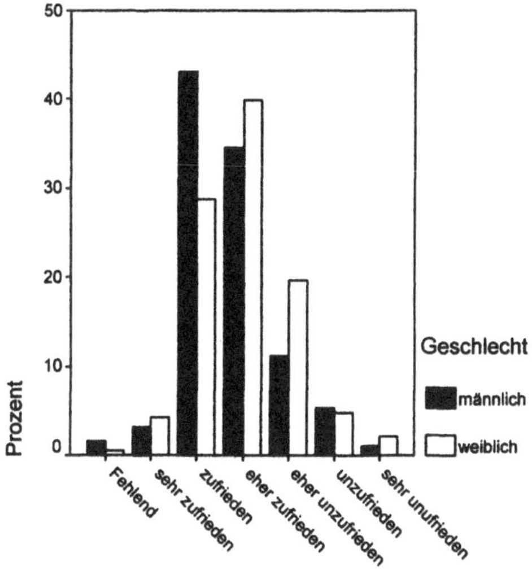

Abb. 7: Zufriedenheit mit der Unterschiedlichkeit des Partners

Für die Frauen (N = 187) wurde ein Mittelwert von 2,98 (SD = 1,02) berechnet, für die Männer (N = 185) lautet er 2,75 (SD = .97). Der Unterschied der zentralen Tendenzen von Männern und Frauen ist signifikant im Mann-Whitney-U-Test ($z = 2,60$; $p < .01$). Frauen sind also bezeichnenderweise nicht so zufrieden wie Männer.

Die Gruppen nach dem Androgyniemodell unterscheiden sich signifikant bei der Durchführung des Kruskal-Wallis-Test ($\chi^2 = 27,4$; $df = 7$; $p < .001$).

Androgyne Frauen (2,00) und expressive Männer (2,50) sind im Mittel mit der Unterschiedlichkeit des Partners tendenziell einverstanden. Signifikant unzufriedener als alle anderen Gruppen sind die instrumentellen Frauen (3,22) (siehe Tabelle 60).

Tabelle 60: Subgruppen nach dem Androgyniemodell und Zufriedenheit mit der Unterschiedlichkeit des Partners

Kruskal-Wallis-Test

	Freiheitsgrade	χ^2
Biol. GS + GTS	7	27,4***

Mittelwerte Zufr. Unter.	N	Mittelwert
Biol. GS: M, GTS: M	98	2,66
Biol. GS: M, GTS: F	6	2,50
Biol. GS: M, GTS: A	19	2,68
Biol. GS: M, GTS: U	62	2,94
Biol. GS: F, GTS: M	68	3,22
Biol. GS: F, GTS: F	33	2,79
Biol. GS: F, GTS: A	8	2,00
Biol. GS: F, GTS: U	78	2,96
Gesamte Stichprobe	372	2,72

Anmerkung: vergleiche Tabelle 54

Einfluss bei Entscheidungen

Egalitäre Machtverteilung zwischen den Partnern ist nach SCHINDLER et al. (1998, 28) eine Determinante für Ehequalität.

Dies scheint für die Mehrzahl der untersuchten Ehepaare zuzutreffen (siehe Abb. 8); sie geben an, mit dem Einfluss bei Entscheidungen im alltäglichen Geschehen leben zu können. 87,2% der Männer (N = 187) liegen im positiven Bereich, sie sind eher zufrieden bis sehr zufrieden. 12,8% fühlen sich bei Entscheidungen, die die Eheführung betreffen, übergangen. Sie sagen danach aus, eher unzufrieden bis sehr unzufrieden damit zu sein.

Die Ehefrauen (N = 188) schätzen die Situation ähnlich ein wie die Männer. Demnach fühlen sich 81,9% der Frauen wohl mit dem persönlichen Einfluss bei Entscheidungen (eher zufrieden bis sehr zufrieden), 18,1% hätten gerne mehr Mitspracherecht, sie sind eher unzufrieden bis sehr unzufrieden.

Der Mittelwert für die Frauen (N = 188) liegt bei 2,79 (SD = 1,06), derjenige für die Männer (N = 187) bei 2,59 (SD = .97). Der Unterschied der zentralen Tendenzen der Männer und Frauen ist signifikant im Mann-Whitney-U-Test ($z = -2{,}2$; $p < .05$).

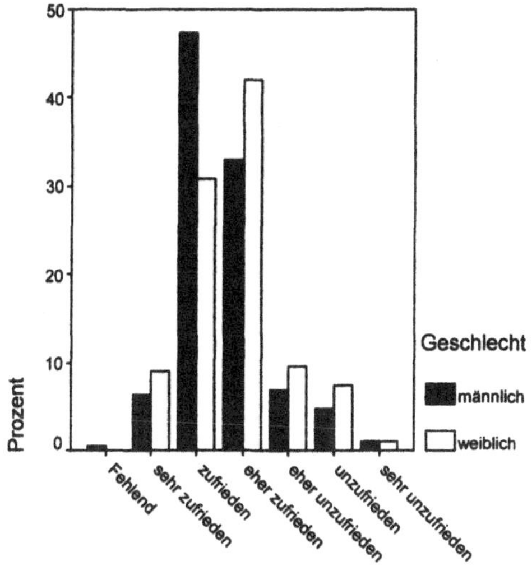

Abb. 8: Zufriedenheit mit dem Ausmaß an Einfluss bei Entscheidungen

Die Gruppen nach dem Androgyniemodell unterscheiden sich signifikant im Kruskal-Wallis-Test ($\chi^2 = 23{,}9$; df = 7; p = .001).

Tabelle 61: Subgruppen nach dem Androgyniemodell und Zufriedenheit mit dem Ausmaß an Einfluss bei Entscheidungen

Kruskal-Wallis-Test

	Freiheitsgrade	χ^2
Biol. GS + GTS	7	23,9**

Mittelwerte Zufr. Einfl.	N	Mittelwert
Biol. GS: M, GTS: M	98	2,48
Biol. GS: M, GTS: F	6	2,00
Biol. GS: M, GTS: A	19	2,32
Biol. GS: M, GTS: U	64	2,91
Biol. GS: F, GTS: M	68	2,66
Biol. GS: F, GTS: F	33	3,00
Biol. GS: F, GTS: A	8	2,13
Biol. GS: F, GTS: U	79	2,87
Gesamte Stichprobe	375	2,55

Anmerkung: vergleiche Tabelle 54

Die expressiven Männer (2,00) sind von allen Gruppen am zufriedensten, die Mittelwerte der restlichen Klienten fallen demnach höher aus (siehe Tabelle 61). Die expressiven Frauen liegen trotz des höchsten Mittelwerts von 3,00 noch im positiven Bereich, durchschnittlich sind sie noch eher zufrieden.

Ausdruck von negativen Gefühlen oder Kritik des Partners

KLANN & HAHLWEG (1994a) erkannten bei 48,3% der erfassten Paare, die eine institutionelle Beratungsstelle aufsuchten, dass das Streitverhalten in der Partnerschaft u.a. ein auslösendes Motiv für die Konsultation war.

Konstruktive Kommunikation ist für 25% der befragten Ehepaare in der Untersuchung von SCHNEEWIND & WUNDERER (2003) ein wichtiges Kriterium für den Zusammenhalt der Ehe.

Wie in Abb. 9 ersichtlich ist, haben nicht wenige Paare der vorliegenden Studie mit dem Kommunikationsverhalten des Partners, wenn er negative Gefühle und Kritik zum Ausdruck bringt, bedeutsame Probleme. Genau genommen sind es 37,4% der Frauen (N = 187) und 34,2% der Männer (N = 187). Beide ermittelten Prozentsätze der Klientenstichprobe sind mit ihrem Partner in diesem Bereich eher unzufrieden bis sehr unzufrieden. Demgegenüber finden 62,4% der Frauen und 65,8% der Männer die Kommunikation ihres Partners in Ordnung (eher zufrieden bis sehr zufrieden).

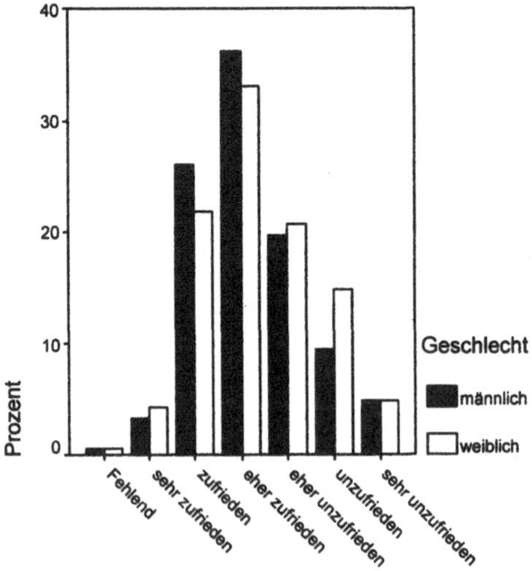

Abb. 9: Zufriedenheit mit der Art und Weise, wie der Partner negative Gefühle oder Kritik zeigt

Die zentralen Tendenzen der Geschlechter unterscheiden sich im Mann-Whitney-U-Test ($z = -1,20$; p = ns) nicht signifikant. Für Frauen (N = 187) lässt sich ein Mittelwert von 3,35 (SD = 1,23) berechnen, derjenige der Männer (N = 187) beläuft sich auf 3,21 (SD = 1,17).

Die Gruppen nach dem Androgyniemodell unterscheiden sich nicht signifikant im Kruskal-Wallis-Test ($\chi^2 = 4,0$; df = 7; p = ns).

Auffallend sind die überdurchschnittlich hohen Mittelwerte im Vergleich zu den vorhergehenden Aspekten (siehe Tabelle 62). Die Werte liegen alle zwischen den Skalenpunkten 3 (eher zufrieden) und 4 (eher unzufrieden). Daraus lässt sich schließen, dass in der Tat die (Konflikt-)Kommunikation bzw. das Mitteilen von negativen Gefühlen in nicht wenigen Fällen der erfassten Ehen für Unstimmigkeiten verantwortlich ist.

Tendenziell liegen folgende Gruppen durchschnittlich im brisanten Bereich: expressive Männer (3,67), androgyne (3,47), feminine Frauen (3,47) und androgyne (3,50).

Tabelle 62: Subgruppen nach dem Androgyniemodell und Zufriedenheit mit der Art und Weise, wie der Partner negative Gefühle oder Kritik zeigt

Kruskal-Wallis-Test

	Freiheitsgrade	χ^2
Biol. GS + GTS	7	4,0

Mittelwerte Zufr. Kritik	N	Mittelwert
Biol. GS: M, GTS: M	98	3,15
Biol. GS: M, GTS: F	6	3,67
Biol. GS: M, GTS: A	19	3,47
Biol. GS: M, GTS: U	64	3,17
Biol. GS: F, GTS: M	68	3,32
Biol. GS: F, GTS: F	32	3,47
Biol. GS: F, GTS: A	8	3,50
Biol. GS: F, GTS: U	79	3,30
Gesamte Stichprobe	374	3,38

Anmerkung: vergleiche Tabelle 54

Gesprächsverhalten bei Problemen

Konstruktive Kommunikation wird einerseits von Ehepaaren sehr geschätzt (SCHNEEWIND & WUNDERER 2003), Kommunikationsschwierigkeiten sind andererseits im Allgemeinen ein Grund für eine Trennung (BODENMANN & CINA 2003).

In der vorliegenden Untersuchung wird angenommen, dass im Durchschnitt eher eine gewisse Unzufriedenheit mit dem Kommunikationsverhalten bei Problemen vorliegt.

Die Ergebnisse zeigen (siehe Abb. 10), dass in der Tat ein bedeutender Teil der Klientenstichprobe angibt, Schwierigkeiten zu haben. 35,8% der Männer (N = 187) und 41,5% der Frauen (N = 188) sind mit den Gesprächsverhalten des Partners bei Problemen eher unzufrieden bis sehr unzufrieden. Knapp zwei Drittel (64,2%) der Männer und 58,5% der Frauen halten die Kommunikation des Partners bei Problemen in der Ehe für angemessen (eher zufrieden bis sehr zufrieden).

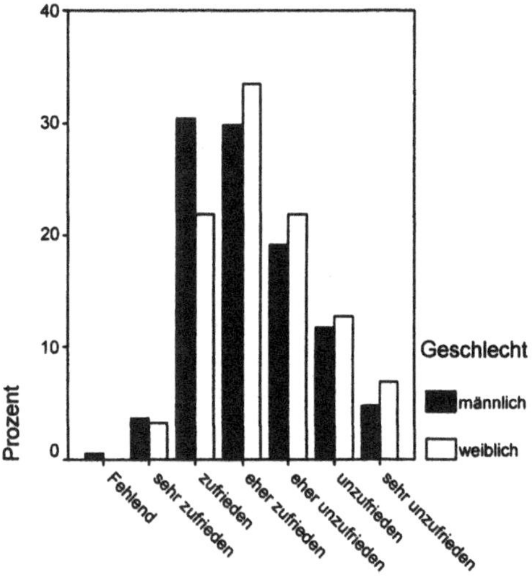

Abb. 10: Zufriedenheit mit dem Gesprächverhalten des Partners, wenn es Probleme in der Ehe zu lösen gibt

Frauen sind im Durchschnitt unzufriedener als Männer. Der Mittelwert für die Frauen (N = 188) liegt bei 3,40 (SD = 1,24), derjenige für die Männer (N = 187) bei 3,19 (SD = 1,23). Die zentralen Tendenzen unterscheiden sich nicht signifikant bei der Berechnung des Mann-Whitney-U-Test (z = -1,70, p = ns).

Die Gruppen nach dem Androgyniemodell (siehe Tabelle 63) unterscheiden sich nicht signifikant im Kruskal-Wallis-Test (χ^2 = 7,1; df = 7; p = ns).

Augenscheinlich sind die hohen Mittelwerte der Gruppen der Frauen. Sie liegen zwischen 3,34 (undifferenzierte Frauen) und 3,55 (expressive Frauen). Aber auch bei den Männern gibt es keine Gruppe nach dem Androgyniemodell, die im Mittel überwiegend zufrieden wäre. Fazit: Es scheint im Bereich „Gesprächsverhalten des Partners beim Lösen von Problemen in der Ehe" ein manifestes Konfliktpotenzial existent zu sein.

Tabelle 63: Subgruppen nach dem Androgyniemodell und Zufriedenheit mit dem Gesprächverhalten des Partners, wenn es Probleme in der Ehe zu lösen gibt

Kruskal-Wallis-Test

	Freiheitsgrade	χ^2
Biol. GS + GTS	7	7,1

Mittelwerte Zufr. Gespr.	N	Mittelwert
Biol. GS: M, GTS: M	98	3,13
Biol. GS: M, GTS: F	6	3,00
Biol. GS: M, GTS: A	19	3,00
Biol. GS: M, GTS: U	64	3,36
Biol. GS: F, GTS: M	68	3,38
Biol. GS: F, GTS: F	33	3,55
Biol. GS: F, GTS: A	8	3,50
Biol. GS: F, GTS: U	79	3,34
Gesamte Stichprobe	375	3,28

Anmerkung: vergleiche Tabelle 54

Unterstützung des Partners beim Umsetzen von persönlichen Zielen

In der Untersuchung von SCHNEEWIND & WUNDERER (2003) werden Solidarität und gegenseitige Unterstützung von 19% der befragten Ehepaare als Determinanten einer funktionierenden Ehe genannt.

Der Befund des gegenwärtigen Forschungsprojekt drückt sich folgendermaßen aus (siehe Abb. 11): 78,7% der Männer (N = 187) fühlen sich von ihrer Partnerin hinreichend unterstützt (sehr zufrieden bis eher zufrieden). 77,1% der Frauen (N = 188) urteilen analog über ihren Ehepartner. 21,3% der Männer und 22,9% der Frauen beklagen sich über mangelndes Entgegenkommen ihres Partners (eher unzufrieden bis sehr unzufrieden).

Der Mittelwert für die Frauen (N = 188) beträgt 2,78 (SD = 1,12), derjenige für die Männer (N = 187) 2,73 (SD = .98). Der Unterschied der zentralen Tendenzen der Männer und Frauen ist nicht signifikant im Mann-Whitney-U-Test (z = -.22; p = ns).

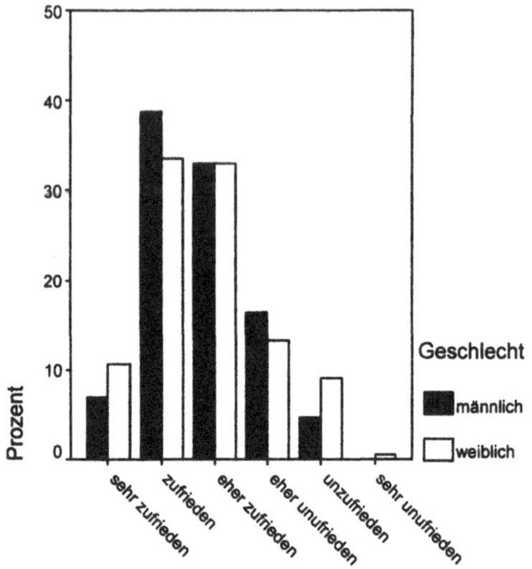

Abb. 11: Zufriedenheit mit der Unterstützung des Partner beim Erreichen von persönlichen Zielen

Die Gruppen nach dem Androgyniemodell unterscheiden sich nicht signifikant im Kruskal-Wallis-Test ($\chi^2 = 4,8$; df = 7; p ns).

Tabelle 64: Subgruppen nach dem Androgyniemodell und Zufriedenheit mit der Unterstützung des Partner beim Erreichen von persönlichen Zielen

Kruskal-Wallis-Test

	Freiheitsgrade	χ^2
Biol. GS + GTS	7	4,8

Mittelwerte Zufr. Unt.	N	Mittelwert
Biol. GS: M, GTS: M	98	2,79
Biol. GS: M, GTS: F	6	2,33
Biol. GS: M, GTS: A	19	2,74
Biol. GS: M, GTS: U	65	2,69
Biol. GS: F, GTS: M	68	2,76
Biol. GS: F, GTS: F	33	2,76
Biol. GS: F, GTS: A	8	2,25
Biol. GS: F, GTS: U	79	2,86
Gesamte Stichprobe	376	2,65

Anmerkung: vergleiche Tabelle 54

Die Mittelwerte der einzelnen Gruppen liegen recht nahe beieinander (siehe Tabelle 64) und sind deutlich unter dem Skalenpunkt 3 (= eher zufrieden) angesiedelt. Überwiegend zufrieden erscheinen im Durchschnitt die expressiven Männer (2,33) und androgynen Frauen (2,25).

Kleinkinderziehung des Partners

16,7% der in der gegenwärtigen Untersuchung befragten Ehepaare mit mindestens einem Kleinkind im Haushalt (N = 93) geben Konflikte wegen unterschiedlicher Auffassungen bezüglich der Kleinkinderziehung an.

Beim Thematisieren der Zufriedenheit mit der Kleinkinderziehung des Partners ist festzustellen, dass Frauen im Durchschnitt weniger mit den Vorstellungen der Männer einverstanden sind als umgekehrt (siehe Abb. 12). Demnach sind 91,4% der Männer (N = 93) eher zufrieden bis sehr zufrieden mit der Kleinkinderziehung der Partnerin. Dies trifft auch für 76,3% der Frauen zu. Nur 8,6% der männlichen Klienten haben an ihrer Partnerin etwas auszusetzen, aber immerhin ca. ein Viertel (23,7%) der befragten Frauen sind mit ihren Partnern eher unzufrieden bis sehr unzufrieden.

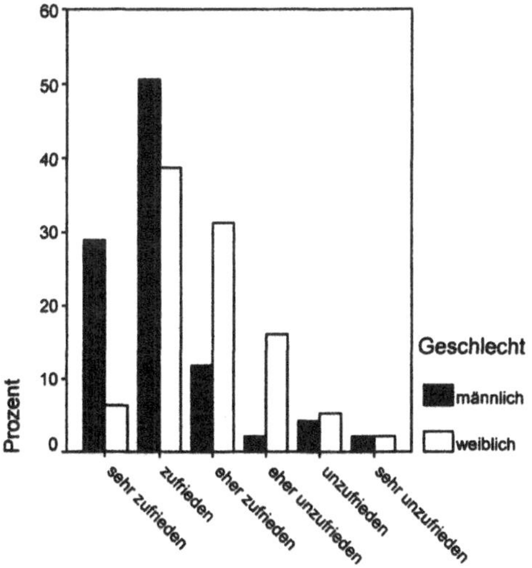

Abb. 12: Zufriedenheit mit der Kleinkinderziehung des Partners

Der Mittelwert für die Frauen (N = 93) bezüglich ihrer Zufriedenheit mit der Kleinkinderziehung des Partners liegt bei 2,82 (SD = 1,09), derjenige für die Männer (N = 93) bei 2,09 (SD = 1,11). Der Unterschied der zentralen Tendenzen von Männern und Frauen ist signifikant im Mann-Whitney-U-Test (z = -5,2; p < .001). Frauen wirken demzufolge im Durchschnitt weniger einverstanden mit der Kleinkinderziehung des Partners.

Bei der Durchführung des Kruskal-Wallis-Test (χ^2 = 26,6; df = 5; p < .001) zeigen sich signifikante Unterschiede zwischen den einzelnen Gruppen nach dem Androgyniemodell. In Tabelle 65 sind die Mittelwerte angegeben. Gruppe 2 (expressive Männer) und Gruppe 6 (androgyne Frauen) wurden bei der Anwendung des Kruskal-Wallis-Test auf Grund von zu niedriger Gruppenstärke ausgeklammert.

Durchschnittlich einverstanden mit den Vorstellungen über die Kleinkinderziehung ihres Partners sind die undifferenzierten Männer (2,00), die androgynen (2,09) und instrumentellen (2,16). Bei der Betrachtung der Frauen zeigt sich durchweg, dass sie signifikant unzufriedener sind.

Tabelle 65: Subgruppen nach dem Androgyniemodell und Zufriedenheit mit der Kleinkinderziehung des Partners

Kruskal-Wallis-Test

	Freiheitsgrade	χ^2
Biol. GS + GTS	7	26,6***

Mittelwerte Zufr. Kind.	N	Mittelwert
Biol. GS: M, GTS: M	51	2,16
Biol. GS: M, GTS: A	11	2,09
Biol. GS: M, GTS: U	29	2,00
Biol. GS: F, GTS: M	38	2,79
Biol. GS: F, GTS: F	12	2,58
Biol. GS: F, GTS: U	37	2,97
Gesamte Stichprobe	178	2,43

Anmerkung: vergleiche Tabelle 54. In dieser Tabelle sind ausschließlich die Klienten aufgeführt, bei denen mindestens ein Kleinkind im Haushalt wohnt. Außerdem wurden die beiden Gruppen expressive Männer und androgyne Frauen auf Grund von niedriger Personenanzahl ausgeklammert

Verteilung der Rollen/Arbeit in der Ehe

Wie bereits oben erwähnt, tragen die Frauen die Hauptlast der im Haushalt anfallenden Aufgaben. Es wird angenommen, dass im Durchschnitt Frauen mit dieser Konstellation nicht einverstanden sind, obwohl auch Untersuchungen offenbaren, dass viele Frauen die Ungleichverteilung als nicht ungerecht empfinden (zusammenfassend THOMPSON 1991). Wie aber demgegenüber oben gezeigt wurde, haben ca. ein

Fünftel, 20,9%, der befragten Frauen (N = 188) die Rollenverteilung im Haushalt als Beratungsanlass für die Eheberatung angegeben.

Die befragten Männer der gegenwärtigen Untersuchung sind wesentlich zufriedener als zahlreiche Ehefrauen (siehe Abb. 13). Genau genommen finden 93,6% der Männer (N = 188), dass die gegenwärtigen Verhältnisse im Haushalt ihren Vorstellungen entsprechen. Sie sind demnach eher zufrieden bis sehr zufrieden. Diese Einstellung teilen auch 67% der Frauen (N = 188). Lediglich 6,4% der Männer stoßen sich an den gegenwärtigen Zuständen im Haushalt, aber ca. ein Drittel der befragten Frauen (N = 188); sie sind eher unzufrieden bis sehr unzufrieden.

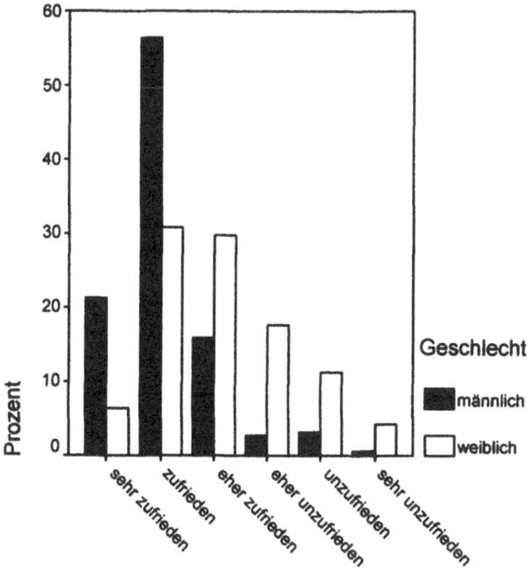

Abb. 13: Zufriedenheit mit der Rollen-/Arbeitsverteilung in der Ehe

Der Unterschied zwischen den zentralen Tendenzen von Männern und Frauen offenbart sich im Mann-Whitney-U-Test ($z = -8,82$; $p < .001$) als hochsignifikant. Der Mittelwert für die Frauen (N = 188) liegt bei 3,09 (SD = 1,25), derjenige für die Männer (N = 188) bei 2,12 (SD = .92).

Die Gruppen nach dem Androgyniemodell unterscheiden sich signifikant im Kruskal-Wallis-Test ($\chi^2 = 70,8$; $df = 7$; $p < .001$).

Wie in Tabelle 66 zu erkennen ist, offenbaren sich die instrumentellen Männer (2,11) erwartungsgemäß als durchschnittlich zufrieden mit der Arbeits- und Rollenverteilung in der Ehe. Auch die expressiven (1,83) und androgynen Männer (2,26) schätzen sich im Mittel so ein, dass sie mit den Verhältnissen gut zurechtkommen.

Der Mittelwert der instrumentellen Frauen (3,19) deutet eher auf eine ablehnende Haltung gegenüber der traditionellen Rollenverteilung hin.

Tabelle 66: Subgruppen nach dem Androgyniemodell und Zufriedenheit mit der Rollen-/Arbeitsverteilung in der Ehe

Kruskal-Wallis-Test

	Freiheitsgrade	χ^2
Biol. GS + GTS	7	70,8***

Mittelwerte Zufr. Rolle	N	Mittelwert
Biol. GS: M, GTS: M	98	2,11
Biol. GS: M, GTS: F	6	1,83
Biol. GS: M, GTS: A	19	2,26
Biol. GS: M, GTS: U	65	2,11
Biol. GS: F, GTS: M	68	3,19
Biol. GS: F, GTS: F	33	2,94
Biol. GS: F, GTS: A	8	2,50
Biol. GS: F, GTS: U	79	3,13
Gesamte Stichprobe	376	2,50

Anmerkung: vergleiche Tabelle 54

Toleranz

Ein Drittel der befragten Ehepaare des Forschungsprojekts von SCHNEEWIND & WUNDERER (2003) finden, dass die Toleranz das wichtigste Element einer förderlichen Ehe sei.

In der vorliegenden Untersuchung zeigt sich eine überwiegend existente Toleranz der Partner (siehe Abb. 14). Insgesamt 76,5% der Männer (N = 187) und 78% der Frauen (N = 186) halten den Grad der Toleranz ihres Partners für angemessen, sie sind eher zufrieden bis sehr zufrieden. Knapp ein Viertel der Klienten sehen die Zustände pessimistischer: 23,5% der Männer und 22% der Frauen sind mit dem Grad der Toleranz des Partners eher unzufrieden bis sehr unzufrieden.

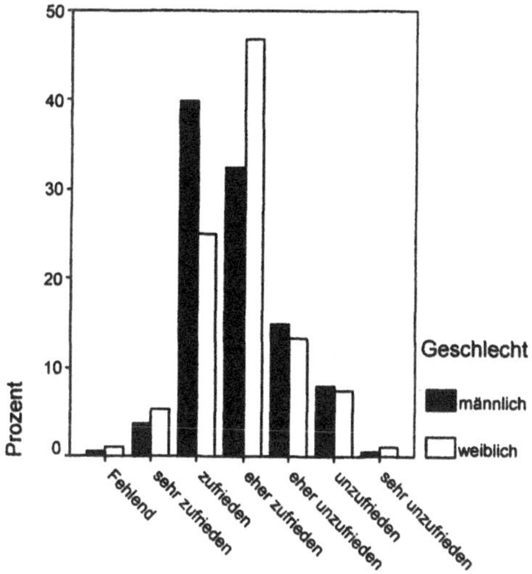

Abb. 14: Zufriedenheit mit der Toleranz des Partners

Der Mittelwert für die Frauen (N = 186) liegt bei 2,96 (SD = 1,00), derjenige für die Männer (N = 187) beträgt 2,85 (SD = 1,03). Der Unterschied der zentralen Tendenzen von Männern und Frauen ist nicht signifikant im Mann-Whitney-U-Test (z = -1,45; p = ns).

Die Gruppen nach dem Androgyniemodell unterscheiden sich nicht signifikant im Kruskal-Wallis-Test (χ^2 = 12,6; df = 7; p = ns).

In Tabelle 67 sind die Mittelwerte der Gruppen aufgelistet. Es lässt sich interpretieren, dass durchschnittlich der Grad der Toleranz des Partners kein Grund zum Unmut ist. Ein Mittelwert, der sich an einen der Eckpunkte der 6-stufigen Skala annähert, ist nicht berechnet worden.

Tabelle 67: Subgruppen nach dem Androgyniemodell und Zufriedenheit mit der Toleranz des Partners

Kruskal-Wallis-Test

	Freiheitsgrade	χ^2
Biol. GS + GTS	7	12,6

Mittelwerte Zufr. Tol.	N	Mittelwert
Biol. GS: M, GTS: M	98	2,85
Biol. GS: M, GTS: F	6	2,50
Biol. GS: M, GTS: A	19	2,37
Biol. GS: M, GTS: U	64	3,03
Biol. GS: F, GTS: M	68	2,99
Biol. GS: F, GTS: F	32	2,88
Biol. GS: F, GTS: A	8	2,38
Biol. GS: F, GTS: U	78	3,03
Gesamte Stichprobe	373	2,75

Anmerkung: vergleiche Tabelle 54

Ratschläge bezüglich Verhaltensänderungen

Dass Partner sich am Temperament des anderen stören, ist nach der Argumentation von KLANN (2002) ein Phänomen, welches Ehen und Partnerschaften schon seit langem negativ beeinträchtigt. Über einen Zeitraum von 20 Jahren lässt sich diese These unter Berücksichtigung empirischer Studien vertreten (z.B. HAHLWEG 1995, KLANN & HAHLWEG 1994b).

Dies müsste sich auch in der vorliegenden Studie bei der Zufriedenheit mit der Bereitschaft des Partners, Ratschläge für Verhaltensänderungen anzunehmen, zeigen.

Die Annahme hat sich bestätigt (siehe Abb. 15). Insgesamt 46,1% der Klientenstichprobe (N = 369) sind mit der Bereitschaft des Partners, Ratschläge anzunehmen, nicht einverstanden (eher unzufrieden bis sehr unzufrieden). Betrachtet man die Geschlechter separat, dann ist ersichtlich, dass sich der Anteil der Missgestimmten (eher unzufrieden bis sehr unzufrieden) auf 35,7% der Männer (N = 185) und 56,5% der Frauen verteilt (N = 184).

Der Mittelwert für die Frauen (N = 184) liegt bei 3,78 (SD = 1,18), derjenige für die Männer (N = 185) bei 3,19 (SD = 1,33). Der Unterschied der Auffassungen von Männern und Frauen ist signifikant im Mann-Whitney-U-Test (z = -4,39; p < .001). Das Fazit: Frauen sind unzufriedener mit dem Verhalten des Partners als Männer.

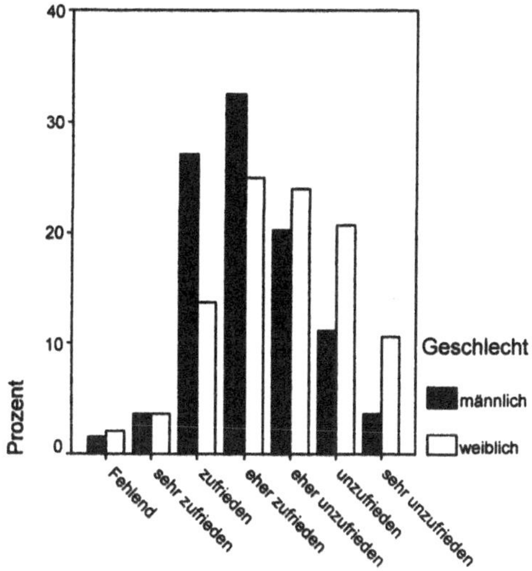

Abb. 15: Zufriedenheit mit der Bereitschaft des Partners, Ratschläge für Verhaltensänderungen anzunehmen

Auch die Gruppen nach dem Androgyniemodell unterscheiden sich signifikant bei der Durchführung des Kruskal-Wallis-Test (χ^2 = 33,0; df = 7; p < .001).

Tabelle 68: Subgruppen nach dem Androgyniemodell und Zufriedenheit mit der Bereitschaft des Partners, Ratschläge für Verhaltensänderungen anzunehmen

Kruskal-Wallis-Test

	Freiheitsgrade	χ^2
Biol. GS + GTS	7	33,0***

Mittelwerte Zufr. Ände.	N	Mittelwert
Biol. GS: M, GTS: M	96	2,94
Biol. GS: M, GTS: F	6	3,67
Biol. GS: M, GTS: A	19	3,21
Biol. GS: M, GTS: U	64	3,53
Biol. GS: F, GTS: M	68	3,71
Biol. GS: F, GTS: F	32	3,53
Biol. GS: F, GTS: A	8	3,38
Biol. GS: F, GTS: U	76	3,99
Gesamte Stichprobe	369	3,50

Anmerkung: vergleiche Tabelle 54

Verhältnismäßig noch eher zufrieden sind nach eigener Auffassung die instrumentellen Männer (2,94) und androgynen (3,21). Die expressiven Männer (3,67) neigen offenbar zur Unzufriedenheit, ebenso die instrumentellen Frauen (3,71), expressiven (3,53) und undifferenzierten (3,99).

Geschlechtstypizität (GTS) und Partnerschaftszufriedenheit insgesamt

Die in Abschnitt 4.2.6.1 konstruierte 6-stufige Skala (eckpunktbenannt: 1 = sehr zufrieden, 6 = sehr unzufrieden) gilt als Grundlage für die Bestimmung der Partnerschaftszufriedenheit insgesamt. Sie umfasst demnach 13 Items und weist eine innere Konsistenz (Cronbachs Alpha) von .77 auf.

Beim Vergleich der beiden Geschlechter ergibt sich zunächst folgendes Ergebnis: Die zentralen Tendenzen unterscheiden sich signifikant bei der Anwendung des Mann-Whitney-U-Test ($z = -5,78$; $p < .001$). Der berechnete Mittelwert für die Frauen ($N = 188$) liegt bei 3,12 ($SD = .58$), derjenige für die Männer ($N = 188$) bei 2,78 ($SD = .59$). Das bedeutet, dass Frauen signifikant unzufriedener mit der Ehe sind als Männer.

Die Gruppen nach dem Androgyniemodell (siehe Tabelle 69) unterscheiden sich signifikant im Kruskal-Wallis-Test ($\chi^2 = 42,0$; $df = 7$; $p < .001$). Demnach kann festgestellt werden, dass expressive (2,67) und androgyne Männer (2,70) sowie die androgynen Frauen (2,68) insgesamt noch positiver gestimmt sind als die anderen Gruppen. Am unzufriedensten sind die instrumentellen (3,17) und expressiven Frauen (3,14), ferner die undifferenzierten (3,12).

Tabelle 69: Subgruppen nach dem Androgyniemodell und Zufriedenheit mit der Partnerschaft insgesamt

Kruskal-Wallis-Test

	Freiheitsgrade	χ^2
Biol. GS + GTS	7	42,0***

Mittelwerte Zufr. Partn.	N	Mittelwert
Biol. GS: M, GTS: M	98	2,74
Biol. GS: M, GTS: F	6	2,67
Biol. GS: M, GTS: A	19	2,70
Biol. GS: M, GTS: U	65	2,88
Biol. GS: F, GTS: M	68	3,17
Biol. GS: F, GTS: F	33	3,14
Biol. GS: F, GTS: A	8	2,68
Biol. GS: F, GTS: U	79	3,12
Gesamte Stichprobe	376	2,89

Anmerkung: vergleiche Tabelle 54. Die Mittelwerte beziehen sich auf die durch eine Reliabilitätsanalyse gewonnene Skala Partnerschaftszufriedenheit, vergleiche Abschnitt 4.2.6.1

4.6.3.1 Zusammenfassung

Zum Abschluss der Betrachtung der einzelnen Items werden die Ergebnisse zusammengefasst. Es soll einerseits aufgezeigt werden, in welchen Bereichen die Unzufriedenheit in der Ehe am höchsten ist, andererseits werden besondere Auffälligkeiten bei den Subgruppen nach dem Androgyniemodell genannt.

In einer ersten Analyse wird auf diejenigen Klienten eingegangen, die den Kategorien „eher unzufrieden" bis „sehr unzufrieden" zugeordnet werden können. Ist dieser Prozentsatz überdurchschnittlich hoch, wird er berücksichtigt.

Wie sich Männer und Frauen hinsichtlich ihrer Sichtweisen bezüglich der einzelnen Items unterscheiden, ist ebenso relevant. Dabei wird nur auf Unterschiede eingegangen, die sich im Mann-Whitney-U-Test als statistisch signifikant erwiesen haben.

Dies gilt auch für die Zusammenfassung der Ergebnisse der Subgruppen nach dem Androgyniemodell. Die durch den Kruskal-Wallis-Test berechneten signifikanten Befunde fließen in die folgende Argumentation mit ein.

Charakteristische Ergebnisse sind wie folgt:

1. Es stellt sich heraus, dass die erfassten Frauen mit dem Arbeitsanteil, den ihre Partner im Haushalt übernehmen, durchschnittlich unzufriedener sind als Männer (Mann-Whitney-U-Test: $p < .001$). Die instrumentellen und expressiven Frauen sind von allen Gruppen nach dem Androgyniemodell am missgestimmtesten (Kruskal-Wallis-Test: $p < .001$).
2. Knapp ein Fünftel (18,6%) der Klientenstichprobe stoßen sich an der Weltanschauung des Partners. Instrumentelle Frauen charakterisieren sich durch ein Empfinden von übermäßiger Unzufriedenheit über ihre Ehemänner (Kruskal-Wallis-Test: $p < .01$).
3. Beim Thema „Zärtlichkeit/körperliche Zuwendung" zeigt sich, dass ca. ein Drittel (33,1%) der Klientenstichprobe das Engagement des Partners unbefriedigend erfahren. Der Mittelwert, der sich aus allen Subgruppen nach dem Androgyniemodell errechnet, beträgt 3,07.
4. Auch die Eifersucht offenbart sich bei 28,3% der Befragten als störendes Element ihrer Ehe. Sie geben an, eher unzufrieden bis sehr unzufrieden mit dem Grad der Eifersucht ihres Partners zu sein.
5. Frauen zeigen eine ausgeprägte Unzufriedenheit mit dem Grad des Egoismus der Männer (Mann-Whitney-U-Test: $p = .001$). Expressive Frauen und instrumentelle imponieren bei der Betrachtung der Gruppen nach dem Androgyniemodell besonders durch Unmut über ihren Partner (Kruskal-Wallis-Test: $p < .05$).
6. Mit der persönlichen Freiheit in der Ehe, die vom Partner eingeräumt bzw. überlassen wird, sind ca. ein Viertel der Befragten (24,1%) nicht einverstanden.

7. 23,3% der untersuchten Personen geben an, dass sie im Allgemeinen nicht mit dem Temperament des anderen umgehen können, sie sind eher unzufrieden bis sehr unzufrieden. Frauen sind missgestimmter als Männer (Mann-Whitney-U-Test: $p < .01$). Instrumentelle Frauen stören sich signifikant charakteristischer am Temperament des anderen (Kruskal-Wallis-Test: $p < .001$).
8. Ähnliche Verhältnisse herrschen auch beim Thema „Einfluss bei Entscheidungen" vor. Frauen sind demnach signifikant unzufriedener als Männer (Mann-Whitney-U-Test: $p < .05$). Insbesondere undifferenzierte Männer, expressive Frauen und undifferenzierte fühlen sich bei Entscheidungen, die die Ehe betreffen, übergangen (Kruskal-Wallis-Test: $p = .001$).
9. Die Kommunikation, die negative Kritik am Partner enthält, scheint bei einem großen Anteil der Klienten Verärgerung auszulösen. 37,4% der Stichprobe ist eher unzufrieden bis sehr unzufrieden. Ein Mittelwert von 3,38 errechnet sich bei Berücksichtigung aller Gruppen nach dem Androgyniemodell.
10. Bei konkreten Problemen sind 39,9% der Klienten mit der Kommunikation des Partners eher unzufrieden bis sehr unzufrieden. Der arithmetische Mittelwert der Gruppen nach dem Androgyniemodell von 3,28 (bezogen auf eine 6-stufige Skala: eckpunktbenannt: 1 = sehr zufrieden, 6 = sehr unzufrieden) lässt den Rückschluss zu, dass für viele Paare das Konfliktverhalten ein großes Problem bedeutet.
11. Positiv empfinden die Mehrzahl der Befragten (77,9%) die Unterstützung des Partners beim Erreichen persönlicher Ziele. Ca. ein Fünftel (22,1%) sind dagegen eher unzufrieden bis sehr unzufrieden.
12. Frauen sind mit Theorie und Praxis der Kindererziehung ihrer Ehemänner im Allgemeinen unzufriedener als Männer mit ihnen (Mann-Whitney-U-Test: $p < .001$). Vergleicht man die Gruppen nach dem Androgyniemodell, fallen die instrumentellen und expressiven Frauen auf. Sie sind signifikant unzufriedener als die restlichen Gruppen (Kruskal-Wallis-Test: $p < .001$).
13. Beim Thematisieren der Rollenverteilung charakterisieren sich die Männer durch eine ausgeprägte Zufriedenheit. 93,6% halten die gegenwärtigen Verhältnisse für wünschenswert (sehr zufrieden bis eher zufrieden). Frauen sind mit der Arbeits- und Rollenverteilung in der Ehe signifikant unzufriedener (Mann-Whitney-U-Test: $p < .001$). Die instrumentellen Frauen sind mit ihrer Rolle von allen Gruppen am unglücklichsten (Kruskal-Wallis-Test: $p < .001$).
14. Mit dem Grad der Toleranz des Partners sind 22,8% der Klienten nicht zufrieden.
15. Beim Thema „Zufriedenheit mit der Bereitschaft des Partners, Ratschläge für Verhaltensänderungen anzunehmen" fällt ein großer Anteil der Befragten auf: fast die Hälfte, 46,1%, der Stichprobe geben an, eher unzufrieden bis sehr unzufrieden darüber zu sein. Die Einschätzungen der Frauen sind signifikant pessimistischer als die der Männer (Mann-Whitney-U-Test: $p < .001$). Beim Vergleich der Subgruppen nach dem Androgyniemodell charakterisieren sich die expressiven Männer und instrumentellen Frauen als signifikant unzufriedener (Kruskal-Wallis-Test: $p < .001$).
16. Die aus 13 Items konstruierte Skala Partnerschaftszufriedenheit gibt Aufschlüsse zur globalen Einschätzung der gegenwärtigen Ehe. Wie die Ergeb-

nisse zeigen, sind Frauen signifikant unzufriedener mit der Ehe als Männer (Mann-Whitney-U-Test: $p < .001$). Die unzufriedensten Gruppen nach dem Androgyniemodell sind: die expressiven Männer und instrumentellen Frauen. Der Unterschied ist signifikant (Kruskal-Wallis-Test: $p < .001$).

4.6.4 Sexualität, Finanzen, Durchsetzen bei Konflikten – Vergleich der Gruppen nach dem Androgyniemodell

Auf Grund von Aspekten der Paarsexualität haben ca. ein Fünftel der Probanden (N = 376) die institutionellen Beratungsstellen aufgesucht. 12,9% geben sexuelles Desinteresse an, 7,5% verweisen auf außereheliche Beziehungen.

In Abb. 16 sind die Ergebnisse der Analysen der gegenwärtigen Studie dargestellt. 72,8% der Männer (N = 184) geben an, dass ihre sexuellen Wünsche und Bedürfnisse vom Partner befriedigt werden. Das berichten auch 67,8% der Frauen (N = 183). Es ist demnach klar, dass ein nicht unerheblicher Anteil der Klienten mit der Paarsexualität unzufrieden ist. Das trifft auf mehr als ein Viertel der Männer (27,2%) und rund ein Drittel der Frauen (32,2%) zu.

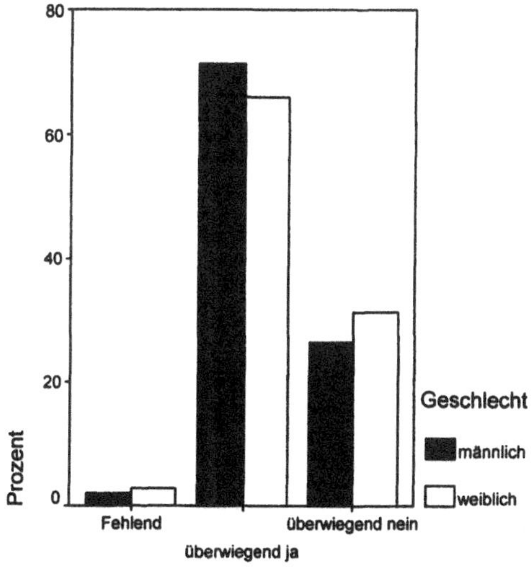

Abb. 16: Geht der Partner auf sexuelle Wünsche und Bedürfnisse ein?

Der Mittelwert für die Frauen (N = 183) liegt bei 1,32 (SD = .47), derjenige für die Männer (N = 184) beträgt 1,27 (SD = .45).

Schlussfolgerungen zu den subjektiven Einschätzungen der einzelnen Gruppen nach dem Androgyniemodell können nur tendenziell, nämlich bei einer eindeutigen Annäherung an einen der beiden Eckpunkte (1 = überwiegend ja, 2 = überwiegend nein) formuliert werden.

Demnach ist bei androgynen (1,26) und instrumentellen (1,23) Männern sowie androgynen Frauen (1,25) im Mittel eine Tendenz zur positiven Einschätzung festzustellen. Expressive Frauen (1,53) scheinen bei der Frage nach der Erfüllung von sexuellen Wünschen zu einer negativen Wertung zu tendieren.

Tabelle 70: Geht ihr Partner auf ihre sexuellen Wünsche ein? (N = 367)

Mittelwerte Sexualität	N	Mittelwert
Biol. GS: M, GTS: M	97	1,24
Biol. GS: M, GTS: F	6	1,50
Biol. GS: M, GTS: A	19	1,26
Biol. GS: M, GTS: U	62	1,31
Biol. GS: F, GTS: M	65	1,23
Biol. GS: F, GTS: F	32	1,53
Biol. GS: F, GTS: A	8	1,25
Biol. GS: F, GTS: U	78	1,32
Gesamte Stichprobe	367	1,30

Die Einstellung zur Paarsexualität ist mit 1 und 2 codiert: 1 = überwiegend ja, 2 = überwiegend nein

Verfügung über den Finanzhaushalt

7% der befragten Ehepaare in der Studie von SCHNEEWIND & WUNDERER (2003) erachten als relevant, dass finanzielle Verpflichtungen, gemeinsamer Besitz und materielle Dinge einvernehmlich geregelt werden.

Ein interessantes Thema im Rahmen des gegenwärtigen Projekts ist sicherlich die Regelung des Finanzhaushaltes. So könnte man aus Sicht des Androgyniemodells annehmen, dass sich instrumentelle Personen überwiegend in dieser Angelegenheit gegenüber dem Partner behaupten.

In der vorliegenden Befragung (siehe Tabelle 71) haben die Ehemänner (N = 186) folgende subjektiven Vorstellungen zum Bereich „Verfügung über den Finanzhaushalt" angegeben. 38,8% sind der Meinung, sie selbst würden im Großen und Ganzen das Finanzielle regeln. 26,3% sind von einer partnerschaftlichen Verteilung der Aufgabe überzeugt, 34,9% sehen die Finanzen vorwiegend von der Ehefrau abgewickelt.

Tabelle 71: Verfügung über den Finanzhaushalt (mittlere und höhere Ausgaben)

Nach Meinung der ...	überwiegend der Mann (in %)	beide (in %)	überwiegend die Frau (in %)
... Männer (N = 186)	38,8	26,3	34,9
... Frauen (N = 185)	35,1	25,4	39,5

Anmerkung: Codiert wurde dieser Bereich mit 1 bis 3: 1 = überwiegend der Mann, 2 = beide, 3 = überwiegend die Frau

Eine annährend gleiche Auffassung vertreten die Ehefrauen. Nach Meinung von 35,1% wirtschaften vorwiegend die Männer mit den zur Verfügung stehenden Ressourcen, 25,4% erklären dies als von beiden geregelt, 39,5% schreiben sich überwiegend selbst diese Tätigkeit zu.

Der Mittelwert der Auffassung von Frauen (N = 185) bezüglich des Gegenstandes „Entscheidung über Geldausgaben" liegt bei 2,04 (SD = .87), derjenige für die Männer (N = 186) lautet 1,96 (SD = .86).

Eine Hypothese lautete, dass sich instrumentellen Individuen bei spezifischen Themen durchsetzen. Bei der Abwicklung des Finanzhaushaltes (mittlere und höhere Angaben) wird dies demnach angenommen.

Tabelle 72: Subgruppen nach dem Androgyniemodell und Verfügung über den Finanzhaushalt (mittlere und höhere Ausgaben)

Mittelwerte Verf. Finan.	N	Mittelwert
Biol. GS: M, GTS: M	98	1,74
Biol. GS: M, GTS: F	6	2,33
Biol. GS: M, GTS: A	18	1,67
Biol. GS: M, GTS: U	64	2,34
Biol. GS: F, GTS: M	67	2,61
Biol. GS: F, GTS: F	32	1,78
Biol. GS: F, GTS: A	8	2,00
Biol. GS: F, GTS: U	78	1,67
Gesamte Stichprobe	371	2,02

Anmerkungen: Biol. GS = Biologisches Geschlecht; GTS = Geschlechtstypizität; M = Maskulinität; F = Feminität; A = Androgynie; U = Undifferenziertheit. Eventuelle Abweichungen der Fallzahlen in den einzelnen Gruppen erklären sich mit den fehlenden Werten bei der Zielvariable. Beim Aufsummieren von Werten können geringfügige Rundungsungenauigkeiten auftreten. Die Aufgabe „Verfügung über den Finanzhaushalt" ist mit 1 bis 3 codiert: 1 = überwiegend der Mann, 2 = beide, 3 = überwiegend die Frau. Diejenigen Klienten, die keine Angaben gemacht haben, wurden als fehlende Daten behandelt

Besonderheiten tauchen bei der Betrachtung der Mittelwerte der Gruppen auf. Wie in Tabelle 72 erkennbar ist, kann der Mittelwert der instrumentellen Frauen (2,61) als praktische Orientierung an den instrumentellen Geschlechterstereotypen interpretiert werden (3 = überwiegend die Frau). Die instrumentellen Männer (1,74) schätzen die Tätigkeit nicht eindeutig als typische Männeraufgabe ein. Erkennbar ist das expressive Temperament der femininen Männer (2,33), auch das der expressiven Frauen (1,78), deren Mittelwert darauf hindeutet, dass sie sich im Mittel bei den Finanzausgaben tendenziell passiv verhalten.

Wer setzt sich bei Streitigkeiten durch?

Dass die meisten Menschen nicht gerne bei Streitigkeiten und Konflikten das Nachsehen haben wollen, kann angenommen werden. Nach MOELLER (2001) gibt es bei verbalen Konflikten, die siegorientiert gelöst werden, aber nur Verlierer.

Sicherlich kann eine Verzerrung der Verhältnisse in den untersuchten Partnerschaften nicht ausgeschlossen werden, weil lediglich subjektive Einschätzungen berücksichtigt werden können; ferner handelt es sich um ein Tabuthema.

Ca. die Hälfte der Männer (N = 177), 50,8%, haben ihrer Meinung nach bei Streitigkeiten den längeren Atem, d.h. sie setzen sich gegenüber der Partnerin bei verbalen Konflikten durch. Bei 20,4% kann entweder von einem gleichen Konflikt- oder von ausgeglichenem Durchsetzungsverhalten ausgegangen werden. Interessanterweise sind mehr als ein Viertel der Männer (28,8%) der Meinung, ihre Ehefrau würde sich bei Streitigkeiten behaupten.

Verhältnismäßig mehr Frauen (N = 178) als Männer, 38,2%, gestehen ihrem Partner mehr Durchsetzungsvermögen bei Konflikten zu. 24,2% halten ein beidseitiges Einvernehmen bzw. ausgeglichenes Durchsetzungsverhalten bei Konflikten fest. 37,6% der Frauen sind davon überzeugt, dem Partner bei Streitigkeiten überwiegend überlegen zu sein (siehe Tabelle 73).

Tabelle 73: Durchsetzen bei Streitigkeiten

Nach Meinung der ...	überwiegend der Mann (in %)	beide (in %)	überwiegend die Frau (in %)
... Männer (N = 177)	50,8	20,4	28,8
... Frauen (N = 178)	38,2	24,2	37,6

Anmerkung: Codiert wurde dieser Bereich mit 1 bis 3: 1 = überwiegend der Mann, 2 = beide, 3 = überwiegend die Frau. Diejenigen Klienten, die keine Angaben gemacht haben, wurden als fehlende Daten behandelt

Der berechnete Mittelwert für die Frauen (N = 178) liegt bei 1,99 (SD = .87), derjenige für die Männer (N = 177) bei 1,78 (SD = .87).

Es wurde die Hypothese formuliert, dass sich instrumentelle Individuen bei alltäglichen Konflikten gegenüber dem Partner durchsetzen, denn Aggression und Zielstrebigkeit sind instrumentelle Stereotype. Die Hypothese bewahrheitet sich tendenziell.

Bei instrumentellen Individuen sind die Mittelwerte den Eckpunkten 1 bzw. 3 angenährt. Die Ergebnisse (siehe Tabelle 74) lassen demnach folgende Interpretationen zu: Instrumentelle Frauen (2,49) und Männer (1,52) neigen zu einer egozentrischen Einschätzung, d.h., dass sie generell selbst bei Konflikten dem Partner gegenüber überlegen wären.

Expressive Frauen (1,56) tendieren zu einer ähnlichen stereotypen (expressiven) Auffassung: *ihr Partner* behauptet sich ihrer Meinung nach hauptsächlich bei Konflikten.

Tabelle 74: Subgruppen nach dem Androgyniemodell und Durchsetzen bei Streitigkeiten

Mittelwerte Durchsetz.	N	Mittelwert
Biol. GS: M, GTS: M	92	1,52
Biol. GS: M, GTS: F	6	2,33
Biol. GS: M, GTS: A	17	1,82
Biol. GS: M, GTS: U	62	2,10
Biol. GS: F, GTS: M	65	2,49
Biol. GS: F, GTS: F	32	1,56
Biol. GS: F, GTS: A	8	2,13
Biol. GS: F, GTS: U	73	1,73
Gesamte Stichprobe	355	1,96

Anmerkung: siehe Tabelle 72. Das Item „Durchsetzen bei Streitigkeiten" ist mit 1 bis 3 codiert: 1 = überwiegend der Mann, 2 = beide, 3 = überwiegend die Frau. Diejenigen Klienten, die keine Angaben gemacht haben, wurden als fehlende Daten behandelt

4.6.4.1 Zusammenfassung

Die Ergebnisse der fokussierten Angelegenheiten „Paarsexualität", „Regelung des Finanzhaushalts" und „Durchsetzen bei Streitigkeiten" verweisen u.a. auf die Relevanz der verschiedenen Orientierungen an den Geschlechterstereotypen (GTS).

Im Folgenden werden die wichtigsten Erkenntnisse zusammengefasst.

Ein bedeutender Anteil der befragten Personen ist mit der Paarsexualität unzufrieden. Betrachtet man die Geschlechter separat, ist festzuhalten, dass mehr als ein Viertel der Männer (27,2%) und rund ein Drittel der Frauen (32,2%) angeben, dass ihr Partner nicht auf die eigenen sexuellen Wünsche eingehe.

Die Analyse der verschiedenen Gruppen nach dem Androgyniemodell zeigt, dass durchschnittlich die instrumentellen Männer (1,24) und expressiven Frauen (1,26) eher zur Zufriedenheit in der Paarsexualität neigen. (Die angegeben Mittelwerte beziehen sich auf die Codierung: 1 = überwiegend ja, 2 = überwiegend nein.) Ob das nun bedeutet, dass Individuen, die sich an den instrumentellen Geschlechterstereotypen orientieren, auf Grund ihrer Geschlechtstypizität (GTS) Maskulinität ihre Partner durch typisch maskuline Verhaltensweisen funktionalisieren, kann nicht hinreichend beantwortet werden. Eine Studie, die diese Angelegenheit explizit aufgreift, ist bei dieser Fragestellung unentbehrlich.

Die berechneten Mittelwerte für die expressiven Männer (1,50) und Frauen (1,53) sind am höchsten, folglich sind sie von allen Gruppen im Mittel am unzufriedensten.

Beim Thematisieren des Finanzhaushalts treten Personengruppen, die sich an den instrumentellen Geschlechterstereotypen orientieren, hervor. (Die folgenden Mittelwerte beziehen sich auf die Codierung: 1 = überwiegend der Mann, 2 = beide, 3 = überwiegend die Frau.). Die instrumentellen Männer (1,74) und Frauen (2,61) scheinen in diesem Bereich praktisch stereotyp maskulin aufzutreten und sich durchzusetzen (aus ihrer Sicht). Dementsprechend verweisen die Ansichten der expressiven Männer (2,33) und Frauen (1,78) tendenziell auf Passivität, d.h. sie überlassen eher ihrem Partner die Initiative. Ihr Verhalten entspricht somit dem weiblichen Stereotyp.

Auch beim Konfliktverhalten – für viele Ehepaare gewiss ein Reiz- und Tabuthema – konnte die Relevanz von Instrumentalität und Expressivität gezeigt werden. Instrumentelle Individuen schätzen den Sachverhalt im Großen und Ganzen so ein, dass sie sich bei Auseinandersetzungen gegenüber ihrem Partner beweisen – dem männlichen Stereotyp gemäß. Die Mittelwerte der instrumentellen Männer (1,52) und Frauen (2,49) lassen typisch instrumentelle Denk- und Verhaltensweisen vermuten. Expressive Frauen (1,56) und Männer (2,33) hingegen nehmen sich selbst vorwiegend auch eher als stereotyp weiblich bei Konflikten wahr, erscheinen demnach vielmehr als „Verlierer".

4.6.5 Schulbildung und Berufsstatus – Vergleich der Gruppen nach dem Androgyniemodell

SIEVERDING & BIERHOFF-ALFERMANN (1992) gehen davon aus, dass sich Instrumentalität günstig auf die Berufstätigkeit auswirke, maskuline Individuen würden signifikant höhere Berufe ausüben als feminine.

In der vorliegenden Studie ist eine Skala konstruiert worden, die den Berufsstatus widerspiegeln soll. Tabelle 75 zeigt die Verteilung der Geschlechter (berücksichtigt werden nur die Personen, die zum Zeitpunkt der Erhebung berufstätig sind). Auffällig ist, dass in den höheren Berufen (mittlerer Berufsstatus 2 bis hoher Berufstatus 2) die Männer (N = 172) im Vergleich zu den Frauen (N = 134) überrepräsentiert sind.

Insgesamt 43,6% der Männer besetzen die so genannten höheren Berufe; lediglich 22,5% der Frauen sind in diesen Stellungen vertreten.

Tabelle 75: Aktueller Berufsstatus der Männer und Frauen

aktueller Berufsstatus	Männer (N = 172) (in %)	Frauen (N = 134) (in %)
niedriger Berufsstatus 1	9,3	25,4
niedriger Berufsstatus 2	27,3	14,9
mittlerer Berufsstatus 1	19,8	37,3
mittlerer Berufsstatus 2	13,4	3,0
hoher Berufsstatus 1	20,3	15,8
hoher Berufsstatus 2	9,9	3,7

Anmerkung: niedriger Berufsstatus 1 (codiert mit 1): beinhaltet die Berufe „einfache Angestellte", „einfacher Dienst", „ungelernter Arbeiter"; niedriger Berufstatus 2 (codiert mit 2): fasst die Berufsgruppen „kleinere Selbstständige", „gelernter Arbeiter" und „kleine selbstständige Landwirte" zusammen; mittlerer Berufsstatus 1 (codiert mit 3): kategorisiert die Berufsgruppen „freie Berufe", „mittlere Angestellte", „mittlerer Dienst" und „mittlere selbstständige Landwirte"; mittlerer Berufsstatus 2 (codiert mit 4): diese Kategorie umfasst die Berufsgruppen „mittlere Selbstständige" und „gewöhnliche Facharbeiter"; hoher Berufsstatus 1 (codiert mit 5): beinhaltet die Berufsgruppen „höhere Angestellte" und „gehobener Dienst"; hoher Berufsstatus 2 (codiert mit 6): umfasst die Berufsgruppen „größere Selbstständige", „leitende Angestellte", „höherer Dienst", höchstqualifizierte Facharbeiter" und „große selbstständige Landwirte"

Der Unterschied zwischen Männern und Frauen ist signifikant im Mann-Whitney-U-Test ($z = -3{,}09$; $p < .01$). Ein Mittelwert von 2,80 (SD = 1,46) lässt sich für das weibliche Geschlecht (N = 134) berechnen. Der Mittelwert für die männlichen Pendants (N = 172) liegt bei 3,38 (SD = 1,53). (Die Mittelwerte beziehen sich auf eine 6-stufige Skala, eckpunktbenannt: 1 = sehr zufrieden, 6 = sehr unzufrieden.)

Fazit: Männer haben signifikant höhere Positionen in Berufen inne als Frauen.

Die Gruppen nach dem Androgyniemodell (siehe Tabelle 76) unterscheiden sich signifikant im Kruskal-Wallis-Test ($\chi^2 = 28{,}0$; $df = 7$; $p < .001$). (In Klammern werden im Folgenden die Mittelwerte aufgeführt, die sich wiederum auf die oben genannte 6-stufige Skala beziehen, eckpunktbenannt: 1 = sehr zufrieden, 6 = sehr unzufrieden.)

Androgyne Männer (4,35) haben im Mittel die höchsten Berufspositionen, auch die instrumentellen Männer (3,52) sind überdurchschnittlich erfolgreich im Berufsleben. Die Gruppen instrumentelle Frauen (3,12) und androgyne (3,14) weisen von allen gleichgeschlechtlichen Parteien die höchsten Mittelwerte auf. Expressivität scheint sich nicht sehr positiv auf das Berufsleben auszuwirken. Die expressiven Männer (2,67) und Frauen (2,63) sind nach der konstruierten Skala eher in Berufen mit niedrigem bis mittlerem Status aufzufinden.

Tabelle 76: Subgruppen nach dem Androgyniemodell und Berufsstatus

Kruskal-Wallis-Test

	Freiheitsgrade	χ^2
Biol. GS + GTS	7	28,0***

Mittelwerte Berufsstat.	N	Mittelwert
Biol. GS: M, GTS: M	92	3,52
Biol. GS: M, GTS: F	6	2,67
Biol. GS: M, GTS: A	17	4,35
Biol. GS: M, GTS: U	57	2,93
Biol. GS: F, GTS: M	50	3,12
Biol. GS: F, GTS: F	24	2,63
Biol. GS: F, GTS: A	7	3,14
Biol. GS: F, GTS: U	53	2,53
Gesamte Stichprobe	306	3,11

Anmerkungen: *** = p < .001; ** = p < .01; * = p < .05; ns = nicht signifikant. Biol. GS = Biologisches Geschlecht; GTS = Geschlechtstypizität; M = Maskulinität; F = Feminität; A = Androgynie; U = Undifferenziertheit. Eventuelle Abweichungen der Fallzahlen in den einzelnen Gruppen erklären sich mit den fehlenden Werten bei der Zielvariable. Beim Aufsummieren von Werten können geringfügige Rundungsungenauigkeiten auftreten. Der Berufsstatus ist mit 1 bis 6 codiert: 1 = niedriger Berufsstatus 1, 2 = niedriger Berufsstatus 2, 3 = mittlerer Berufsstatus 1, 4 = mittlerer Berufsstatus 2, 5 = hoher Berufsstatus 1, 6 = hoher Berufsstatus 2 (siehe auch Tabelle 75)

Auch bei der Schulausbildung, so die Hypothese, müssten sich Instrumentalität und Expressivität bemerkbar machen. In Tabelle 77 sind die Schulabschlüsse von Männern und Frauen dargestellt.

Die meisten Klienten haben erfolgreich die Hauptschule und/oder Realschule abgeschlossen: 63,8% der Männer (N = 188) und 65,4% der Frauen (N = 188). Die Schulabschlüsse sind relativ gleich verteilt.

Tabelle 77: Schulausbildung der Klienten

Schulausbildung	Männer (N = 188) (in %)	Frauen (N = 188) (%)
ohne Abschluss	1,1	0,5
Sonderschule	0,0	0,5
Volks-/Hauptschule	36,2	33,0
mittl. Reife/Fachschule	27,6	32,4
Abitur	19,1	18,1
Hochschulabschluss (FH)	2,7	1,1
Hochschulabschluss (Uni)	13,3	14,4

Der Mittelwert für das weibliche Geschlecht (N = 188) liegt bei 4,94 (SD = 1,73), derjenige für die Männer (N = 188) beträgt 4,88 (SD = 1,76). Der Unterschied der Mittelwerte der Männern und Frauen ist nicht signifikant im Mann-Whitney-U-Test (z = -.24; p = ns).

Die Gruppen nach dem Androgyniemodell (siehe Tabelle 78) unterscheiden sich signifikant im Kruskal-Wallis-Test (χ^2 = 16,7 df = 7; p < .05).

Tabelle 78: Subgruppen nach dem Androgyniemodell und Schulbildung
Kruskal-Wallis-Test

	Freiheitsgrade	χ^2
Biol. GS + GTS	7	16,7*

Mittelwerte Schulbild.	N	Mittelwert
Biol. GS: M, GTS: M	98	4,98
Biol. GS: M, GTS: F	6	5,17
Biol. GS: M, GTS: A	19	5,74
Biol. GS: M, GTS: U	65	4,45
Biol. GS: F, GTS: M	68	4,78
Biol. GS: F, GTS: F	33	5,58
Biol. GS: F, GTS: A	8	5,88
Biol. GS: F, GTS: U	79	4,71
Gesamte Stichprobe	376	4,91

Anmerkungen: *** = p < .001; ** = p < .01; * = p < .05; ns = nicht signifikant. Biol. GS = Biologisches Geschlecht; GTS = Geschlechtstypizität; M = Maskulinität; F = Feminität; A = Androgynie; U = Undifferenziertheit. Eventuelle Abweichungen der Fallzahlen in den einzelnen Gruppen erklären sich mit den fehlenden Werten bei der Zielvariable. Beim Aufsummieren von Werten können geringfügige Rundungsungenauigkeiten auftreten. Die Schulausbildung wurde mit 1 bis 6 codiert: 1 = ohne Abschluss, 2 = Sonderschule, 3 = Volks-, Hauptschule, 4 = mittlere Reife, 5 = Abitur, 6 = Hochschulabschluss (FH), 7 = Hochschulabschluss (Uni)

Instrumentalität zeigt sich bei der Schulausbildung nicht als Garant für einen hohen Abschluss – eher die Androgynie: Frauen (5,88) und Männer (5,74) mit der Orientierung an expressiven *und* instrumentellen Geschlechterstereotypen weisen von allen Gruppen durchschnittlich den höchsten Schulabschluss auf. Instrumentelle und expressive Personen fallen nicht auf.

4.6.5.1 Zusammenfassung

Wie die Ergebnisse zeigen, üben Männer angesehenere Berufe aus als Frauen. Dieser Unterschied ist signifikant.

Instrumentalität zeigt sich beim Berufsstatus als abhängige Variable. Instrumentelle Männer und Frauen sind im Berufsleben überdurchschnittlich erfolgreich, dies entspricht der Auffassung von SIEVERDING & BIERHOFF-ALFERMANN (1992). Darüber hinaus ist festzuhalten, dass sich androgyne Individuen auffallend durchsetzen und hohe Positionen innehaben.

Kein signifikanter Unterschied ergibt sich beim Vergleich der Schulausbildung von Männern und Frauen.

Signifikante Differenzen offenbaren sich bei der Analyse der Gruppen nach dem Androgyniemodell. Androgyne Klienten haben durchschnittlich die höchste Schulausbildung durchlaufen. Instrumentalität und Expressivität spielen in der vorliegenden Studie hinsichtlich der Qualität des Schulabschlusses keine charakteristischen Rollen.

4.7 Zusammenfassung der Untersuchungsergebnisse

Während die Vorgehensweisen und Effekte der institutionellen Ehe-, Familien- und Lebensberatung (EFLB) gegenwärtig hinreichend erforscht und dokumentiert werden (KLANN & HAHLWEG 1994a/b; KLANN 2002), besteht nach wie vor ein „wissenschaftliches Vakuum" bezüglich einer Verwendungsmöglichkeit des Androgyniemodells bzw. des Konstrukts Geschlechtstypizität (GTS) (ALTSTÖTTER-GLEICH et al. 2000), das die Orientierung von Personen an den expressiven und/oder instrumentellen Geschlechterstereotypen widerspiegelt, in der Praxis der institutionellen Ehe-, Familien- und Lebensberatung.

Daher war das hauptsächliche Ziel der vorliegenden Untersuchung eine valide Überprüfung der Fragestellung, ob sich die subjektiven Orientierungen an den verschiedenen Geschlechterstereotypen in spezifischen alltagsnahen Verhältnissen in der Ehe, z.B. Rollenverteilung im Haushalt, zwischenmenschliche Interaktion und Partnerschaftszufriedenheit, als abhängige Variablen präsentieren. Erstmalig wurde in einem Forschungsprojekt die Geschlechtstypizität (GTS) von Ehepaaren, die institutionelle Beratung in Anspruch nehmen, erfasst und bei der Untersuchung der Struktur der genannten Phänomene berücksichtigt.

Die Hauptuntersuchung besteht aus einer Querschnittstudie, die an Ehe-, Familien- und Lebensberatungsstellen in Rheinland-Pfalz (N = 47) durchgeführt wurde. Als Erhebungsinstrument wurde ein standardisierter Fragebogen verwendet, mit dem 376 Klienten (= 188 Ehepaare) erfasst wurden.

158 Paare charakterisieren sich als reine Erstehen. Ein Durchschnitt von 11,9 Jahren Ehedauer wurde berechnet. Insgesamt sind die Partner 15 Jahre durchschnittlich zusammen. 97,7% der Ehepaare führen einen gemeinsamen Haushalt. Im Mittel weist die Klientenstichprobe einen höheren Schulabschluss auf als der Durchschnitt der Bevölkerung von Rheinland-Pfalz. Bei der Hälfte der Ehepaare lebt ein Kind (oder mehr) im Haushalt. 95,9% der Klientenstichprobe sind Deutsche. Im Durchschnitt

haben Männer höher qualifizierte Berufe als Frauen (signifikant im T-Test bei unabhängigen Stichproben).

Als nachteilig erwiesen sich die Stärken einiger Gruppen: expressive Männer und androgyne Frauen und Männer. Dies könnte sich hypothetisch damit erklären lassen, dass nach ZANMICHIELI et al. (1988) Partnerschaften, die von zwei androgynen Individuen gebildet werden, auf längere Sicht zufriedener sind als andere. Doch dieser Befund kann die unausgeglichenen Stichproben nicht befriedigend rechtfertigen. Um den Einfluss von Androgynen auf Verhältnisse in der Ehe valide zu untersuchen, müssen die Stichproben größer sein. Empfehlenswert wäre z.B. auch eine andere Methode der Partnerschaftsdiagnostik: das Verhaltensbeobachtungsverfahren (HAHLWEG et al. 2000). So könnte die dyadische Interaktion von Ehepaaren mit unterschiedlichen Orientierungen an Geschlechterstereotypen (Geschlechtstypizität (GTS)) unter Laborbedingungen erfasst werden. Dies war in der vorliegenden Untersuchung nicht vorgesehen, die subjektiven Realitätsbeschreibungen stellten die Maßstäbe für Interpretationen dar.

Für die Persönlichkeitsmerkmale Instrumentalität und Expressivität konnten signifikante Erkenntnisse im gegenwärtigen Projekt herausgefunden werden, d.h. die Geschlechtstypizität (GTS) erwies sich als abhängige Variable hinsichtlich spezifischer zwischenmenschlicher Bereiche (siehe unten).

Als zentrale Ergebnisse der Studie können folgende Punkte aufgelistet werden. Sie beziehen sich auf die Fragestellungen der Untersuchung (siehe Abschnitt 4.1):

- *Beratungsanlässe.* Die in der gegenwärtigen Untersuchung gewonnenen Erkenntnisse über die angegebenen Beratungsanlässe der Klienten stimmen mit denen anderer Arbeiten (KLANN 2002) wesentlich überein: Unzufriedenheit mit dem Partner (u.a. auch sein Temperament), Probleme in der Paarkommunikation, sexuelle Thematiken (z.B. außereheliche Beziehungen, Lustlosigkeit, sexuelles Desinteresse am Partner), Differenzen im Rollenverständnis, Eifersucht, Konflikte im Hinblick auf die Auffassung von Kindeserziehung.
- *Aufgabenverteilung im Haushalt.* Die meisten Ehepaare führen ihren gemeinsame Haushalt in Anlehnung an die traditionelle Rollenverteilung. *Diese* Aufgaben offenbaren sich als typische Frauenaufgaben: Zubereitung von Mahlzeiten, Waschen, Bügeln, Nähen, Erledigung des Abwaschs, Kleinkinderziehung, Aufräumen des Haushalts. Männer übernehmen vorwiegend die typischen Männeraufgaben, z.B. Reparaturen im Haushalt. Dieser Befund gleicht den Ergebnissen von ähnlich strukturierten Erhebungen (FTHENAKIS & MINSEL 2002, BUNDESMINISTERIUM FÜR FAMILIE, SENIOREN, FRAUEN UND JUGEND 2003, KIRCHLER & VENUS 2000).
- *Konfliktbereiche der Ehepaare.* Die 15 Items der entwickelten Skala Partnerschaftszufriedenheit waren aufschlussreich bei der Analyse der Konfliktbereiche der Ehepaare. Demnach sind Frauen mit dem *Arbeitsanteil der Männer im Haushalt* unzufrieden (die instrumentellen Frauen sind von allen Gruppen am missgestimmtesten). Ca. ein Fünftel, 18,6%, der befragten Personen sind mit

der *Weltanschauung* des Partners nicht einverstanden. 33,1% der Klientenstichprobe stört sich am Grad der *Zärtlichkeit/körperlichen Zuwendung* ihres Pendants. 28,3% finden, dass die *Eifersucht* des Partners ein störender Faktor in ihrer Ehe ist. Frauen sind im Mittel mit dem Grad des *Egoismus* ihrer Männer unzufrieden. Über mangelhafte *persönliche Freiheit*, die der Partner überlässt, beklagen sich 24,1% der Klientenstichprobe. 22,1% der Befragten fühlen sich von ihrem Partner beim *Erreichen persönlicher Ziele* nicht ausreichend unterstützt. Auch der Bereich der *Kindeserziehung* ist bei vielen Paaren der Auslöser für Konflikte: Frauen sind mit den Vorstellungen über Kindeserziehung ihrer Männer im Mittel unzufrieden. Bei der *Zufriedenheit mit der Rollen-/Arbeitsverteilung in der Ehe* neigen die meisten Männer (93,6%) zu einem positiven Empfinden, die Frauen sind signifikant mit den Verhältnissen unzufrieden. Beim Thema „Einfluss bei Entscheidungen" zeigte sich ein Ungleichgewicht zwischen den Geschlechtern: Frauen sehen die Verhältnisse pessimistischer. 37,4% der befragten Klienten stoßen sich an der *Kommunikation des Partners, wenn er negative Kritik mitteilt*, 39,9% sind mit der *Kommunikation des Partners bei konkreten Problemen* eher unzufrieden bis sehr unzufrieden. Frauen sind mit der Kompetenz des Partners, *Ratschläge für Verhaltensveränderungen anzunehmen*, signifikant missgestimmter als Männer. Betrachtet man die Zufriedenheit mit der Partnerschaft insgesamt (siehe Abschnitt 4.2.6.1), so sind die Frauen signifikant unzufriedener als Männer.

- *Paarsexualität.* Wie zu erwarten war, stellt die Paarsexualität für einen nicht unerheblichen Anteil der Klienten ein Problem dar. Ein Viertel der Männer (27,2%) und rund ein Drittel der Frauen (32,2%) sagen aus, dass der Partner nicht auf die eigenen sexuellen Wünsche eingeht.
- *Berufsstatus.* Männer üben gegenüber Frauen Berufe mit höherem Status aus (signifikant).

Die fokussierten Hypothesen (siehe Abschnitt 4.1) sowie die relevanten Befunde werden im Folgenden eruiert.

Hypothese: Instrumentelle Frauen setzen sich allgemein gegenüber Männern bei Streitigkeiten/Diskussionen überwiegend durch.

Die Hypothese wird beibehalten. Instrumentelle Frauen schätzen die Verhältnisse so ein, dass sie sich vorwiegend bei Streitigkeiten gegenüber ihrem Pendant behaupten. (Der berechnete Mittelwert von 2,49 bezieht sich auf die Codierung: 1 = überwiegend der Mann, 2 = beide, 3 = überwiegend die Frau.)

Hypothese: Instrumentelle Individuen haben einen höheren Berufsstatus und eine qualifiziertere Schulausbildung als androgyne, expressive und undifferenzierte Personen.

Die Hypothese wird verworfen. Wie die Ergebnisse der Studie offenbaren, üben die androgynen Männer im Mittel signifikant Berufe mit dem höchsten Status aus. Die instrumentellen Männer kommen im Mittel gleich dahinter.

Ebenso weisen androgyne Personen in der vorliegenden Studie im Mittel den höchsten Schulabschluss auf. Androgynie stellt sich somit als Voraussetzung für einen hohen Status des Schulabschlusses dar.

Hypothese: Expressive Frauen verrichten mehr Tätigkeiten im Haushalt als androgyne, instrumentelle und indifferente Frauen.

Die Hypothese wird beibehalten. Expressive Frauen neigen – gemäß der Orientierung an den weiblichen Geschlechtstereotypen – zu einer ausgeprägteren Identifikation mit typischen Hausfrauentätigkeiten als alle anderen gleichgeschlechtlichen Gruppen. Dies trifft für folgende Tätigkeiten zu: Zubereitung der Mahlzeiten, Waschen, Bügeln, Nähen, Erledigung des Abwaschs, Erziehung von Kleinkindern, Aufräumen des Haushalts.

Hypothese: Instrumentelle Individuen verfügen vorwiegend über den Geldhaushalt (mittlere und höhere Ausgaben).

Die Hypothese wird beibehalten. Die Ergebnisse verweisen auf den Sachverhalt, dass instrumentelle Männer und Frauen diese Tätigkeit im Allgemeinen selbst ausführen. (Die Mittelwerte für die instrumentellen Männer (1,74) und Frauen (2,61) beziehen sich auf die Codierung: 1 = überwiegend der Mann, 2 = beide, 3 = überwiegend die Frau.)

Hypothese: Maskuline Individuen setzen sich bei Streitigkeiten in der Partnerschaft überwiegend durch.

Die Hypothese bleibt bestehen. Die Orientierung an instrumentellen Stereotypen wirkt sich in der untersuchten Stichprobe auf das Konfliktverhalten aus. Instrumentelle Männer (1,52) und Frauen (2,49) sehen sich bei Streitigkeiten mit dem Partner letztendlich im Vorteil. (Die Mittelwerte beziehen sich auf die Codierung: 1 = überwiegend der Mann, 2 = beide, 3 = überwiegend die Frau.)

Hypothese: Frauen übernehmen nach wie vor den Hauptanteil der anfallenden Aufgaben im Haushalt.

Die Hypothese bleibt bestehen. Alle in dem vorliegenden Projekt thematisierten typischen Frauenaufgaben wurden auch realiter vorwiegend von den Ehefrauen übernommen (siehe oben): Zubereitung von Mahlzeiten, Waschen, Bügeln, Nähen, Erledigung des Abwaschs, Kleinkinderziehung, Aufräumen des Haushalts.

Hypothese: Maskuline Frauen sind mit der Rollen-/Arbeitsverteilung in der Ehe unzufriedener als androgyne, feminine und indifferente Frauen.

Die Hypothese kann beibehalten werden. Von allen Gruppen nach dem Androgyniemodell, die sich aus Frauen zusammensetzen, sind die Instrumentellen im Mittel (3,19) signifikant mit der Rollen- bzw. Arbeitsverteilung in der Ehe am unzufriedensten. (Der Mittelwert bezieht sich auf die Codierung: 1 = sehr zufrieden, 2 = zufrieden, 3 = eher zufrieden, 4 = eher unzufrieden, 5 = unzufrieden, 6 = sehr unzufrieden.)

5 Konsequenzen für Pädagogik, institutionelle Ehe-, Familien- und Lebensberatung und Anregung zu weiterer Forschung

Eine Beschäftigung mit dem Androgyniekonzept bzw. mit dem sozialpsychologischen Konstrukt Geschlechtstypizität (GTS) auf institutioneller Ebene erscheint nach dieser ersten Bestandsaufnahme viel versprechend. Das Konstrukt Geschlechtstypizität (GTS) hat sich in der vorliegenden Untersuchung u.a. bei den Themen „Durchsetzen bei Streitigkeiten", „Regelung des Finanzhaushalts" und „Zufriedenheit mit der Rollen-/Arbeitsverteilung in der Ehe" (überwiegend existente Konfliktbereiche von Paaren und Familien) als abhängige Variable dargestellt.

Sollten sich bei zukünftigen Studien mit größeren Gruppen nach dem Androgyniemodell und möglicherweise auch anderen Erhebungsverfahren, z.B. Verhaltensbeobachtung, analoge Zusammenhänge nachweisen lassen, kann sich der erste positive Eindruck verhärten, was die Voraussetzung für die faktische Berücksichtigung in der institutionellen Eheberatung und Partnerschaftsdiagnostik wäre.

Drei hypothetische Leitgedanken von potenziellen Verwendungsmöglichkeiten der Orientierung an spezifischen Geschlechterstereotypen (Geschlechtstypizität (GTS)) in der Partnerschaftsdiagnostik bzw. Beratung, die natürlich noch den Beweis durch die Überprüfung der Empirie schuldig sind, seien vorab an dieser Stelle gestattet. Der erste Gedanke thematisiert verhaltenstherapeutische und tiefenpsychologische Interventionen, der zweite die Partnerschaftsdiagnostik insgesamt, der letzte beschäftigt sich mit Ehevorbereitungsprogrammen.

Erstens: Bei *verhaltenstherapeutischen Interventionen*, die vor allem konkrete, d.h. aktuelle, Probleme in Partnerschaften fokussieren (siehe Abschnitt 3.6.3), könnte man die Geschlechtstypizität (GTS) der Eheleute berücksichtigen, z.B. im Fall einer gestörten Partnerkommunikation. Eine Möglichkeit der Integration der Geschlechtstypizität (GTS) sähe demnach so aus, dass dieses Konstrukt zunächst durch einen Selbsteinschätzungsfragebogen erfasst wird. Wie bereits oben erwähnt, hängt der typisch maskuline bzw. feminine Kommunikationsstil, d.h. Sprecher- und Zuhörervariablen, u.a. von der Art des geschlechtsspezifischen Selbstbildes ab (JOHNSON et al. 2000). Demnach charakterisiert sich z.B. die Kommunikation zweier Individuen, die sich an instrumentellen Geschlechtstereotypen orientieren (Instrumentelle), im häuslichen Bereich mit an Sicherheit grenzender Wahrscheinlichkeit analytisch, rational, bestimmend, zielstrebig und unnachgiebig. Ferner könnte man annehmen, dass diese beiden Partner Schwierigkeiten bei Problemlösungen haben, weil niemand nachgeben und dem Partner unterlegen sein möchte (dem männlichen Stereotyp entsprechend). Die Erfassung der Geschlechtstypizität (GTS) in Verbindung mit einer analytischen Beobachtung der Art und Weise der Interaktion der Partner könnte nähere Erkenntnisse erbringen und auch therapeutische Lösungen herleiten.

Auch eine Verwendungsmöglichkeit innerhalb des populären Modells der *tiefenpsychologischen Paartherapie*: WILLI (2001) (siehe auch Abschnitt 3.6.1) ist hypothetisch denkbar. Eine Erfassung der Geschlechtstypizität (GTS) der Klienten könnte die – oftmals länger andauernde – Paartherapie eventuell verkürzen. Speziell die Konflikte in der *anal-sadistischen* und *phallisch-ödipalen* Kollusion, die sich vorwiegend durch stereotyp maskuline und feminine Verhaltensweisen der Partner charakterisieren, könnten auf dem Weg der Erfassung der Geschlechtstypizität (GTS) möglicherweise zügiger diagnostiziert werden. Dazu müsste aber erst empirisch geklärt werden, inwieweit die Geschlechtstypizität (GTS) Auskunft geben kann über unbewusste Prozesse. Ein tiefergehender Gedanke wäre nämlich, dass z.B. ein operationalisiertes maskulines Selbstbild eines neurotischen Mannes, der seine Ehefrau ausschließlich in eine untergeordnete Position im Alltag drängt, auf einen phallisch-narzisstischen Charakter (vgl. REICH 1933/2002) hindeutet, der vom Ehemann symptomatischerweise mit aggressiven Verhaltensweisen überkompensiert wird.

Zweitens: Die Erfassung der Geschlechtstypizität (GTS) könnte sich als eine nützliche Ergänzung zu gegenwärtig verwendeten Instrumenten in der Diagnostik von Ehekonflikten erweisen, z.B. in KLANN, HAHLWEG & HEINRICHS *Diagnostische Verfahren für Berater – Materialien zur Diagnostik und Therapie in der Ehe-, Familien- und Lebensberatung* (2002).

Drittens: Auch in Ehevorbereitungsprogrammen, eine bezeichnende Form der globalen Prävention von Beziehungsstörungen, könnte man auf die Erkenntnisse, die sich durch die Erfassung der Geschlechtstypizität (GTS) möglicherweise offenbaren, zurückgreifen. Ehevorbereitungsprogramme intendieren u.a. die Optimierung der Kommunikations- und Problemlösefertigkeiten (BODENMANN & HAHLWEG 2002), um die Partnerschaftsqualität aufrecht zu erhalten. Die Erfassung der Geschlechtstypizität (GTS) der Paare würde den Beteiligten mehr Informationen zu ihrer Selbsteinschätzung und Fremdwahrnehmung geben, d.h. ein verbessertes Verständnis zu sich selbst ermöglichen.

Diese hypothetischen Einschätzungen müssen jedoch auf dem Weg der Empirie in Zukunft überprüft werden.

Einige weitere progressive Mutmaßungen bezüglich alltagsnahen pädagogischen Situationen mit Heranwachsenden sollen hier noch kurzerhand angerissen werden. Im Folgenden geht es um pädagogisches Handeln und Vorgehensweisen, deren Ziel es ist, die gebräuchliche Geschlechtertrennung abzuschwächen, weil sie häufig geschlechtsspezifische Kommunikations- und Beziehungsprobleme nach sich zieht.

Aus der Tatsache heraus, dass androgynen Individuen, denen *beide* geschlechtsstereotypen Verhaltensweisen im Leben offen stehen, eine homogenere Persönlichkeitsvielfalt gegeben ist, ergeben sich symptomatische Folgerungen und Forderungen für zwei immens wichtige Sozialisationsinstanzen: *Familie und Schule*.

In diesen beiden Bereichen könn(t)en Pädagogen, Lehrer und Erzieher intensiv intervenieren, d.h. Kinder während des Entwicklungsprozesses unterstützen – natürlich gelingt das u.a. nur, wenn Denkweisen der praktizierten Geschlechtertrennung endlich überwunden werden, damit diese zumindest minimiert werden. Kindern kann und soll vorgelebt werden, dass sie es im Alltag, obwohl es äußere Unterschiede von Mädchen und Jungen gibt, immer mit einem geschwisterlichen Geschlecht zu tun haben und nicht mit einem *anderen*. So werden auch Ängste abgebaut.

Ein anderer Aspekt betrifft das Thema „Kind und Körperempfinden". Heranwachsende müssen sich in ihrem Körper „zuhause" fühlen, damit sie ihre Anlagen, ihre Lernfähigkeit entfalten können, ferner damit sich ihr Selbstwertgefühl entwickelt. In der Tat ist Letzteres die *Conditio sine qua non*. Nicht wenige Eltern unterscheiden ihre eigenen Kinder dagegen nach dem Geschlecht, das ist seit dem Etablieren der Psychoanalyse seit langem kein Geheimnis mehr. Das heißt, Mädchen werden im Allgemeinen anders erzogen als Jungen, eben geschlechtsstereotyp (zusammenfassend BILDEN 1991).

Es spielt ferner auch der Fakt eine Rolle, dass Mütter häufig ein „extrem emotionales" Verhältnis zu ihrem Sohn haben, d.h. ihn z.B. unbewusst einer Tochter vorziehen; bei zahlreichen Vätern gilt Analoges in Bezug auf ihre Tochter (zusammenfassend PERVIN 2001) – fatalerweise sind diese Sachlagen den Betroffenen meist nicht wirklich bewusst. Die Folgen für Heranwachsende stellen sich einerseits oft in Form von eigenen Geschlechtsrollenkonfusionen dar; andererseits kommt man in Versuchung, das andere (oder eigene) Geschlecht zu hassen, wenn ein Geschwister favorisiert wird.

Manche Eltern übertragen auch Konflikte, die sie selbst in der Kindheit erlebt haben per Widerholungszwang auf ihre eigenen Kinder (vgl. RICHTER 1963/2000); sehr relevant ist dabei das Geschlecht, das die Heranwachsenden haben. Doch wie dem auch sei: Aus dem Geschilderten können sich bei Edukanden Unmut und Misstrauen gegenüber dem eigenen Geschlecht, d.h. dem eigenen Körper, herausbilden. Diese Entwicklung ist möglicherweise sehr nachteilig für das spätere Selbstbild im Erwachsenenalter. Und nicht nur das, die Gesundheit der eigenen Sexualität ist gegebenenfalls gefährdet: „Träumt sich das Kind in eine falsche Geschlechtsrolle hinein, kann das später die sexuelle Identität hemmen" (RATTNER & DANZER 2003, 77).

Das Ideal ist und bleibt daher eine *egalitäre* Erziehung, die möglichst keinen Unterschied macht, ob es sich um einen Jungen oder ein Mädchen handelt. Geistig ungebundene Eltern, die die Heranwachsenden *nicht* geschlechtsstereotyp prägen, werden freilich wenig Beifall von ihrer sozialen Umwelt, d.h. der Kultur, erfahren. Dieser gesellschaftliche „Missstand" muss in seiner Nichtigkeit den Erziehern „von morgen" bewusst gemacht werden.

Letztendlich geht es immer um die möglichst freie Selbstentfaltung eines heranwachsenden Menschen, und dazu gehört eben auch die Möglichkeit, stereotyp feminine und maskuline Seiten und Persönlichkeitsmerkmale auszuleben, die natürlich jeder Mensch auch hat.

Schule. Analoges gilt meiner Ansicht nach auch für den Kindergarten und besonders die Schule. Lehrer und sonstige Autoritätspersonen machen im optimalen Fall keine Unterschiede im Unterricht zwischen Mädchen und Jungen. Doch dieser Zustand wird noch einige Jahre Entwicklungs- und Durchdringungsarbeit in Anspruch nehmen, bis er realisiert wird.

Insbesondere unbewusste Entwicklungsgänge sind im Schulalltag zu berücksichtigen. Ein kleines Exempel: der „Halloeffekt“. Dieser Vorgang stellt sich so dar, dass wir anziehenden Individuen, d.h. Menschen, die über eine ausgeprägte physische Attraktivität verfügen, aufgeschlossener gegenüber sind als Nicht-Attraktiven. Wir unterstellen Ersteren unbewusst auch eher einen moralisch guten Charakter. Im Schulalltag stellt sich dieses Phänomen in der Art dar, als das hübsche Jungs und Mädchen bessere Zensuren erhalten als andere (zusammenfassend GRAMMER 2001).

Auf unbewusste Prozesse, die ferner das „geschlechtertrennende“ Vorgehen bei Lehrern oft determinieren[42], kann in Fort- und Weiterbildungsveranstaltungen eingegangen werden. Dafür bedarf es selbstverständlich eines tiefenpsychologisch-fundierten Personals vom Fach. Leider wird dementsprechendes Profil (noch) nicht in der institutionellen Lehrerausbildung zugelassen.

Selbstreflexion und -beobachtung des Lehrers im Schulalltag wären weitere Schlagworte in diesem Zusammenhang.

Wichtig im Schulalltag ist ohne Zweifel auch die Art und Weise des Zusammenlebens, z.B. die Schüler-Schüler-Interaktion. PETILLON beispielsweise hat in einer Studie *Soziales Lernen in der Grundschule – Anspruch und Wirklichkeit* (1993, vgl. auch 2003) nachgewiesen, dass eine besondere Form des Sozialen Lernens, die Kommunikation, die selbstverständlich nicht geschlechtsspezifisch charakterisiert sein sollte, in Lehrplänen von Grundschulen sowie im Schulalltag überhaupt stark unterrepräsentiert ist. Daher wäre eine Vorstellung, den Gegenstand „Kommunikation“, der abhängig vom geschlechtsspezifischen Selbstbild sein kann (JOHNSON et al. 2000), in den pädagogischen Alltag der Grundschule einzuflechten. Reduktion der Geschlechtersprachen und -unterschiede könnte man durch Rollenspiele und andere (siehe PETILLON 2001) zu Stande bringen, d.h. so wäre es u.a. möglich, eine Annäherung zwischen den Geschlechtern zu bewirken.

[42] Dies können z.B. spezifische, aber auch traumatische Erfahrungen und eigene geschlechtsspezifische Prägungen der Eltern in der Kindheit sein.

Natürlich sei auch darauf hingewiesen, dass Elternhaus und Schule speziell beim Thema „Überwindung der Geschlechtertrennung" unbedingt zusammenarbeiten sollten.

Egalitäre Erziehung im Elternhaus. Nach RATTNER & DANZER (2003, 16) gehört zur Erziehungsarbeit unabdingbar die *Selbsterziehung* des Erziehers. Damit meinen die Autoren, dass Eltern beispielsweise gängige Erziehungsideale ruhigen Gewissens infrage stellen dürfen; gemeint sind diejenigen Meinungen, die die Geschlechtererziehung betreffen. Ich meine, vor allem *dann* ist Kritik angebracht, wenn sich Methoden nachteilig, d.h. einschränkend, auf den Zögling auswirken. – Die Vermittlung von geschlechtsschematischem Denken (Jungs *sind* so und so, Mädchen *sind* so und so) polarisiert die Vernunft des Kindes und erschafft schlussendlich Geschlechterunterschiede.

Es besteht kein Zweifel daran, dass die gegenwärtige übliche Erziehungsmethode die Geschlechtertrennung eher vorantreibt als untergräbt (ALFERMANN 1996). In unserem Rahmen „Wie sieht eine geschlechtsstereotyp-freie Erziehung aus?" könnte man Eltern in Veranstaltungen jeglicher Art, z.B. Elternabende, darauf hinweisen, dass individuelle geschlechtsstereotype Erziehung oftmals nichts anderes ist, als lediglich eine Kopie der Vorgaben der Makroebene, d.h. der Gesellschaft. Um für die Zukunft etwas zu ändern, d.h. um die Geschlechter anzunähern, müssen Traditionen überwunden werden, genauer, das kulturelle Erbe der Geschlechtertrennung muss durch ein partnerschaftlicheres Prinzip ersetzt werden.

6 Literatur

Ackermann, N. (1958). The psychodynamics of family life. New York: Basic Books.

Adler, A. (1920/2001). Praxis und Theorie der Individualpsychologie (11.Aufl.). Frankfurt a.M.: Fischer.

Alfermann, D. (1996). Geschlechterrollen und geschlechtstypisches Verhalten. Stuttgart: Kohlhammer.

Altstötter-Gleich, C. (1996). Theoriegeleitete Itemkonstruktion und -auswahl: Eine Modifikation des Einsatzes der Repertory-Grid-Technik, dargestellt am Beispiel der Erfassung der Geschlechteridentität. Landau: Empirische Pädagogik.

Altstötter-Gleich, C. (1998). Theoriegeleitete Itemkonstruktion und -auswahl mittels der Repertory-Grid-Technik. Zeitschrift für Differentielle und Diagnostische Psychologie, 3, 149–163.

Altstötter-Gleich, C., Eglau, B. & Kramer, J. (2000). Möglichkeiten der Operationalisierung von Expressivität und Instrumentalität: Entwicklung von Skalen zur Erfassung der Geschlechtstypizität (GTS). (Forschungsberichte des Fachbereiches 8: Psychologie, Universität Koblenz-Landau, 23, unveröffentlichtes Manuskript).

Andreß, H.-J. & Lohmann, H. (1999). Die wirtschaftlichen Folgen von Trennung und Scheidung. Stuttgart: Kohlhammer.

Ashmore, R.D. & DelBoca, F.K. (1979). Sex stereotypes and implicit personality theory: Toward a cognitiv-social psychological conceptualization. Sex Roles, 5, 219–248.

Auckenthaler, A. (1983). Klientenzentrierte Psychotherapie mit Paaren. Stuttgart: Kohlhammer.

Bachmair, S. (Hrsg.) (1994). Beraten will gelernt sein: ein praktisches Lehrbuch für Anfänger und Fortgeschrittene. (5. Aufl.) Weinheim: Beltz.

Bandura, A. (1976). Lernen am Modell. Stuttgart: Klett.

Bandura, A. (1979). Sozial-kognitive Lerntheorien. Stuttgart: Klett.

Bandura, A. & Walters, R.H. (1963). Social Learning and Personality Development. New York.

Bateson, G. (1981). Ökologie des Geistes. Frankfurt a.M.: Suhrkamp.

Bateson, G., Jackson, D.D., Haley, J. & Weakland, J.H. (1969). Schizophrenie und Familie. Frankfurt a.M.: Suhrkamp.

Baumgart, F. (Hrsg.) (1998). Entwicklungs- und Lerntheorien: Erläuterungen – Texte – Arbeitsaufgaben. Bad Heilbrunn: Klinkhardt.

Beer, R. (2001). Merkmale von Partnerschaftszielen als Veränderungs-Mediatoren in der verhaltenstherapeutischen Kurzzeit-Paartherapie (Dissertation, Universität Göttingen).

Bem, S.L. (1974). The Measurement of Psychological Androgyny. Journal of Consulting and Clinical Psychology, 42, 155–175.

Bem, S.L. (1975). Sex-role adaptability: One consequences of psychological androgyny. Journal of Consulting and Clinical Psychology, 634–643.

Bem, S.L. (1981). Gender schema theory: A Cognitiv account of Sex Typing. Psychological Review, 88, 354–364.

Bem, S.L., Martyna, W. & Watson, C. (1976). Sex typing and androgyny: Further explorations of the expressive domain. Journal of Personality and Social Psychology, 34, 1016–1023.

Benesch, H.N. (Hrsg.) (1992). Grundlagen der Psychologie. Weinheim: Beltz.

Berg, I.K. (1993). Familien-Zusammenhalt(en). Ein kurz-therapeutisches und lösungsorientiertes Handbuch. Dortmund: Modernes Leben.

Bierhoff-Alfermann, D. (1989). Androgynie: Möglichkeiten und Grenzen der Geschlechterrolle. Opladen: Westdeutscher Verlag.

Bilden, H. (1991). Geschlechtsspezifische Sozialisation. In: K. Hurrelmann & D. Ulich (Hrsg.). Neues Handbuch der Sozialisationsforschung. (4. Aufl.) Weinheim: Beltz, 279–302.

Bischof-Köhler, D. (2002). Von Natur aus anders: die Psychologie der Geschlechtsunterschiede. Stuttgart u.a.: Kohlhammer.

Bodenmann, G. (2000a). Stress und Coping bei Paaren. Göttingen: Hogrefe.

Bodenmann, G. (2000b). Kompetenzen für die Partnerschaft. Das Freiburger Stresspräventionstraining. Weinheim: Juventa.

Bodenmann, G. (2002). Paartherapie aus verhaltenstherapeutischer Sicht. In: M. Wirsching & P. Scheib (Hrsg.). Paar- und Familientherapie. Heidelberg u.a.: Springer, 107–120.

Bodenmann, G. & Cina, A. (2003). Woran Beziehungen scheitern. Psychologie heute, 7, 24–25.

Bodenmann, G. & Hahlweg, K. (2002). Prävention bei Paaren und Familien. In: M. Jerusalem & H. Weber (Hrsg.). Psychologische Gesundheitsförderung – Diagnostik und Intervention. Göttingen: Hogrefe.

Bojanovsky, J.J. (1983). Psychische Probleme bei Geschiedenen. Stuttgart: Enke.

Borz, J. (1999). Statistik für Sozialwissenschaftler (5. Aufl.). Berlin u.a.: Springer.

Boscolo, L. & Bertrando, P. (1997). Systemische Einzeltherapie. Heidelberg: Carl-Auer-Systeme.

Boscolo, L., Cecchin, G., Hoffmann, L. & Penn, P. (1988). Familientherapie-Systemtherapie: Das Mailänder Modell. Dortmund: Modernes Leben.

Boszormenyi-Nagy, I. & Spark, G.M. (1973). Invisible Loyalties. New York: Harper & Row.

Bowen, M. (1978). Family therapy in clinical practise. New York u.a.: J. Aronson.

Brem-Gräser, L. (1993). Handbuch der Beratung für helfende Berufe (Bd. 1-3). München u.a.: Reinhard.

Broverman, I.K. & Vogel, S. (1972). Sex-role Stereotypes: A Current Appraisal. Journal of Social Issues, 28 (2), 59–78.

Buehlmann, K., Gottman, J.M. & Katz, L. (1992). How a couple views their past predicts their future: Prediciting divorce from an oral history. J Family Psychology, 5, 295–318.
Bundesministerium für Familie und Senioren, Familie und Beratung (Hrsg.) (1993). Gutachten des Wissenschaftlichen Beirates für Familienfragen beim Bundesministerium für Familie und Senioren. Bonn: BMFuS.
Bundesministerium für Familie, Senioren, Frauen und Jugend (Hrsg.) (2003). Die Familie im Spiegel der amtlichen Statistik: Lebensformen, Familienstrukturen, wirtschaftliche Situation der Familien und familiendemographische Entwicklung in Deutschland. Bonn.
Bundesministerium für Umwelt, Jugend und Familie (Hrsg.) (1997). Forschungsprojekt – Endbericht. Beratung – Psychotherapie. Ein Projekt zur Bestandsaufnahme und Orientierung. Wien: Bundesministerium für Umwelt, Jugend und Familie.
Busch, H.J. (1985). Interaktion und innere Natur. Sozialisationstheoretische Reflexionen. Frankfurt a.M.: Campus.

Cecchin, G. (1988). Zum gegenwärtigen Stand von Hypothetisieren, Zirkularität und Neutralität – eine Einladung zur Neugier. Familiendynamik, 13, 190-203.
Cherlin, A.J. (1992). Marriage, divorce, remarriage (2nd edition). Cambridge, MA: Harvard University Press.
Chodorow, N. (1990). Das Erbe der Mütter. Psychoanalyse und Soziologie der Geschlechter (3. Aufl.). München: Frauenoffensive.
Costa, P.T., Herbst, J.H., McCrae R.R. & Siegler, I.C. (2000). Personality at midlife: stability, intrinsic maturation, and response to life events. Assessment, 7, 365–378.

de Shazer, S. (1989). Wege der erfolgreichen Kurztherapie. Stuttgart: Klett-Cotta.
Deutscher Arbeitskreis für Jugend-, Ehe- und Familienberatung (1983). Institutionelle Beratung im Bereich der Ehe-, Familien- und Lebensberatung, Partnerschafts- und Sexualberatung. München.
Deutsche Arbeitsgemeinschaft für Jugend- und Eheberatung e.V. (Hrsg.) (2002). Beratungsführer: Die Dienstleistungsstellen in Deutschland – ihre Leistungen, ihre Träger, ihre Anschriften. (Bd. 1) München.
Deutsche Arbeitsgemeinschaft für Jugend- und Eheberatung e.V. (2003). Statistik Eheberatungsstellen (Anschreiben v. Dr. Moeser-Jautke, unveröffentlicht).
Dicks, H.V. (1967). Marital tensions. New York: Basic Books.
Dreesen, H. & Eberling, W. (1998). Spiel mit Ressourcen. Vier Wegweiser zur Lösungsfindung. In: W. Eberling & M. Vogt-Hillmann (Hrsg.). Kurzgefasst. Zum Stand der lösungsorientierten Praxis in Europa. Dortmund: Borgmann, 50–73.
Durkheim, E. (1893/1999). Über soziale Arbeitsteilung. Frankfurt a.M.: Suhrkamp.

Eagly, A.E. & Steffen, V.J. (1984). Gender stereotypes stem from distribution of women and men into social roles. Journal of Personality and Social Psychology, 46, 735–754.

Eckes, T. (1997). Geschlechterstereotype: Frau und Mann in sozialpsychologischer Sicht. Pfaffenweiler: Centaurus.

Eidelson, R.J. & Epstein, N. (1982). Cognition and relationship maladjustment: Development of a measure of dysfunctional relationship beliefs. J Consulting Clinical Psychology, 50, 715–720.

Eibl-Eibelsfeld, I. (1997). Die Biologie des menschlichen Verhaltens (3.Aufl.). Weyarn: Seehammer.

Esser, U. & Schneider, I. (1989). Klientenzentrierte Partnerschaftstherapie als Beziehungstherapie – eine Positionsbestimmung. In: M. Behr, F. Petermann, W.M. Pfeiffer & C. Seewald (Hrsg.). Jahrbuch für Personenzentrierte Psychologie und Psychotherapie. Salzburg: O. Müller, 206–228.

Faulstich-Wieland, H. (1995). Geschlecht und Erziehung: Grundlagen des pädagogischen Umgangs mit Mädchen und Jungen. Darmstadt: Wissenschaftliche Buchgesellschaft.

Flammer, A. (1999). Entwicklungstheorien: psychologische Theorien der menschlichen Entwicklung (2. Aufl.). Huber: Bern.

Formann, A.K. (1984). Die Latent-Class-Analyse. Weinheim: Beltz.

Freud, S. (1938/1994). Abriß der Psychoanalyse. Einführende Darstellungen. Frankfurt a.M.: Fischer.

Freud, S. (1933/2000). Neue Folge der Vorlesungen zur Einführung in die Psychoanalyse. In: S. Freud. Studienausgabe (1. Bd.). Vorlesungen zur Einführung in die Psychoanalyse Und neue Folge. Frankfurt: Fischer, 448–608.

Freud, S. (1905/2000). Drei Abhandlungen zur Sexualtheorie. In: S. Freud. Studienausgabe (5. Bd.). Sexualleben. Frankfurt: Fischer, 37–145.

Freud, S. (1930/2000). Das Unbehagen in der Kultur. In: S. Freud. Studienausgabe (9. Bd.). Gesellschaft/Religion. Frankfurt: Fischer, 191–270.

Fromm, E. (1974/1996). Anatomie der menschlichen Destruktivität. Reinbek: Rowohlt.

Fthenakis, W.E., Niesel, R. & Kunze, H.-R. (1982). Ehescheidung: Konsequenzen für Eltern und Kinder. Weinheim: Psychologie Verlag.

Fthenakis, W.E. & Minsel, B. (2002). Die Rolle des Vaters in der Familie. Stuttgart u.a.: Kohlhammer.

Fürstenau, P. (1994). Chancen der Professionalisierung durch den „Facharzt für psychotherapeutische Medizin". In: S. Gröninger & P. Fürstenau (Hrsg.). Weiterbildungsführer Psychotherapeutische Medizin. München: Pfeiffer.

Geulen, D. (1991). Die historische Entwicklung sozialisationstheoretischer Ansätze. In: K. Hurrelmann & D. Ulich (Hrsg.). Neues Handbuch der Sozialisationsforschung. (4. Aufl.) Weinheim: Beltz, 21–54.

Gloger-Tippelt, G. (1996). Konstrukte im Bereich der Geschlechtstypisierung. In: M. Amelang (Hrsg.). Temperaments- und Persönlichkeitsunterschiede. Göttingen: Hogrefe, 223–255.

Gödde, G. (1999). Traditionslinien des „Unbewußten": Schopenhauer, Nietzsche, Freud. Tübingen: Edition diskord.

Görgens, K. (1992). Perversion/Devianz. In: S.R. Dunde (Hrsg.). Handbuch Sexualität. Weinheim: Deutscher Studien Verlag, 168–174.

Gordon, T. (1993). Familienkonferenz. München: Heyne.

Gottman, J.M. (1994). What predicts divorce? The relationship between marital processes and marital outcomes. Hillsdale, N.J.: Lawrence Erlbaum Associates.

Gottman, J.M. (1999). The seven principles for making marriage work. New York: Crown.

Gottman, J.M. & Levenson, R.W. (2000). Wie stabil sind Ehebeziehungen über mehrere Jahre? Familiendynamik, 25, 4–38.

Grammer, K. (2002). Signale der Liebe. Die biologischen Gesetze der Partnerschaft (5. Aufl.). Hamburg: Hoffmann und Campe.

Grau, I. & Bierhoff, H.-W. (Hrsg.) (2003). Sozialpsychologie der Partnerschaft. Berlin u.a.: Springer.

Grawe, K., Donati, R. & Bernauer, F. (1994). Psychotherapie im Wandel. Von der Konfession zur Profession. Göttingen: Hogrefe.

Gray, J. (1998). Männer sind anders – Frauen auch. Männer sind vom Mars. Frauen von der Venus. München: Goldmann.

Gudjons, H. (1997). Pädagogisches Grundwissen: Überblick – Kompendium – Studienbuch (6. Aufl.). Bad Heilbrunn: Klinkhardt.

Gurman, A.S. (1979). Dimensions of marital therapy. A comparative analysis. Journal of Marital and Family Therapy, 5, 5–16.

Habermas, J. (1973). Stichworte zu einer Theorie der Sozialisation. In: J. Habermas. Kultur und Kritik: Verstreute Aufsätze. Frankfurt a.M.: Suhrkamp, 118–194.

Hagemann-White, C. (1984). Sozialisation: Weiblich – männlich? Opladen: Leske & Budrich.

Hahlweg, K. (1986). Partnerschaftliche Interaktion: Empirische Untersuchung zur Analyse und Modifikation von Beziehungsstörungen. München: Gerhard-Röttger-Verlag.

Hahlweg, K. (1991). Störungen und Auflösung von Beziehungen. In: M. Amelang, H.-J. Ahrens & H.W. Bierhoff (Hrsg.). Partnerwahl und Partnerschaft. Göttingen: Hogrefe, 117–152.

Hahlweg, K. (2002). Beziehungs- und Interaktionsstörungen. In: H. Reinecker (Hrsg.). Lehrbuch Klinische Psychologie/Psychotherapie. (4. Aufl.) Göttingen: Hogrefe.

Hahlweg, K. (1977). Konstruktion und Validierung diagnostischer Instrumente zum Einsatz in der Partnerschaftstherapie (Dissertation, Universität Hamburg).

Hahlweg, K. (1979). Konstruktion und Validierung des Partnerschaftsfragebogens. PFB. Zeitschrift für Klinische Psychologie, 8, 17–40.

Hahlweg, K. (1995). Einfluß interaktioneller Faktoren auf Verlauf und Therapie psychischer und somatischer Erkrankungen. Verhaltenstherapie, 5, 1–8.

Hahlweg, K. (1996). Fragebogen zur Partnerschaftsdiagnostik. Göttingen: Hogrefe.

Hahlweg, K. (1994). Beziehungs- und Interaktionsstörungen. In: H. Reinecker (Hrsg.). Lehrbuch der Klinischen Psychologie. Modelle psychischer Störungen. Göttingen: Hogrefe, 435–458.

Hahlweg, K. & Schröder, B. (1993). Kommunikationstraining. In: M. Linden & M. Hautzinger (Hrsg.). Verhaltenstherapie. Berlin u.a.: Springer, 193–200.

Hahlweg, K., Kaiser, A., Christensen, A., Fehm-Wolfsdorf, G. & Groth, T. (2000). Selfreport and observational assessment of couples' conflict: The concordance between the communication patterns questionaire and the KPI observation system. Journal of Marriage and the Family, 62, 61–67.

Hahn, K. & Müller, F.-W. (1993). Systemische Erziehungs- und Familienberatung: Wege zur Förderung autonomer Lebensgestaltung. Mainz: Matthias-Grünewald-Verlag.

Halford, W.K., Kelly, A. & Markman, H.J. (1997). The concept of a healthy marriage. In: W.K. Halford & H.J. Markman (Ed.). Clinical handbook of marriage and couples interventions. Chichester: Wiley.

Hank, G., Hahlweg, K. & Klann, N. (1990). Diagnostische Verfahren für Berater – Materialien zur Diagnostik und Therapie in Ehe-, Familien- und Lebensberatung. Weinheim: Beltz.

Hartenstein, W., Bergmann-Gries, J., Burkhardt, W. & Rudat, R. (1988). Geschlechtsrollen im Wandel: Partnerschaft und Aufgabenteilung in der Familie. Stuttgart u.a.: Kohlhammer.

Hartmann, N. (1940/1964). Der Aufbau der realen Welt. Gruyter.

Heekerens, H.-P. (1991). Familientherapie und Erziehungsberatung: Erfahrungen – Materialien – Modelle (2. Aufl.). Heidelberg: Asanger.

Hellinger, B. (1994). Ordnungen der Liebe. Ein Kurs-Buch. Heidelberg: Carl-Auer-Systeme.

Hellinger, B. (1997). Familienstellen mit Kranken. Heidelberg: Carl-Auer-Systeme.

Hinzpeter, W. (2003). Depression: Die Qualen der Schwermut. Stern, 23, 150–167.

Hirschhauer, S. (1994). Die soziale Fortpflanzung der Zweigeschlechtlichkeit. Kölner Zeitschrift für Soziologie und Sozialpsychologie, 46, 668–692.

Hofer, M., Wild, E. & Pikowsky, B. (1996). Pädagogisch-psychologische Berufsfelder: Beratung zwischen Theorie und Praxis. Bern u.a.: Huber.

Hoffmann, B. (1997). Das sozialisierte Geschlecht: Zur Theorie der Geschlechtersozialisation. Opladen: Leske & Budrich.

Homans, G.C. (1968). Elementarformen sozialen Verhaltens. Köln-Opladen: Westdeutscher Verlag.

Hrdy, S.B. (2002). Mutter Natur: Die weibliche Seite der Evolution. Berlin: BvT.

Hurrelmann, K. (2001). Einführung in die Sozialisationstheorie. Über den Zusammenhang von Sozialstruktur und Persönlichkeit (7. Aufl.). Weinheim: Beltz.

Hurrelmann, K. & Ulich, D. (Hrsg.) (1991). Neues Handbuch der Sozialisationsforschung. (4. Aufl.) Weinheim: Beltz.

Imber-Black, E., Roberts, J. & Whiting, R.A. (1993). Rituale in Familien und Familientherapie. Heidelberg: Carl-Auer-Systeme.

Jacobson, N.S. (1992). Behavioral couple therapy: A new beginning. Behavior Therapy, 23, 493–506.

Jacobson, N.S. & Christiansen, A. (1996). Integrative behavioral couple therapy. New York: Norton.

Johnson, M.K., Weaver, J., Watson, K. & Barker, L. (2000). Listening Styles: Biological or Psychological Differences? International Journal of Listening, 14.
Jung, C.G. (1928/2001). Die Beziehungen zwischen dem Ich und dem Unbewußten. München: Deutscher Taschenbuch Verlag.

Keddi, B. & Seidenspinner, G. (1991). Arbeitsteilung und Partnerschaft. In: H. Bertram (Hrsg.). Die Familie in Westdeutschland. Stabilität und Wandel familialer Lebensformen. Opladen: Leske & Budrich, 159–192.
Keller, H. (Hrsg.) (1979). Geschlechtsunterschiede. Weinheim: Beltz.
Kelly, G.A. (1955). The psychology of personal constructs (Vol. 1 & 2). New York: Norton.
Keuneke, S. (2000). Geschlechtserwerb und Medienrezeption: zur Rolle von Bilderbüchern im Prozeß der frühen Geschlechtersozialisation (Zugl.: Münster, Univ.-Diss., 1998). Opladen: Leske & Budrich.
Kirchler, E. & Venus, M. (2000). Zwischen Beruf und Familie: Gerechtigkeit und Zufriedenheit mit der Aufteilung der Arbeit zu Hause. Zeitschrift für Sozialpsychologie, 31, 113–123.
Klann, N. (2002). Institutionelle Beratung – ein erfolgreiches Angebot: Von den Beratungs- und Therapieschulen zur klientenzentrierten Intervention. Freiburg: Lambertus-Verlag.
Klann, N. & Hahlweg, K. (1987). Ehe-, Familien- und Lebensberatung: Besuchsmotive und Bedarfsprofile: Ergebnisse einer empirischen Forschung. Freiburg: Lambertus-Verlag.
Klann, N. & Hahlweg, K. (1994a). Bestandsaufnahme in der institutionellen Ehe-, Familien- und Lebensberatung. Stuttgart: Kohlhammer.
Klann, N. & Hahlweg, K. (1994b). Beratungsbegleitende Forschung – Evaluation von Vorgehensweisen in der Ehe-, Familien- und Lebensberatung und ihre spezifischen Auswirkungen. Stuttgart: Kohlhammer.
Klann, N., Hahlweg, K. & Heinrichs, N. (2002). Diagnostische Verfahren für BeraterInnen. Materialien zur Diagnostik und Therapie in Ehe-, Familien- und Lebensberatung (2. Aufl.). Göttingen: Hogrefe.
Kluge, N. (1978). Einführung in die Sexualpädagogik. Darmstadt: Wissenschaftliche Buchgesellschaft.
Köcher, R. (1993). Lebenszentrum Familie. In: Bundesministerium für Familie und Senioren (Hrsg.). 40 Jahre Familienpolitik in der Bundesrepublik Deutschland. Neuwied: Luchterhand, 37–51.
Köhle-Hezinger, C., Scharfe, M., Brednich, R.W. (Hrsg.) (1999). Männlich. Weiblich.: zur Bedeutung der Kategorie Geschlecht in unserer Kultur/ 31. Kongreß der Deutschen Gesellschaft für Volkskunde in Marburg 1997. Münster: Waxmann.
König, R. (1978). Die Familie der Gegenwart. München: Beck.
Küpper, B. (2000). Sind Singles anders als die anderen? Ein Vergleich von Singles und Paaren (Dissertation, Universität Bochum).
Kohlberg, L. (1974). Zur kognitiven Entwicklung des Kindes. Frankfurt a.M.: Suhrkamp.
Kowalczyk, A. (2000). Systemische Paartherapie. In: P. Kaiser (Hrsg.). Partnerschaft und Paartherapie. Göttingen u.a.: Hogrefe, 339–363.

Krapp, A. & Weidenmann, B. (Hrsg.) (2001). Pädagogische Psychologie. (4. Aufl.) München: Beltz.
Kreische, R. (2000). Psychoanalytische Paartherapie. In: P. Kaiser (Hrsg.). Partnerschaft und Paartherapie. Göttingen u.a.: Hogrefe, 257–270.

Lazarus, A.A. (1968). Behavior therapy and group marriage counseling. J Am Society Psychosomatic Dentestry Medicine, 15, 49–56.
Lenz, G., Osterhold, G. & Ellebracht, H. (1995). Erstarrte Beziehung – heilendes Chaos: Einführung in die systemische Paartherapie und -beratung. Freiburg u.a.: Herder.
Lenz, M. (1999). Geschlechtersozialisation aus biologischer Sicht: Anlage und Erziehung: Stuttgart: Ibidem.
Linder, S. (1997). „... vielleicht die Wut, daß man so hilflos ist!": Prävention sexuellen Mißbrauchs im Kindergarten aus der Sicht der Vorschulerzieherinnen: Einstellungen, Handlungskonzepte und Problemfelder der Vorschulerzieherinnen in den Bereichen Sexualerziehung und Prävention (Zugl.: Koblenz, Landau, Univ., Abt. Landau, Diss., 1996). Frankfurt a.M. u.a.: Lang.
Linster, H.-W. (2000). Klientenzentrierte Paartherapie. In: P. Kaiser (Hrsg.). Partnerschaft und Paartherapie. Göttingen u.a.: Hogrefe, 271–291.
Lidz, T., Cornelison, A., Fleck, S. & Terry, D. (1957). Marital schism and marital skew. American Journal of Psychiatry, 114, 241–248.
Loch, W. (Hrsg.) (1977). Krankheitslehre der Psychoanalyse. Stuttgart: Hirsch-Verlag.

Maccoby, E.E. (2000). Psychologie der Geschlechter: Sexuelle Identität in den verschiedenen Lebensphasen. Stuttgart: Klett-Cotta.
Markman, H.J., Duncan, S.W., Storaasli, R.D. & Howes, P.W. (1987). The prediction and prevention of marital distress: A longitudinal investigation. In: K. Hahlweg & M.J. Goldstein (Eds.). Understanding major mental disorder: The contribution of family interaction research. New York: Family Process.
Maslow, A.H. (1973). Psychologie des Seins: ein Entwurf. München: Kindler.
Markman, H.K. (1984). The longitudinal study of couples' interactions: Implications for understanding and predicting the development of marital distress. In: K. Hahlweg & H. Jacobson (Eds.). Marital interactions: Analysis and modification. New York: Guilford, 252–281.
Martenstein, H. (2002). Vom Wesen der Liebe. GEO, 12, 86–104.
Martin, C.L. (1993). New directions for investigating children's gender knowledge. Development Review, 13, 184–204.
Maturana, H.R. & Varela, F.J. (1991). Der Baum der Erkenntnis. Die biologischen Wurzeln des menschlichen Erkennens (2. Aufl.). Bern: Scherz/Goldmann.
Merkens, A. (2000). Stereotype und Personenwahrnehmung. Landau: Verlag Empirische Pädagogik.
Mertens, W. (1997). Entwicklung der Psychosexualität und der Geschlechtsidentität (Bd. 1) (3. Aufl.). Stuttgart: Kohlhammer.
Merz, F. (1979). Geschlechterunterschiede und ihre Entwicklung (Bd. 3). Göttingen: Hogrefe.

Minuchin, S. (1974). Families and family therapy. Cambridge, Mass.: Harvard University Press.
Minuchin, S. (1977). Familie und Familientherapie. Theorie und Praxis der strukturellen Familientherapie. Stuttgart: Klett-Cotta.
Mischel, W. (1971). Introduction to personality. New York: Holt, Rinehart & Winston.
Moeller, L. (2001). Gelegenheit macht Liebe: Glücksbedingungen in der Partnerschaft. Reinbek: Rowohlt.
Moreno, J.L. (1973). Gruppenpsychotherapie und Psychodrama: Einleitung in die Theorie und Praxis (2. Aufl.). Stuttgart: Thieme.
Murgatroyd, S. (1994). Beratung als Hilfe: eine Einführung für helfende Berufe. Weinheim: Beltz.

Nave-Herz, R. (1994). Familie heute: Wandel der Familienstrukturen und Folgen für die Erziehung. Darmstadt: Wissenschaftliche Buchgesellschaft.
Nissen, U. (1998). Kindheit, Geschlecht und Raum: Sozialisationstheoretische Zusammenhänge geschlechtsspezifischer Raumaneignung (Zugl.: Berlin, Techn. Univ., Diss., 1997). Weinheim: Juventa.
Nolteernsting, E. (1998). Jugend, Freizeit, Geschlecht: Der Einfluß gesellschaftlicher Modernisierung. Opladen: Leske & Budrich.

Paolino, T.J. & McCrady. B.S. (Hrsg.) (1978). Marriage and marital therapy. Psychoanalytic, behavioral and system theory perspectives. New York: Brunner/Mazel.
Parsons, T. & Bales, R.F. (1955). Family socialisation and interaction processes. New York: Free Press.
Pease, A. & B. (2000). Warum Männer nicht zuhören und Frauen schlecht einparken. München: Ullstein.
Pervin, L.A. (2000). Persönlichkeitstheorien. München: Reinhardt.
Petillon, H. (1993). Soziales Lernen in der Grundschule. Frankfurt a.M.: Diesterweg.
Petillon, H. (2001). 1000 tolle Spiele für Grundschulkinder. Würzburg: Arena.
Petillon, H. (Hrsg.) (2003). Individuelles und soziales Lernen in der Grundschule: Kindperspektive und pädagogische Konzepte. Opladen: Leske & Budrich.
Peuckert, R. (1996). Familienformen im sozialen Wandel (2. Aufl.). Opladen: Leske & Budrich.
Piaget, J. (1975). Das Erwachen der Intelligenz beim Kinde. In: J. Piaget. Gesammelte Werke (Bd. 6). Stuttgart: Klett.
Piaget, J. (1976). Probleme der Entwicklungspsychologie: Kleinere Schriften. Frankfurt a.M.: Syndikat.

Rattner, J. & Danzer, G. (2001). Liebe und Ehe: Zur Psychologie der Zweierbeziehung. Darmstadt: Wissenschaftliche Buchgesellschaft.
Rattner, J. & Danzer, G. (2003). Erziehung zur Persönlichkeit. Darmstadt: Wissenschaftliche Buchgesellschaft.
Rauner, M. (2003). Mathe Sechs, Ehe kaputt. Die Zeit, 22, 27.
Reich, W. (1933/2002). Charakteranalyse (7. Aufl.). Köln: Kiepenheuer & Witsch.

Reich, G. (1991). Partnerwahl und Ehekrisen: eine familiendynamische Studie (3. Aufl.) (Zugl. Hannover, Univ., Diss., 1986). Heidelberg: Asanger.

Rendtorff, B. (1997). Geschlecht und Kindheit: psychosexuelle Entwicklung und Geschlechtsidentität. Königstein/Taunus: Helmer.

Richter, H.E. (1970). Patient Familie: Entstehung, Struktur und Therapie von Konflikten in Ehe und Familie. Reinbek: Rowohlt.

Richter, H.E. (1963/2000). Eltern, Kind und Neurose (30. Aufl.). Reinbek: Rowohlt.

Riehl-Emde, A., Frei, R. & Willi, J. (1994). Menschen in Trennung und ihre Ambivalenz: Erste Anwendung eines neu entwickelten Paarinventars. Psychotherapie, Psychosomatik, Medizinische Psychologie, 44, 37–45.

Rogers, C.R. (1975). Partnerschule: Zusammenleben will gelernt sein – das offene Gespräch mit Paaren und Ehepaaren. München: Kindler.

Rogers, C.R. (1976). Entwicklung der Persönlichkeit: Psychotherapie aus der Sicht eines Therapeuten. Stuttgart: Klett.

Rogers, C. R. (1972/1999). Die nicht-direktive Beratung (9. Aufl.). Frankfurt a.M.: Fischer.

Sanders, R. (2000). Partnerschule ... damit Beziehungen gelingen: Grundlagen, Handlungsmodelle, Bausteine, Übungen. Erprobte Wege in Eheberatung und Paartherapie. Paderborn: Junfermann.

Satir, V. (1973). Familienbehandlung. Freiburg i.B.: Lambertus.

Scheler, M. (1928/2002). Die Stellung des Menschen im Kosmos. München: Bouvier.

Scheu, U. (1977). Wir werden nicht als Mädchen geboren – wir werden dazu gemacht. Zur frühkindlichen Erziehung in unserer Gesellschaft. Frankfurt a.M.: Fischer.

Schild, H.-J. (1990). Einführung. In: G. Hank, K. Hahlweg & N. Klann (Hrsg.). Diagnostische Verfahren für Berater. Weinheim: Beltz, 1–11.

Schindler, L, Hahlweg, K. & Revenstorf, D. (1998). Partnerschaftsprobleme: Diagnose und Therapie: Therapiemanuel (2. Aufl.). Berlin u.a.: Springer.

Schmerl, C. (1984). Das Frauen- und Mädchenbild in den Medien. Opladen: Leske & Budrich.

Schmid-Tannwald, I. & Kluge, N. (Hrsg.) (1998). Sexualität und Kontrazeption aus der Sicht der Jugendlichen und ihrer Eltern 1994. Köln: BzgA.

Schmidt, G. (1999). Hypno-systemische Kompetenzentfaltung. Nutzungsmöglichkeiten der Problemkonstruktion. In: H. Döring-Meijer (Hrsg.). Ressourcenorientierung – Lösungsorientierung. Etwas mehr Spaß und Leichtigkeit in der systemischen Therapie und Beratung. Göttingen: Vandenhoeck & Ruprecht, 70–129.

Schmidt, G. (1998). Wir sehen immer mehr Lustlose. Familiendynamik, 23, 348–365.

Schneewind, K.A. (1999). Familienpsychologie (2.Aufl.). Stuttgart u.a. Kohlhammer.

Schneewind, K.A. & Wunderer, E. (2003). Das Beziehungsrezept. Psychologie heute, 7, 20–23.

Schneider, N. (2003). Pakt mit der Sehnsucht. FOCUS, 17, 140–150.

Schwarzer, A. (2000). Der große Unterschied. Köln: Kiepenheuer & Witsch.

Schweitzer, J. & Weber, G. (1997). „Störe meine Kreise!" Zur Theorie, Praxis und kritischen Einschätzung der Systemischen Therapie. Psychotherapeut, 42, 197–210.

Schwedt, H. (1999). Geschlechterrollen, Macht und Brauch. In: C. Köhle-Hezinger, M. Scharfe & R.W. Brednich (Hrsg.). Männlich. Weiblich.: zur Bedeutung der Kategorie Geschlecht in unserer Kultur/ 31. Kongreß der Deutschen Gesellschaft für Volkskunde in Marburg 1997. Münster: Waxmann, 160–170.

Seiler, T.B. (1991). Entwicklung und Sozialisation: Eine strukturgenetische Sichtweise. In: K. Hurrelmann & D. Ulich (Hrsg.). Neues Handbuch der Sozialisationsforschung. (4. Aufl.) Weinheim: Beltz, 99–121.

Selvini Palazzoli, M., Boscolo, L., Cecchin, G. & Prata, G. (1980). Hypothetisieren, Zirkularität, Neutralität: Drei Richtlinien für den Leiter einer Sitzung. Familiendynamik, 6, 123–140.

Sieverding, M. & Bierhoff-Alfermann, D. (1992). Instrumentelles (maskulines) und expressives (feminines) Selbstkonzept: ihre Bedeutung für die Geschlechterforschung. Zeitschrift für Sozialpsychologie, 23, 6–15.

Spanier, G. (1976). Measuring dyadic adjustment: new scales for assessing the quality of marriage and sinilar dyads. Journal of Marriage and the Family, 38, 15–28.

Spence, J.T., Helmreich, R.L. & Stapp, J. (1975). Ratings of self and peers on sex-role attributes and their relation to self-esteem and conceptions of masculinity and feminity. Journal of Personality and Social Psychology, 32, 29–39.

Spence, J.T. & Helmreich, R.L. (1978). Masculinity & femininity. Their psychological dimensions, corelates, and antecedents. Austin: University of Texas Press.

Statistisches Bundesamt (2002a). Ehescheidungen 2000/2001: Die wichtigsten Ergebnisse. Statistisches Bundesamt, Wirtschaft und Statistik (WiSta), 12, 1056–1064.

Statistisches Bundesamt (Hrsg.) (2002b). Datenreport 2002: Zahlen und Fakten über die Bundesrepublik Deutschland. Bonn.

Statistisches Landesamt Rheinland-Pfalz (2003). Daten auf Anfrage per E-Mail empfangen.

Steiner, E., Brandl-Nebehay, A. & Reiter, L. (2002). Von der Familientherapie zur systemischen Perspektive. In: M. Wirsching & P. Scheib (Hrsg.). Paar- und Familientherapie. Heidelberg u.a.: Springer, 7–22.

Steinglass, P. (1978). The conceptualization of marriage from a systemtheory perspective. In: T.J. Paolino & B.S. McCrady (Eds.). Marriage and marital therapy. Psychoanalytic, behavioral and system theory perspectives. New York: Brunner/Mazel.

Stierlin, H. (1971). Das Tun des Einen ist das Tun des Anderen. Frankfurt a.M.: Suhrkamp.

Stierlin, H. (1978). Delegation und Familie. Frankfurt a.M.: Suhrkamp.

Storr, A. (1999). Freud. Freiburg i.B.: Herder.

Strotmann, R. (1997) Zur Konzeption und Tradierung der männlichen Geschlechtsrolle in der Erziehungswissenschaft: eine Analyse am Beispiel der Herausbildung erziehungswissenschaftlicher Fragen und didaktischer Anwendungstheorien (Zugl.: Berlin, Techn. Univ., Diss., 1996). Frankfurt a.M.: Lang.

Stuart, R.B. (1969). Operant-interpersonal treatment of marital discord. Journal of Consulting and Clinical Psychology, 33, 675–682.

Stuart, R.B. (1976). An operant-interpersonal program for couples. In: D.H.L. Olson (Ed.). Treating relationships. Lake Mills, IO: Graphic Publishing, 119–132.

Tausch, R. (1968). Gesprächspsychotherapie. Göttingen: Hogrefe.

Textor, M.R. (Hrsg.) (1992). Hilfen für Familien. Ein Handbuch für psychosoziale Berufe. (2. Aufl.) Frankfurt a.M.: Fischer.

Thibaut, J.W. & Kelley, H.H. (1959). The social psychology of groups. New York: Wiley.

Thompson, L. (1991). Familiy work: women's sense of fairness. Journal of Family Issues, 12, 181–196.

Tillmann, K.L. (2001). Sozialisationstheorien: Eine Einführung in den Zusammenhang von Gesellschaft, Institution und Subjektwerdung (12. Aufl.). Reinbek: Rowohlt.

Titze, M. & Eschenröder, C.T. (1998). Therapeutischer Humor. Grundlagen und Anwendungen. Frankfurt a.M.: Fischer.

Toman, W. (1979). Familientherapie: Grundlagen, empirische Erkenntnisse und Praxis. Darmstadt: Wissenschaftliche Buchgesellschaft.

Trautner, H.M. (1979). Psychologische Theorien der Geschlechtsrollenentwicklung. In: A. Degenhardt & H.M. Trautner (Hrsg.). Geschlechtstypisches Verhalten: Mann und Frau in psychologischer Sicht. München: Beck, 50–84.

Trautner, H.M. (1992). Lehrbuch der Entwicklungspsychologie (Bd. 1). Göttingen: Hogrefe.

Vennen, D. (1992). Behandlungsergebnisse und Wirkfaktoren von Eheberatung. Eine katamnestische Studie. Göttingen: Hogrefe.

von Bertalanffy, L. (1968). General systems theory. New York: Braziller.

von Braun, C. & Stephan, I. (Hrsg.) (2000). Genderstudien: eine Einführung. Stuttgart: Metzler.

von Davier, M. (1996). Winmira V1.74 user manual. Kiel: IPN.

von Foerster, H. (1981). Das Konstruieren der Wirklichkeit. In: P. Watzlawick (Hrsg.). Die erfundene Wirklichkeit. München: Piper, 39–60.

von Schlippe, A. (1995). Familientherapie im Überblick: Basiskonzepte, Formen, Anwendungsmöglichkeiten. Paderborn: Junfermann.

Wallerstein, J.S., Lewis, J.M. & Blakeslee, S. (2002). Scheidungsfolgen – Die Kinder tragen die Last. Eine Langzeitstudie über 25 Jahre. Münster: Votum.

Walster, E., Utne, M.K. & Traupman, J. (1977). Equity-Theory und intime Sozialbeziehungen. In: G. Mikula & W. Stroebe (Hrsg.). Sympathie, Freundschaft und Ehe. Bern: Huber, 193–220.

Watzlawick, P. (1977). Die Möglichkeit des Andersseins. Zur Technik der therapeutischen Kommunikation. Bern u.a.: Huber.

Watzlawick, P. (1976/2003). Wie wirklich ist die Wirklichkeit? Wahn, Täuschung, Verstehen. München: Piper.

Watzlawick, P., Beaven, J.H. & Jackson, D.D. (1969). Menschliche Kommunikation. Formen. Störungen. Paradoxien. Bern: Huber.

Weiss, R.L., Hops, H. & Patterson, G.R. (1973). A framework for conceptualizing marital conflict a technology for altering it some data for evaluating it. In: L.A. Hammerlynck, L.C. Handy & E.J. Mash (Eds). Behavior change: Methology concepts and practise. Reasearch, Champaign: IL.

Weiss, R.L., Birchler, G.R. & Vincent, J.P. (1974). Contractual models of negotiation training in marital dyads. J Marriage Family 36, 321–331.

Welter-Enderlin, R. & Jellouschek, H. (2002). Systemische Paartherapie – Ein integratives Konzept. In: M. Wirsching & P. Scheib (Hrsg.). Paar- und Familientherapie. Heidelberg u.a.: Springer, 200–226.

Wesely, S. (Hrsg.) (2000). Gender Studies in den Sozial- und Kulturwissenschaften: Einführung und neuere Erkenntnisse aus Forschung und Praxis. Bielefeld: Kleine.

Wetzels, P., Greve, W., Mecklenburg, E., Bilsky, W. & Pfeiffer, C. (1995). Kriminalität im Leben alter Menschen. Eine altersvergleichende Untersuchung von Opfererfahrungen, persönlichem Sicherheitsgefühl und Kriminalitätsfurcht. Stuttgart: Kohlhammer.

Whitaker, C. (1975). Psychotherapy of the absurd: With a spezial emphasis on the psychotherapy of aggression. Family Process, 14, 1–16.

Whitaker, C. (1991). Das David & Goliath Syndrom. Manifeste eines Familientherapeuten. Paderborn: Junfermann.

White, M. (1992). Therapie als Dekonstruktion. In: J. Schweitzer, A. Retzer & H.R. Fischer (Hrsg.). Systemische Therapie und Postmoderne. Frankfurt a.M.: Suhrkamp, 39–63.

Willi, J. (1978). Therapie der Zweierbeziehung. Reinbek: Rowohlt.

Willi, J. (1997). The significance of romantic love for marriage. Family Process, 36, 171–182.

Willi, J. (2000). Was hält Paare zusammen? Der Prozeß des Zusammenlebens in psycho-ökologischer Sicht. Reinbek: Rowohlt.

Willi, J. (1975/2001). Die Zweierbeziehung: Spannungsursachen – Störungsmuster – Klärungsprozesse – Lösungsmodelle: Analyse des unbewußten Zusammenspiels in Partnerwahl und Paarkonflikt: das Kollusionskonzept (13. Aufl.). Reinbek: Rowohlt.

Willi, J. (2002). Psychologie der Liebe: Persönliche Entwicklung durch Partnerbeziehungen. Stuttgart: Klett-Cotta.

Williams, J. & Best, D.L. (1990). Measuring sex stereotypes. A multination study. Beverly Hills: Sage.

Winter, R. & Böhnisch, L. (Hrsg.) (1993). Männliche Sozialisation: Bewältigungsprobleme männlicher Geschlechtsidentität im Lebenslauf. Weinheim: Juventa.

Wirsching, M. & Scheib, P. (Hrsg.) (2002). Paar- und Familientherapie. Heidelberg u.a.: Springer.

Witte, E.H., Sibbert, J. & Kesten, I. (1992). Trennungs- und Scheidungsberatung: Grundlagen – Konzepte – Angebote. Stuttgart: Verlag für Angewandte Psychologie.

Wundt, W. (1905). Grundriß der Psychologie (7.Aufl.). Leipzig: Engelmann.

Wynne, L.C. (1961). The study of intrafamilial splits and alignments in exploratory family therapy. In: N. Ackerman, F.L. Beatman & S.N. Sherman (Eds.). Exploring the Base for Family Therapy. New York: Family Service Association of America, 95–115.

Zanmichieli, M.F., Gilroy, F.D. & Sherman, M.F. (1988). Relation between sex-role orientation and marital satisfaction. Personality and Social Psychology Bulletin, 14, 747–754.

Anhang 1: Der verwendete Fragebogen

Dieser Fragebogen wird an diversen Eheberatungsstellen in Rheinland-Pfalz ausgelegt. Die Befragung soll u.a. beleuchten, aus welchen Gründen Ehepaare Beratungsstellen aufsuchen; vor allem soll dabei der Relevanz der Geschlechterrollen in der Zweierbeziehung nachgegangen werden. Deshalb ist es sehr wichtig, dass sie alle Fragen wahrheitsgemäß beantworten. Ich versichere Ihnen, dass alle Daten anonym bleiben, vertraulich behandelt werden und ausschließlich wissenschaftlichen Zwecken dienen.

Zuerst einige Fragen zu Ihrer Person.

1. Geschlecht

□ 1 männlich
□ 2 weiblich

2. Wie alt sind Sie?

____ Jahre

3. Die jetzige Ehe mit meinem Partner ist insgesamt ...

□ 1 meine erste
□ 2 meine zweite
□ 3 meine dritte
□ 4 öfter

4. Wie lange sind Sie mit Ihrem Partner verheiratet?

____ Jahre

5. Wie lange sind Sie mit Ihrem Partner insgesamt zusammen?

____ Jahre

Wie viele Kinder haben Sie selbst?

□ ___ aus bestehender Ehe
□ ___ aus vorheriger Ehe
□ ___ uneheliche(s) Kind(er)
□ keine

7. Wie ist Ihre derzeitige Wohnsituation?

□ 1 Ich wohne mit meinem Ehepartner zusammen
□ 2 Ich wohne mit Ehepartner und Kleinkind(ern) zusammen
□ 3 Wir wohnen getrennt
□ 4 Sonstiges (bitte benennen) ______________________________

8. Welcher Glaubensgemeinschaft gehören Sie an?

□ 1 der katholischen
□ 2 der evangelischen
□ 3 einer anderen Konfession
□ 4 keiner

9. Welche Nationalität haben Sie?

□ 1 deutsch
□ 2 deutschsprachiges Ausland
□ 3 europäisches Ausland
□ 4 sonstiges Ausland

10. Was für eine Schulausbildung haben Sie?

□ 1 ohne Abschluss
□ 2 Sonderschule
□ 3 Volks-/Hauptschule
□ 4 Lehre
□ 5 Mittlere Reife/Fachschule
□ 6 Fachhochschulreife/Abitur
□ 7 Hochschulabschluss (Fachhochschule)
□ 8 Hochschulabschluss (Universität)

11. Sind Sie ganztags – halbtags – stundenweise – oder nicht berufstätig?

□ 1 ganztags berufstätig
□ 2 halbtags berufstätig
□ 3 stundenweise berufstätig
□ 4 derzeit arbeitslos

12. Zu welcher Berufsgruppe würden Sie Ihren derzeitigen Beruf zuordnen?

Selbstständige/Freie Berufe
□ 1 kleinere Selbstständige
□ 2 mittlere Selbstständige
□ 3 größere Selbstständige
□ 4 freie Berufe

Angestellte
□ 5 einfache Angestellte
□ 6 mittlere Angestellte
□ 7 höhere Angestellte
□ 8 leitende Angestellte

Beamte
□ 9 einfacher Dienst
□ 10 mittlerer Dienst
□ 11 gehobener Dienst
□ 12 höherer Dienst

Arbeiter
□ 13 ungelernter Arbeiter
□ 14 gelernter Arbeiter
□ 15 gewöhnliche Facharbeiter
□ 16 höchstqualifizierte Facharbeiter

Selbstständige Landwirte
□ 17 kleine (unter 5 ha)
□ 18 mittlere (5 bis unter 20 ha)
□ 19 große (20 ha und mehr)

Sonstiges
- □ 20 Hausfrau/-mann
- □ 21 in Ausbildung
- □ 22 in Fachschule
- □ 23 in Fachhochschule/Universität
- □ 24 Rentner/Pensionär
- □ 25 Wehrdienst/Zivildienst

13. Bitte schätzen Sie sich zu diesen Aussagen ein:

„Ich bin ...

... einfühlsam“
- □ 1 selten
- □ 2 manchmal
- □ 3 häufig
- □ 4 fast immer

... risikobereit“
- □ 1 selten
- □ 2 manchmal
- □ 3 häufig
- □ 4 fast immer

... gefühlsbetont“
- □ 1 selten
- □ 2 manchmal
- □ 3 häufig
- □ 4 fast immer

... durchsetzungsfähig“
- □ 1 selten
- □ 2 manchmal
- □ 3 häufig
- □ 4 fast immer

... herzlich"
- □ 1 selten
- □ 2 manchmal
- □ 3 häufig
- □ 4 fast immer

... entscheidungsfähig"
- □ 1 selten
- □ 2 manchmal
- □ 3 häufig
- □ 4 fast immer

... weichherzig"
- □ 1 selten
- □ 2 manchmal
- □ 3 häufig
- □ 4 fast immer

... respekteinflößend"
- □ 1 selten
- □ 2 manchmal
- □ 3 häufig
- □ 4 fast immer

... romantisch"
- □ 1 selten
- □ 2 manchmal
- □ 3 häufig
- □ 4 fast immer

... selbstbewusst"
- □ 1 selten
- □ 2 manchmal
- □ 3 häufig
- □ 4 fast immer

... sensibel"
☐ 1 selten
☐ 2 manchmal
☐ 3 häufig
☐ 4 fast immer

„Ich trete bestimmt auf"
☐ 1 selten
☐ 2 manchmal
☐ 3 häufig
☐ 4 fast immer

„Ich bin sinnlich"
☐ 1 selten
☐ 2 manchmal
☐ 3 häufig
☐ 4 fast immer

... unerschrocken"
☐ 1 selten
☐ 2 manchmal
☐ 3 häufig
☐ 4 fast immer

... verständnisvoll"
☐ 1 selten
☐ 2 manchmal
☐ 3 häufig
☐ 4 fast immer

„Ich zeige geschäftsmäßiges Verhalten"
☐ 1 selten
☐ 2 manchmal
☐ 3 häufig
☐ 4 fast immer

14. Welchen Anlass beziehungsweise welche Anlässe gibt es für Ihren Besuch in der Eheberatungsstelle? (Mehrfachnennungen möglich):

- □ 1 Übermaß an Konflikten im Alltag zwischen mir und dem Partner
- □ 2 Meine Beziehung zu den Schwiegereltern
- □ 3 Die Beziehung meines Partners zu meinen Eltern
- □ 4 Verschiedene Weltanschauung
- □ 5 Wegen unterschiedlicher religiöser Auffassung
- □ 6 Klärung der persönlichen Freiheiten in der Beziehung
- □ 7 Meine Eifersucht
- □ 8 Die Eifersucht meines Partners
- □ 9 Meine Tätlichkeiten/Handgreiflichkeiten
- □ 10 Die Tätlichkeiten/Handgreiflichkeiten meines Partners
- □ 11 Konflikte wegen der Kleinkinderziehung
- □ 12 Altersunterschied
- □ 13 Wirtschaftliche Situation
- □ 14 Beziehungslosigkeit/Langeweile
- □ 15 Kommunikationslosigkeit
- □ 16 Finanzielle Aspekte
- □ 17 Meine Kaufsucht
- □ 18 Die Kaufsucht meines Partners
- □ 19 Rollenverteilung im Haushalt (Putzen, Kochen, Abwasch)
- □ 20 Meine außereheliche Beziehung
- □ 21 Die außereheliche Beziehung meines Partners
- □ 22 Mein sexuelles Desinteresse an meinem Partner
- □ 23 Das sexuelle Desinteresse meines Partners an mir
- □ 24 **Meine** sexuellen Eigenarten wie z.B.
  - □ 25 Drang zum häufigen Körperkontakt (durch Aneinanderpressen oder ähnliche Praktiken) mit fremden Personen im Alltag, um sexuell befriedigt zu werden
  - □ 26 Exhibitionismus, also Herzeigen der Geschlechtsteile vor Fremden
  - □ 27 Zwanghafter Voyeurismus im Alltag (die Lust, andere Personen heimlich beim Ausziehen oder beim Geschlechtsverkehr zu beobachten)
  - □ 28 Geschlechtsverkehr mit wechselnden Partnern
  - □ 29 Sadomasochismus (Schmerz-Zufügen und/oder Schmerz-Erleiden)

□ 30 Die sexuellen Eigenarten **meines Partners**

- □ 31 Drang zum häufigen Körperkontakt (durch Aneinanderpressen oder ähnliche Praktiken) mit fremden Personen im Alltag, um sexuell befriedigt zu werden
- □ 32 Exhibitionismus, also Herzeigen der Geschlechtsteile vor Fremden
- □ 33 Zwanghafter Voyeurismus (die Lust, andere Personen heimlich beim Ausziehen oder beim Geschlechtsverkehr zu beobachten)
- □ 34 Geschlechtsverkehr mit wechselnden Partnern
- □ 35 Sadomasochismus (Schmerz-Zufügen und/oder Schmerz-Erleiden)

□ 36 Sonstiges (bitte aufzählen) ______________, ______________,

______________, ______________, ______________,

15. Es folgen nun Fragen zur der Rollenverteilung in Ihrer Partnerschaft

Welche der nachfolgenden Verrichtungen im Haushalt werden in der Regel eher vom Mann oder von der Frau übernommen?

Zubereitung von Mahlzeiten □ überwiegend vom Mann □ überwiegend von der Frau

Waschen, Bügeln, Nähen □ überwiegend vom Mann □ überwiegend von der Frau

Erledigung des Abwaschs □ überwiegend vom Mann □ überwiegend von der Frau

Einkauf von Lebensmitteln □ überwiegend vom Mann □ überwiegend von der Frau

Reparaturen im Haushalt □ überwiegend vom Mann □ überwiegend von der Frau

Erziehung vom(n) Kleinkind(ern) (falls vorhanden) □ überwiegend vom Mann □ überwiegend von der Frau

Aufräumen des Haushaltes/der Wohnung □ überwiegend vom Mann □ überwiegend von der Frau

Abwicklung des häuslichen Briefverkehrs

□ überwiegend vom Mann □ überwiegend von der Frau

16. Wer bestimmt über den Geldhaushalt, z.B. mittlere bis größere Ausgaben?

□ überwiegend der Mann □ überwiegend die Frau

17. Welche Hobbys betreiben Sie gemeinsam? (Mehrfachnennungen möglich)

□ Sport (Ballsport, Fitness usw.) □ Auto □ Freunde treffen
□ Reisen
□ Sonstiges (bitte aufzählen)____________, ____________,

____________, ____________, ____________,

18. Ist ihr eigener Freundeskreis auch der des Partners?

□ überwiegend ja □ überwiegend nein

19. Welche Hobbys betreiben Sie ohne den Partner? (Mehrfachnennungen möglich)

□ Sport (Ballsport, Fitness usw.) □ Auto □ Freunde treffen
□ Reisen
□ Sonstiges (bitte aufzählen)____________, ____________,

____________, ____________, ____________,

20. Geht Ihr Partner auf Ihre sexuellen Wünsche und Bedürfnisse ein?

□ überwiegend ja □ überwiegend nein

21. Wer setzt sich letztendlich bei Streitigkeiten und Diskussionen durch?

□ überwiegend der Mann □ überwiegend die Frau

22. Bitte markieren Sie Ihre Meinung zu folgenden Aussagen auf einer Skala von „sehr zufrieden" bis „sehr unzufrieden". Bitte markieren Sie jeden Satz:

Mit dem Arbeitsanteil im Haushalt, in und an der Wohnung, den mein Partner übernimmt, bin ich im Allgemeinen...

□ sehr zufrieden
□ zufrieden
□ eher zufrieden
□ eher unzufrieden
□ unzufrieden
□ sehr unzufrieden

Mit der Weltanschauung meines Partners bin ich im Allgemeinen...

□ sehr zufrieden
□ zufrieden
□ eher zufrieden
□ eher unzufrieden
□ unzufrieden
□ sehr unzufrieden

Mit der Zärtlichkeit/körperlichen Zuwendung, die mein Partner mir gibt, bin ich im Allgemeinen...

□ sehr zufrieden
□ zufrieden
□ eher zufrieden
□ eher unzufrieden
□ unzufrieden
□ sehr unzufrieden

Mit dem Grad der Eifersucht meines Partners bin ich im Allgemeinen...

□ sehr zufrieden
□ zufrieden
□ eher zufrieden
□ eher unzufrieden
□ unzufrieden
□ sehr unzufrieden

Mit dem Grad des Egoismus meines Partners bin ich im Allgemeinen...

- ☐ sehr zufrieden
- ☐ zufrieden
- ☐ eher zufrieden
- ☐ eher unzufrieden
- ☐ unzufrieden
- ☐ sehr unzufrieden

Mit den persönlichen Freiheiten, die mir mein Partner lässt, bin ich im Allgemeinen...

- ☐ sehr zufrieden
- ☐ zufrieden
- ☐ eher zufrieden
- ☐ eher unzufrieden
- ☐ unzufrieden
- ☐ sehr unzufrieden

Mit der Unterschiedlichkeit meines Partners bin ich im Allgemeinen...

- ☐ sehr zufrieden
- ☐ zufrieden
- ☐ eher zufrieden
- ☐ eher unzufrieden
- ☐ unzufrieden
- ☐ sehr unzufrieden

Mit dem Ausmaß an Einfluss, welches ich bei Entscheidungen habe, bin ich im Allgemeinen...

- ☐ sehr zufrieden
- ☐ zufrieden
- ☐ eher zufrieden
- ☐ eher unzufrieden
- ☐ unzufrieden
- ☐ sehr unzufrieden

Mit der Art und Weise, wie mein Partner negative Gefühle oder Kritik zeigt und äußert, bin ich im Allgemeinen...

- ☐ sehr zufrieden
- ☐ zufrieden
- ☐ eher zufrieden
- ☐ eher unzufrieden
- ☐ unzufrieden
- ☐ sehr unzufrieden

Mit dem Gesprächsverhalten meines Partners, wenn es Probleme in unserer Partnerschaft zu lösen gibt, bin ich im Allgemeinen...

- □ sehr zufrieden
- □ zufrieden
- □ eher zufrieden
- □ eher unzufrieden
- □ unzufrieden
- □ sehr unzufrieden

Mit dem Ausmaß, mit dem mein Partner mich beim Erreichen meiner persönlichen Ziele praktisch unterstützt, bin ich im Allgemeinen...

- □ sehr zufrieden
- □ zufrieden
- □ eher zufrieden
- □ eher unzufrieden
- □ unzufrieden
- □ sehr unzufrieden

Mit der Kleinkinderziehung meines Partners bin ich im Allgemeinen...

- □ sehr zufrieden
- □ zufrieden
- □ eher zufrieden
- □ eher unzufrieden
- □ unzufrieden
- □ sehr unzufrieden

Wenn Sie derzeit keine Kleinkinder (mehr) haben, dann gehen Sie bitte über zur nächsten Frage.

Mit der Verteilung der Rollen/Arbeitsteilung in der Partnerschaft bin ich im Allgemeinen...

- □ sehr zufrieden
- □ zufrieden
- □ eher zufrieden
- □ eher unzufrieden
- □ unzufrieden
- □ sehr unzufrieden

Mit der Toleranz meines Partners bin ich im Allgemeinen...

- □ sehr zufrieden
- □ zufrieden
- □ eher zufrieden
- □ eher unzufrieden
- □ unzufrieden
- □ sehr unzufrieden

Mit der Bereitschaft meines Partners, von mir Ratschläge für Verhaltensänderungen anzunehmen, bin ich im Allgemeinen...

- □ sehr zufrieden
- □ zufrieden
- □ eher zufrieden
- □ eher unzufrieden
- □ unzufrieden
- □ sehr unzufrieden

Damit ist der Fragebogen beendet. Gibt es noch Punkte zum Thema, welche Sie noch gerne beantwortet beziehungsweise gerne angesprochen hätten? Wenn ja, dann schreiben Sie diese hier auf:

____

____

____

____

Vielen Dank für Ihre Geduld und Mühe.

Anhang 2: Kontaktanschreiben Nr.1

Dipl.-Päd. Kaiserslautern, 10.10.2002
Marcus Damm
A.d. Burghalde 2

67661 Kaiserslautern

Beratungsinstitution X
z.Hd. Herrn Mustermann
Musterstr.2

99999 Musterstadt

Guten Tag, sehr geehrte Damen und Herren,
ich frage wegen einer Untersuchung im Rahmen meiner Promotion an. Anbei ein Exemplar des Fragebogens für meine Untersuchung *Geschlechtsrollenidentitäten und Geschlechtsrollenkonflikte bei Ehepaaren, die eine Beratungsstelle in Rheinland-Pfalz aufsuchen*, an der Universität Koblenz-Landau, Abteilung Landau.

Einige allgemeine Infos zur natürlich anonymen Datenaufnahme. Der Hauptaspekt: Frage nach einem eventuellen Vorteil für die Beratung durch Klärung und Erfassen der psychologischen Geschlechtstypizität der KlientInnen (Stichwort: Rollenverteilung in der Ehe). Zum Ausfüllen braucht es nicht viel Zeit – wegen der Multiple-Choice-Konzeption (ca. 5 Min.). Es ist so konzipiert, dass **die Ehepartner jeweils einen** Bogen ausfüllen. Ausgegeben werden sie durch den Berater bzw. die Beraterin. Es ist nicht relevant, ob das Ehepaar das erste Mal die Beratung in Anspruch nimmt oder schon länger Ihre Institution besucht. **Diese ausgefüllten Fragebögen eines Paares müssen unbedingt zusammenbleiben. Der Hauptaspekt liegt nämlich auf der Betrachtung der Verhältnisse der jeweils einzelnen Paare und ihrer Eheführung.** Die Ergebnisse können dann möglicherweise verallgemeinert werden.

Insgesamt werden 10 Paare erfasst (20 Fragebögen). Ich hoffe sehr, dass Ihre Institution mitmacht, die Daten wären sehr wichtig für die Forschung. Und auch mir würde die Arbeit erleichtert. Mit mehreren Beratungsstellen arbeite ich bereits zusammen.

Auf eine baldige Antwort von Ihnen freue ich mich.

Mit freundlichen Grüßen

____

(Marcus Damm)

Anhang 3: Anschreiben Nr.2

Dipl.-Päd.
Marcus Damm
Godramsteiner Str.1

76829 Landau

Landau, 10.12.2002

Beratungsinstitution X
z.Hd. Herrn Mustermann
Musterstr.2

99999 Musterstadt

Guten Tag, sehr geehrte Damen und Herren,
anbei, wie telefonisch besprochen, ein Exemplar des Fragebogen für meine Doktorarbeit *Geschlechtsrollenidentitäten und Geschlechtsrollenkonflikte bei Ehepaaren, die eine Beratungsstelle in Rheinland-Pfalz aufsuchen*, an der Universität Koblenz-Landau, Abteilung Landau.

Einige allgemeine Infos zum natürlich anonymen Fragebogen. Zum Ausfüllen braucht es nicht viel Zeit – wegen der Multiple-Choice-Konzeption (ca. 5 Min.). Es ist so konzipiert, dass **die Ehepartner jeweils einen** Bogen ausfüllen. Ausgegeben werden sie durch den Berater bzw. die Beraterin. Es ist nicht relevant, ob das Paar das erste Mal die Beratung in Anspruch nimmt oder schon länger Ihre Institution besucht. **Diese ausgefüllten Fragebögen eines Paares müssen unbedingt zusammenbleiben. Der Hauptaspekt liegt nämlich auf der Betrachtung der Verhältnisse der jeweils einzelnen Paare und ihrer Eheführung.** Es wäre schön, wenn Sie zwei Bögen eines Paares zusammenknipsen könnten, damit ich weiß, welche Frau zu welchem Mann gehört und somit das statistische Auswerten möglich ist; werden die Fragebögen vermischt, ist dies nicht mehr machbar.

Insgesamt werden also 10 Paare erfasst. Ich hoffe sehr, dass Ihre Institution sich bereiterklärt, bei der Untersuchung mitzumachen, die Daten wären sehr wichtig für die Forschung, und auch mir würde viel Arbeitsaufwand erspart. Mit mehreren Institutionen arbeite ich bereits zusammen.

Auf eine baldige Antwort von Ihnen freue ich mich.

Mit freundlichen Grüßen

____

(Marcus Damm)

Anhang 4: Verzeichnis der Abbildungen und Tabellen

Abbildungen im Text

Tabellen im Text

STUDIEN ZUR SEXUALPÄDAGOGIK

herausgegeben von Norbert Kluge

Band 1 Norbert Kluge: Sexualerziehung statt Sexualaufklärung. Von der biologistischen zur mehrperspektivisch-integrativen Betrachtungsweise sexualerziehlicher Programme. Streiflichter und Untersuchungsbefunde (1968-1985). 1985.

Band 2 Gerlinde Maria Schwarz: Sexualerziehung an Japans Grund-, Mittel- und Oberschulen. Befunde, Probleme, Analysen. 1985.

Band 3 Claudia Häfner: Geschlechtsrollenstereotype im Kinderbuch. Das Verständnis der Mutter- und Vaterrolle in zeitgenössischen "Aufklärungsbüchern" für Vorschulkinder. 1987.

Band 4 Helga Marburger: Schulische Sexualerziehung bei türkischen Migrantenkindern. Eine Sondierung des sozio-kulturellen Bedingungsfeldes. 1987.

Band 5 Karl Heinz Bloch: Masturbation und Sexualerziehung in Vergangenheit und Gegenwart. Ein kritischer Literaturbericht. 1989.

Band 6 Susanne Wenzel: Sexuelle Fragen und Probleme Jugendlicher. Dargestellt an den Leserbriefen Jugendlicher in der Zeitschrift "BRAVO" (1968-1987). 1990.

Band 7 Edith Schütte: Diskriminierungsbereitschaft Jugendlicher gegenüber Menschen mit HIV/AIDS. Determinanten und Möglichkeiten der Veränderung durch schulische AIDS-Prävention. 1995.

Band 8 Norbert Kluge / Gisela Jansen: Körperentwicklung in der Pubertät. Einführung in den Gegenstandsbereich und Bilddokumentation. 1996.

Band 9 Gerlinde Maria Schwarz: HIV/AIDS Education an den öffentlichen Elementar- und Sekundarschulen der USA. Aufgezeigt am Beispiel von New York City. 1997.

Band 10 Silke Linder: "... vielleicht die Wut, daß man so hilflos ist!" Prävention sexuellen Mißbrauchs im Kindergarten aus der Sicht der Vorschulerzieherinnen. Einstellungen, Handlungskonzepte und Problemfelder der Vorschulerzieherinnen in den Bereichen Sexualerziehung und Prävention. 1997.

Band 11 Karl Heinz Bloch: Die Bekämpfung der Jugendmasturbation im 18. Jahrhundert. Ursachen – Verlauf – Nachwirkungen. 1998.

Band 12 Norbert Kluge: Aufklären statt Verschweigen – Informieren statt Verschleiern. 1998.

Band 13 Norbert Kluge / Gisela Hippchen / Elisabeth Fischinger: Körper und Schönheit als soziale Leitbilder. Ergebnisse einer Repräsentativerhebung in West- und Ostdeutschland. 1999.

Band 14 Norbert Kluge / Gisela Hippchen / Melanie Kaul: Das Körperkonzept der Deutschen. Die neue Körperlichkeit in ihren Auswirkungen auf Einstellungen und Verhaltensweisen. 2000.

STUDIEN ZUR SEXUALWISSENSCHAFT UND SEXUALPÄDAGOGIK

herausgegeben von Norbert Kluge

Band 15 Norbert Kluge / Marion Sonnenmoser: Sexualleben der Deutschen. Eine repräsentative Momentaufnahme zu Beginn eines neuen Jahrtausends. 2002.

Band 16 Ralf Osthoff: Partnerwahl und intime Freundschaften im Jugendalter. Eine Explorationsstudie unter Einbeziehung theoretischer, sozialhistorischer und erziehungswissenschaftlicher Fragestellungen. 2004.

Band 17 Marcus Damm: Psychosoziales Geschlecht und Ehekonflikte. Eine empirische Untersuchung an Ehe- und Familienberatungsstellen. 2004.

Peter Lang · Europäischer Verlag der Wissenschaften

Carmen Krolczyk

Die Scheidung

Der Zerfall der Familie oder ein neuer Anfang

Frankfurt am Main, Berlin, Bern, Bruxelles, New York, Oxford, Wien, 2001.
170 S., zahlr. Tab.
Europäische Hochschulschriften: Reihe 11, Pädagogik. Bd. 830
ISBN 3-631-38219-7 · br. € 40.00*

In Deutschland steigen die Scheidungszahlen kontinuierlich an. Diese Entwicklung kann schon seit Jahrzehnten beobachtet werden. Mindestens genauso lange stellt man sich die Frage, warum sich immer mehr Paare trennen. In diesem Buch begibt sich die Autorin auf die Suche nach den Ursachen. Die literarische Durchforstung von einem Jahrhundert Sozialgeschichte und der evolutionären Veränderungen in den Bereichen Familie, Recht, Kirche und Gesellschaft ermöglichte es, Antworten zu finden. Auf diesem Wege konnten erstaunliche Parallelen zwischen dem Scheidungstrend und den historischen Veränderungen in den oben angeführten Bereichen entdeckt werden.

Aus dem Inhalt: Darstellung der Scheidungsentwicklung · Entwicklung des Familienlebens · Entwicklung des Familienrechts · Scheidung und ihre Phasen · Konsequenzen für alle Beteiligten · Hilfsmöglichkeiten

Frankfurt am Main · Berlin · Bern · Bruxelles · New York · Oxford · Wien
Auslieferung: Verlag Peter Lang AG
Moosstr. 1, CH-2542 Pieterlen
Telefax 00 41 (0) 32 / 376 17 27

*inklusive der in Deutschland gültigen Mehrwertsteuer
Preisänderungen vorbehalten

Homepage http://www.peterlang.de

FSC
www.fsc.org
MIX
Papier | Fördert gute Waldnutzung
FSC® C083411

Kolibri 360 GmbH
Ferdinand-Jühlke-Straße 7
99095 Erfurt, Deutschland
produktsicherheit@kolibri360.de

Druck:
CPI Druckdienstleistungen GmbH
im Auftrag der
Kolibri 360 GmbH
Ferdinand-Jühlke-Str. 7
99095 Erfurt